面向21世纪远程教育规划教材

社会学新编

主　编　张　培　刘娅茜

副主编　罗慧英　彭飞霞　李　娜

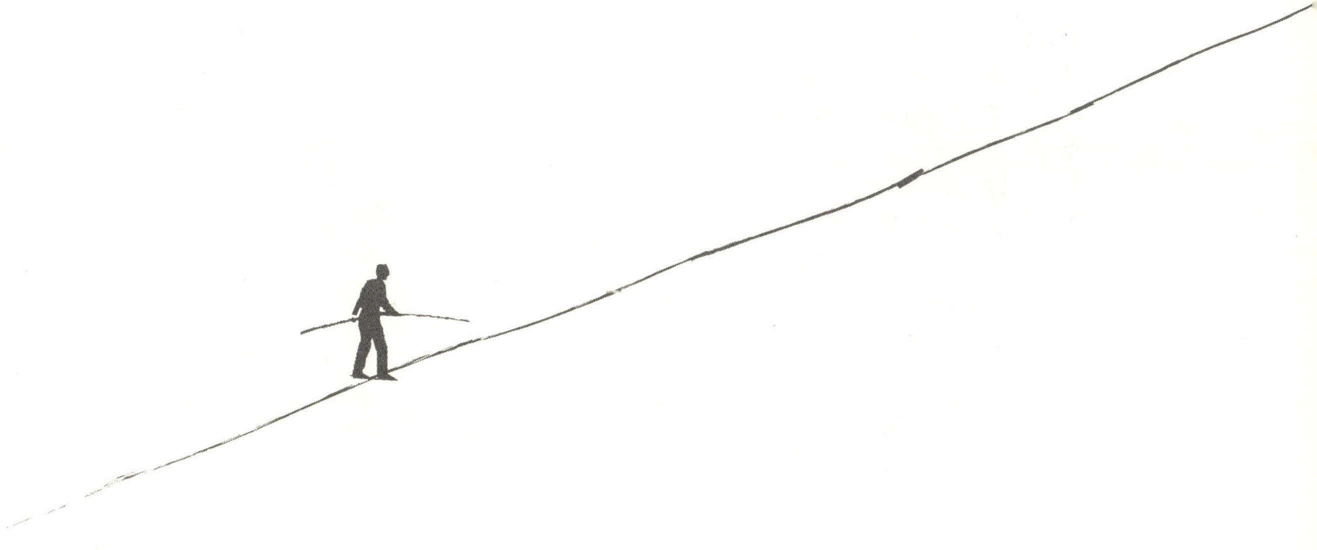

云南大学出版社
YUNNAN UNIVERSITY PRESS

图书在版编目（CIP）数据

社会学新编 / 张培，刘娅茜主编. -- 昆明 ：云南大学出版社，2018（2021重印）
ISBN 978-7-5482-2752-6

Ⅰ. ①社… Ⅱ. ①张… ②刘… Ⅲ. ①社会学一研究 Ⅳ. ①C91

中国版本图书馆CIP数据核字(2018)第231673号

策划编辑：陈　曦
责任编辑：李　红
装帧设计：庄海萌

社会学新编

主　编　张　培　刘娅茜

出版发行：云南大学出版社
印　　装：昆明理煋印务有限公司
开　　本：787mm × 1092mm　1/16
印　　张：14
字　　数：349千
版　　次：2018年11月第1版
印　　次：2021年4月第2次印刷
书　　号：ISBN 978-7-5482-2752-6
定　　价：43.80元

社　　址：昆明市一二一大街182号（云南大学东陆校区英华园内）
邮　　编：650091
电　　话：（0871）65033244　65031071
网　　址：http://www. ynup. com
E-mail：market@ynup. com

若发现本书有印装质量问题，请与印厂联系调换，联系电话：0871- 64167045。

前　言

写作本书的想法源自于三年前关于社会学教材建设的一次讨论。在当时，我们就认识到：社会学的读者群体和社会学著作一样，可以分为很多不同层面，对社会学概论的讲述也必须要面对各种不同的受众。专家学者可以读的书，一般读者未必愿意读；重点高校的学生感兴趣的书，普通高校、成人高校的学生可不一定喜欢；普通高等教育领域的读者适用，远程教育、继续教育领域的读者可能就会觉得没有意思。所以，当时我们就把本书读者十分清晰地定位为国内远程教育和成人高校的学习者。我们希望他们在紧张繁忙的工作之余，既不需要去研究高深的学术理论，也不用花那么多时间来阅读原始文献，即便他们中的一些人根本不喜欢社会学这门学科，也可以通过阅读本书，掌握一些基本的社会学知识。为此，我们必须提供一本比较通俗易懂的教材，让其中的内容能够满足大多数人的口味，至少不能让他们觉得社会学枯燥无味。除了考试的需要，平时他们也可以拿出这本书翻一翻。这是我们当时的一点小心愿。现在，我们的初衷依然未改。

三年多的时间，让我们更加坚定了对如何编写好适合成人教育、远程教育学习者需要的教材的理论认识和实践认知。我们在修订本书的过程中，也始终坚持着之前确立的这一思路：不能把本书单纯地当作传授知识的载体，而是力图打造一个可以进行思想交流和讨论的小空间，希望通过我们的创作思路能够感染各类读者，使他们乐于参与到这种关于社会学的对话与思想交流中来。所以，本书没有像一些入门书或者普通教材那样全面地介绍学科发展史、主要学术分支、学派以及代表人物等，而是集中地谈了两个问题，即社会学是什么、社会学可以用来做什么。正因为这样，我们在将本书定位于创新型教材的同时，也将它归于社会科学而非人文科学。

本书主要讲述了社会学、社会文化、社会关系、社会组织、社会制度、社会问题、社会控制、社会建设等内容。你或许会发现，这已经和现有的有关社会学概论的教材在内容设计上大相径庭了。不过，我们觉得这的确是有意义的。我们已经在充分考虑读者的合理阅读逻辑和学以致用的思路基础上，将全部的有关社会学概论的内容进行了优化组合，真正将理论与实践紧密结合，让学习者可以学有所获。毫无疑问，在贴近生活、体例新颖的形式下，本书不失为一本逻辑严密、语言严谨的教材，还是一本为拓展读者视野而作的辅助阅读资料。我们相信，你会在阅读本书中逐渐发现这个意义，并相信你会喜欢上这一点。

本书仍由重庆广播电视大学社会学概论编写组编著完成。张培、刘娅茜两位老师担任主编，罗慧英、彭飞霞、李娜三位老师担任副主编。张雪、田娟等老师参与撰写了部分章节的初稿，收集了必要的资料。在修订和出版本书过程中，我们得到了很多同事和朋友的关心与支持，他们提出了一些建议和意见，指出了书中一些错漏之处，使得本书更加完善。我们在此衷心感谢他们提供的所有帮助，真心接受并感谢他们提出的批评和指正。另外，本书在写作过程中参考了国内外许多文献和资料，我们也无意疏漏文献的作者和资料名称，在此表示深深的敬意。

当然，文责自负。本书中出现的一切可能的错误都由本书编者共同承担。由于我们的水平有限，加之社会学的确是一个博大的命题，可能会超出我们的驾驭能力范围，在深感本书可能会存在诸多缺憾的同时，我们真诚地希望各位读者和同行能够对本书的不足之处不吝批评指正。

编者

2018 年 8 月于重庆

目　录

第1章　社会学

社会学是值得学的，因为它可以向我们提供塑造我们生活的那些社会力量的信息。如果你从社会学的视角研究社会，你将会吃惊地看到，你自己的生活也是多多少少可以预见的。你也将发现，在你寻找和实现个人目标时，社会学知识给你提供了更多的自由。

——［美］戴维·波普诺（David Popenoe）

◇ 章首引语

“我们第一次证明，即使动物在死后被冷冻很长时间，它体内仍然有某些部分能够保持基因的完整性。这项研究可以用于克隆已灭绝的猛犸象，也可以用来保护濒危物种。”

耶稣对他的门徒说：“我们的朋友拉撒路睡了，我去叫醒他。”

门徒互相看看，有些人不知道耶稣的话是带有比喻含义的，他们笑着说：“主啊，他若睡了，就必好了。”

耶稣就明明白白地告诉他们说：“拉撒路死了……如今我们去他那儿吧。”

上面这段摘自《约翰福音》的话，是美国恐怖小说家斯蒂芬·金的经典作品《宠物公墓》的开头。小说讲述了一个令人毛骨悚然的故事：一座神秘的坟墓可以让任何埋入的尸体死而复生，但复活后的生物却不再是它们的本来面目，那些黄眼珠的复活者带来了地狱的气息，他们或邪恶有腐烂味，或迟钝带泥土味……

这部小说令人过目难忘，但合上最后一页，读者或许可以这样安慰自己——还好，这只是个故事。如今，这种“死而复生”的事情真实地发生了，而“来自地狱的使者”竟然是两只已经被冰冻了整整16年的老鼠。

“老鼠不是我冷冻的。”

“其实那两只老鼠不是我冷冻的，是我找别人讨来的。实话说，我也不知道那个人为什么会把老鼠冻这么久。”日本理化学研究所发育生物学中心的遗传学家若山照彦（Teruhiko Wakayama）十分愉快地回答记者的提问。他并没有在16年前就“处心积虑”地把老鼠冻起来为这项试验做准备。

长期以来，对于科学家来说，如果能够让那些已灭绝的动物重见天日，克隆或许就是最好的选择。但对于冰冻在永久冻土中的生物，由于它们的细胞早已死亡，而冷冻细胞中形成的冰晶也会使细胞内的基因物质受到严重损坏，因此能否成功地进行克隆，始终没有定论。但即便如此，若山照彦和他的同事们还是乐观地猜想：在那样冰冷僵死的生物体中，也许仍会有部分遗传信息没有受到损害——只要找到它们，就有可能克隆出已经灭绝的动物。

为了模拟在自然条件下被冷冻的状况，日本科学家将已经死亡的老鼠直接冻在了零下20℃的冰箱里，而没有预先进行任何低温保护处理。“我们分别准备了冷冻1周、1个月和3个月的老鼠各10只以上，而冷冻16年的就只有讨来的那两只。”若山照彦说。随后，为了考察到底冷冻后哪部分组织还保存有完整的遗传信息，科学家从老鼠的大脑、肾脏、胰腺等11处组织中提取死亡细胞里的细胞核，然后通过核移植技术，将这些细胞核注入去核的卵细胞中，从而得到克隆胚胎。试验表明，这样得到的胚胎的存活和发育率普遍很低，相比之下，只有来自于脑细胞的细胞核成功率最高，并且遥遥领先。“这确实让人意想不到，竟然能利用冷冻后的（老鼠）脑部细胞来克隆老鼠——如果材料是新鲜的成年老鼠脑细胞，任何人，包括我自己，都从来没有得到过克隆鼠。换句话说，冷冻后的脑细胞比新鲜的细胞还好用！”作为世界上第一位在1999年成功克隆出老鼠、有着十多年老鼠克隆经验的遗传学家，若山照彦自己也说不清这到底是怎么回事。在论文中，他这样解释道：我们知道多糖，比如蔗糖，可以被用来做抗冻剂，而大脑功能在很大程度上依靠葡萄糖（某些多糖的组成成分）。因此，可能是内源性的葡萄糖提高了大脑在没有低温保护情况下的抗冻能力。

在得到了克隆胚胎之后，科学家并没有直接将其放入代孕母亲的子宫中，而是从中提取、培养出许多胚胎干细胞系，“这样便有了足够的包含着完整DNA的细胞可以使用”。然后，利用这些胚胎干细胞系，科学家进行了二次核移植，即从之前培育出的胚胎干细胞中提取细胞核，再次注入去核的卵母细胞当中，使其发育成新的克隆胚胎。然后，将这些新的胚胎移入代孕母鼠的子宫，19天后，一群健康的克隆鼠就诞生了。

（资料来源：http：//www. infzm. com/content/19787/）

早在克隆羊时代，人们就开始了“克隆人”的设想。其实在克隆羊之前，科幻小说家阿道斯·赫胥黎在他1932年出版的小说《美丽新世界》中提出了克隆生物，关于克隆人的电影更是层出不穷，连笔者这样对电影兴趣不是太高的人都记得《未来警察》《逃出克隆岛》等电影。处于那样的时代，人显然可以根据自己的需要“生产”出人。社会秩序是由“指挥者”控制的预先设计的社会制度维持的，虽然可以是非常稳定的状态，然而，这种稳态所需要牺牲的代价也是巨大的，在那样一个没有父亲也没有母亲的社会，家庭的概念随之消失，很多社会制度随之消失——三代直系血亲不能结婚？已经不存在了。还有赡养义务、遗产继承等这些我们显而易见的词汇也随之消失。想想这样的世界，也许你不关心是不是我们大部分人追求的目标，但是你肯定对这种社会制度很好奇。社会学就是这样一门对人类社会和社会互动进行系统、客观研究的一门学科。社会学学科可以使我们超越仅局限于将社会视为一个整体的管理，即那种认为社会成员、构成该社会的群体和机构，以及改变社会的力量均享有共同价值的观念。借用戴维·波普诺的话来说，从这个意义来说，社会学是值得我们去学习的，尤其是在深入对社会学进行研究后，你会发现，你的生活也是多多少少可以预见的，你也可以发现，在你寻找和实现个人目标时，社会学知识给你提供了更多的自由。

1 社会学概述

1.1 社会学的研究对象

顾名思义，社会学是以社会为研究对象的学科。稍微专业一点的定义，社会学是从变动的社会系统整体出发，通过人们的社会关系和社会行为来研究社会的结构、功能、发生和发展的一门综合性的学科。这个时候，门外汉往往会认为社会学囿于人们熟悉的世界去研究一些众所周知的问题，这些问题我们每一个人从自身出发都能找到几句“谈资”，简单地知道社会学是什么的时候，便有些“有点自信先生”甚至当起了业余社会学家的角色，用自己的理论解释社会体系是如何运转的，听上去似乎有点道理。

而真正受过社会学训练的人是不一样的，比如我们看离婚。个体视角会将离婚当作“感情失败”来进行考量，而从社会学的观点看离婚，要求人们认识到，问题并不仅是离婚，而且和妇女的角色、经济状况、婚姻与家庭在社会中的地位相关。而犯罪的问题，也会牵扯到法律、社会的价值体系和大城市的生活状况。克隆人也是这样，关注的不仅是克隆人这个事件本身，而且是克隆之后产生的社会影响和社会运行体系的改变。就如社会学课堂中教师经常举的例子：一个学过社会学的人去边远地区做计划生育工作，这个地区以往的计划生育工作做得非常差，这个人来到这个地方考察之后发现，这里没有通电，人们睡得过早，是造成人口增长过快的原因。于是，启动经济力量，将电接通了，并援助了一批电视机，这样人口增长率就有效降下来了。社会学就是这样考虑问题的，非常注重问题的整体关系。从这种视角来看社会学的时候，就会发现，生活并不完全是我们熟悉的那样，与我们第一眼的印象不同，显得更加复杂，也更有意义。我们要想真正认识事物，就要透过表面现象寻找作为原因的社会因素，这种穿透“凭经验”“想当然”的社会现象的过程，就是社会学所说的“揭穿真相”。从大一点的方面来讲，社会学的研究对象主要有以下三个方面：

第一，把社会作为一个系统、整体来研究。从社会学的发展渊源来看，社会学将社会视为一个系统、一个整体的思想由来已久，从孔德创建社会学学科开始，社会学家就将社会看成一个系统（社会既包括整体社会，也包括局部社会，即社会的某个方面、某个领域、某个层次）。自社会学研究引入系统论的观点以来，它就越来越多地使用了系统、反馈、信息、通信等概念，将各种相互联系的要素进行复杂组合。比如，当我们思考克隆人的时候，社会学的视角不仅会关注克隆人本身，而且会将克隆人所引发的社会冲击当作一个整体来思考。社会群体不是个人的累加，而是结构的总和。

第二，研究社会生活中人们之间的相互关系和社会行为。社会学研究社会行为就如马克思研究经济关系时从商品入手一样，社会行为是社会学认为的最普遍、最经常的活动，也是最简单明白的活动。

第三，把社会整体及其内部、外部的关系放在运动与变化的过程中去研究。我们观察细胞结构时用显微镜去看切片，研究社会学不仅要通过显微镜认识细微结构，还要通过多个细微结构组成的动态画面，也就是我们所说的将内部、外部的关系放在运动与变化的过程中去研究。

1.2 社会学的地位

1. 对社会学价值的质疑

社会学是干什么的？这是一个社会学人普遍会被问到的问题，甚至可以说是质疑。这种质疑主要包括三个方面：社会对社会学的询问和质疑、学术界对社会学的询问和质疑、社会学内部的询问和质疑。毫无疑问，这三种询问和质疑实际上都是目前社会学学科地位不高的体现。社会对研究自己的社会学产生了质疑，这是一个很诡异的现象。社会学研究社会，社会却反过来不信任社会学，对社会学产生了怀疑，这是对社会学学科地位的质疑。

当然，这种质疑包括两个部分：社会学是否有必不可少的社会功用；社会学是否有存在的价值。这种怀疑和否定既有民间的，也有官方的。1949 年以后，社会学被界定为资产阶级学科，一度在 1953 年被取消。这种对于社会学学科地位的否定并不仅仅限于中国，英国保守党领导人撒切尔夫人曾经高呼："There is no such a thing called society!"（世界上根本就没有一个称之为"社会"的东西），所以她下令英国各高校取消社会学系所及专业。

这种质疑不仅来自社会，也来自学术界。学术界对社会学的质疑主要集中在对社会学学科解释力之上，尤其以经济学家的批评为代表。有一些经济学家认为，社会学是一只"dirty hand"（脏手），经济学家用严密的逻辑、科学的方法得出的结论，一旦被社会学触及，就会使得研究对象反而不再清晰，愈加混乱。在社会学看来，这是一种极端的看法，是学术偏见，但这种偏见指向了社会学的科学性。在学术界内，甚至连社会学界也有对自身学科地位、学科属性的怀疑。费孝通先生是中国社会学的奠基人，对中国社会学的建立、恢复重建及长远发展都产生了极其深远的影响。然而他曾经提出一个破筐理论：社会学研究就像一个"破筐"，凡是其他学科不研究的对象和内容，就都可以装进社会学研究的范畴之内。当然这个理论已经过时，但它代表了社会学人对社会学学科地位的不自信。

在社会学学界之内，亦有定量研究和定性研究之分，有许多定量研究者将定性研究归为非科学的研究，给予强烈的批判和否定，而定性研究也对定量研究多有微词。一个学科内分为泾渭分明的派别并有完全相左的研究范式和方法，这在学术界是不多见的。

2. 学科地位的社会学分析

简单地说，社会学不被接受和欢迎是一种没有学科自信的表现。作为社会学学者，必须对自己的学科有一个清醒的认识，任何一个学科繁荣不繁荣、被人接受不接受本身就是需要社会学去解释的东西。社会学学科地位本身的状况就是一种社会现象，值得社会学人把它当作一个研究对象来认真研究，亦即做一个对社会学的社会学分析。

（1）社会学应用的不充分发展影响了其学科地位。

一个学科能否拥有较高的学科地位、能否繁荣发展，取决于它的学科应用是否充分，这种应用有三个方面：政府应用、市场应用及职业应用。

就我国政府的社会政策而言，社会学在其中所起的作用不大，这里有政府的原因，也有社会学本身的原因。而经济学对于政府的社会政策所起的作用就很大。社会学最大的亮点就是社会调查，对社会进行分析。市场应用主要是市场调研和营销，社会调查在市场营销中的作用是其他学科不可替代的，但是目前这方面的调查还没有充分发展起来。就个人的职业应用价值而言，在这三个应用价值之中是最模糊的，亦即目前社会上关于社会学在日常生活中的个人职业应用是没有明确前途的，舆论对此没有一个对社会学职业如何发展的共识，或者这个认识已经形成，但是没有被广泛传播。这就是为什么社会学在社会上的知名度不高的原因，因为目前的主要价值还在市场应用和政府应用方面。

这与经济学不同，经济学的应用价值直接和个人的职业相关，和日常生活相关，所以更加普遍地被人接受和认可。但是这种职业又往往与政府应用和市场应用相关。而社会学学科在政府咨询和市场调查这两方面的应用目前过少，因为目前的市场改革和政府改革都不够彻底。政府改革不彻底，政府的决策就无须民主化；无须民主化，决策就不需要社会调查的辅助，否则没有调查就没有发言权，更加没有决策的基础和政治执行力度。充分的市场竞争必然要求充分的市场调查。市场改革不彻底，自由竞争和自负盈亏就不是市场生存的必要条件和运行机制，那么市场调查就不会成为必要。从这个角度看，社会学职业的产生是有机会、有空间的，随着政府改革和市场化改革的深入，将产生大量的与社会调查和研究相关的职业，只不过现在这些职业暂时被压抑住了。

（2）社会学的比较解释力不足影响了其学科地位。

任何一个学科，如果想建立自己稳固的学科地位，就必须有一个较高的学科区分度和较高的不可替代性。学科的不可替代性可以分为三种类型：对象不可替代、方法不可替代、理论视角不可替代。一旦可以替代，它的比较优势就消失了。很遗憾，社会学在这方面做得还远远不够，社会学的区分度不够，社会学不能找到一个区分度较高的领域。

不可替代性和学科区分度的确立最根本的是确立一个学科的比较解释力，或比较解释优势。对于某一个研究对象，谁来解释比较好，谁的角度比较切合，谁就有比较解释优势。比如，对于家庭的研究，经济学可以对之进行研究，但是社会学对家庭的研究仍然是不可替代的，因为家庭的经济性特征只是它的物质再生产方面，而家庭的社会性则是它的本质属性。所以说社会学对于家庭仍然具有最高解释力和比较解释优势。

在确立社会学的比较解释力方面，尽管社会学有自己独特的解释对象，但是这只是对象的不可替代，而非方法和理论视角的不可替代。社会学只有与严密的学科进行对话，从方法和理论上获得科学的比较解释力，社会学家提出的理论才可以获得学术界的认可，这种科学的比较解释优势才是社会学学科地位确立的关键。然而目前，社会学在这方面仍然没有做好。

（3）权力对于社会学研究的支持力度弱是社会学地位不高的外部因素。

权力对于社会学的压制主要来自两个方面：一个是来自政府、垄断权力对社会学的压制，另一个是来自社会学界本身的主流话语对于异己的打压。经济学可以与权力很好地联姻，但是社会学做不到。因为经济学的理论所涉及的无非是经济生活的安排和经济政策的制定，并不会与主流的意识形态相悖，即使与政治派系联姻，也总有生存和话语的空间，经济生活和政策制定是一个刚性需求，经济学不存在这个挑战既得利益集团的问题。而社会学无法与经济学一样，找到一个可以与主流话语相辅相成的正面结合方式，政府对社会学也是好恶交织，社会学理论一方面对政府决策有帮助；另一方面会挑战政府权威，挑战体制权威。同时，在社会学界之内，存在着话语霸权的问题。之所以称之为话语霸权，是因为学术话语本身的确立和传播不是问题，但是以自己的学术话语为尊，排斥异己就是问题了。比如社会学的本土化之争（实际上不仅仅是社会学，其他学科的本土化亦是如此），本身就是一个权力的争夺问题。话语本身是一个盾牌，它可以为持盾者争夺学术资源、打压异己提供便利。比较解释力的确立需要整个学科有一个良好的学术氛围，比较开放和包容，为社会学同仁全身心地投入社会学研究奠定良好的基础。只要将社会学者的想象力和智力都发挥到极致，自然可以提高科学的比较解释优势乃至学科地位。

1.3 社会学的功能

社会学有没有用呢？当您问这个问题的时候，我想分两个层面和您进行交流，即社会学的学科意义和社会学的个人价值。

1. 社会学的学科意义

（1）政策咨询。我们知道，任何政策的形成，有一个社会接受过程，也有一个科学性的客观考量，只有确实可行的政策，才能推向社会。那么，哪些政策在没有证明之前能确实可行呢？我们除了可用实验区的办法之外，还可利用社会学的各种研究成果（实际上，关于政策形成的实验区，也并不是个别人拍脑袋决定的，而是建立在各种研究之上的）。那么，社会学的政策咨询价值是如何体现的呢？社会调查的科学成果，能够以有益的建议、方案提供给政府决策部门，尤其是有关社会发展的战略性的研究成果。比如，中国共产党十八届三中全会上关于土地的政策就是吸收了各种社会学研究的成果形成的。国外也有利用社会学成果的渠道，比如通过建立各种智囊团、思想库、脑库等方式，为科学决策提供调查、分析和预测。美国 1954 年关于禁止种族隔离学校的决定，中国实施以及开放二胎的生育政策，都是社会科学的观点在政策形成中起咨询作用的范例。

（2）社会预测。我们习惯了听取天气预报来决定自己出行所需要携带的工具，但是对于社会预测还不是那么适应，但是就预测而言，我们是熟悉的。在自然科学中，预测某种现象发生是研究的主要目标，如地震研究，就是围绕如何进行地震预测而进行的。然而，社会的组成部分是人，人的变动夹杂了过多的主观能动性，变动的可能更加大，且显得尤其复杂，所使用的方法也不够精确，所以很难预测具体的社会现象的发生。但是，社会科学研究可以在一定范围内做出预测，并有实际的效果产生。比如美国选举，除非是候选人差别非常小，社会学的研究工具几乎可以将所有的结果成功预测到。

（3）社会监控与描述。2018 年 11 月，“2018 中国最具幸福感城市”发布，10 座城市上榜，成都、宁波、杭州成为幸福感排名前三的城市，幸福感在这些城市中悄然绽放。计算幸福指数的三项指标分别是基本需求、发展需求和享受需求，通过这三个适应不同人群的需求指数来比较分析城市发展满足大多数人需求的状况。最后，对全国 33 个大城市进行中国幸福城市排名。这就是利用社会学的研究成果，对社会整体和世界运作方式进行准确的描述的范例。我们现在对社会描述的几个关键词汇有速度、变化、离婚率、稳定等，数据来源几乎都来自于社会学的贡献所转化的质变。

（4）社会诊断。当我们身体不适的时候，我们会不由自主地期望医生能用他们的仪器和方法找到我们身体不适的原因。而社会学也可以像医生诊断病人身体那样，帮助人们找出解决社会问题的方法，得到了企业和政府的支持。如富士康跳楼事件就引起了社会学家的兴趣，企业也企图用社会学和心理学的研究成果来纠正一些不科学的做法。

2. 社会学的个人价值

以上我们谈的是社会学的学科价值。那么，社会学对个人有没有用呢？在我们看来，社会学对于个人的帮助主要体现在以下几个方面：

（1）为就业或者更好地就业做准备。一个受过社会学训练的人，在他所获取的有用的技能中，能在任何一种工作中用得上的是他能客观地观察社会形势的能力。这样的一个人，通过社会学学习到了很多复杂的观点，会运用数据检验各种直观判断和各种理论，清晰和符合逻辑地推理，这些对于很多职业都是十分有用的能力，尽管这些职业从来不会使用社会学这样的词汇。社会学的重要性还不仅仅在于上述技术，除职业选择我们需要社会技巧外，还有与他人相处的那些技巧，能有效地改善你对与他人互动方式的认知。

（2）日常生活中的决策。当你有几十万元钱（北京、上海、广州除外），你是准备买房子还是车子呢？社会学的知识可以帮助我们从自身情况出发进行科学的分析，做出对于我们个人幸福生活有利的决策。而这些决策的做出，需要更好地利用客观知识、社会学科和社会学的视角，以帮助我们更加理性地探索我们面对的生活。

（3）理解自己的生活。社会学作为一种主要的工具，是帮助解释与理解我们的生活的，只要将我们置于一定的历史时期，我们对我们的生活经历就会有较为理性的理解。从这个角度来讲，当我们寻求个人的定位和自我理解时，社会学视角是一个很好的工具。

2 社会学的发展

2.1 社会学的产生与发展

从前文的论述中，我们知道社会学是对社会进行研究的学科，但社会还不那么信任社会学的研究——因为社会学的研究会产生很多很多问题，会对很多问题产生怀疑，会对很多社会问题收集数据。对于学术界而言，社会学是最年轻的学科之一，一般认为，社会学起源于19世纪早期，最早的奠基性工作归功于法国哲学家奥古斯特·孔德，他第一次使用“社会学”的名词，并将社会学定义为“科学地研究社会”的学科。

社会学最早的假说是，自然界的科学家可以使用推理去发现物理的规律，预测化学变化的发生，研究社会现象的人也能运用推理去发现人类行为的规律，而一旦知晓了人类行为的规律，就可以用来完善人类社会本身。当然，这种假设在工业革命这种破坏性极大的社会活动的冲击下无法达成最初的目的，社会学启蒙工作者也对自己的乐观思想产生了一定的质疑。但是，像其他学科的视角一样，社会学的诞生是和社会情境紧密相连的，社会学的发展也是同样的道理。当然，社会学的产生，更容易受到社会的干预，因为并不是所有的社会都允许社会学对社会进行仔细的推敲。

那么，社会学产生的原因是什么呢？在社会学被孔德定义为科学之前，社会学启蒙的一些知识分子试图用科学技术来研究社会，并产生了很多的灵感。比如宇宙是由一些自然规律合理地搭建在一起的，社会肯定也是这样。社会学家试图解释这些规律——揭示社会是什么以及社会是如何运行的，而不是社会应该做什么。正因如此，孔德甚至认为社会学是“科学的皇后”，认为社会学作为知识的担当者将会是“新秩序的牧师”、道德领袖以及人性病根的医治者。

当然，社会学的发展不会那么顺利，尤其是面对工业革命的冲击。在工业革命早期，由于工业革命对生产力提升的巨大作用，社会学家对工业革命抱着相当积极的态度，认为贫困、瘟疫、疾病都会因之终结，而事实上，这些问题随着工业化的深入变得更加突出。

当然，也并不是所有的社会学者都对此持有如此乐观的看法。卡尔·马克思看到了工业化给社会带来的贫富极度分化和不平等，涂尔干和韦伯看到了传统社会根本性的变迁，比如传统宗教发挥的作用会日益衰弱，而官僚组织会不断地成长。

19世纪末20世纪初期，随着社会学这门学科传入美国，在美国改革的环境中兴起了一轮新的发展。这种改革和当时美国的主流思想不谋而合，这能促进社会学家去研究一些东西，并围绕一些主题进行辩论。那个时代的社会学主要面对如何客观公正地理解社会问题，同时又想着如何改变这个社会。这种一开始就带有实践性和改革性的作风，使社会学终于在1920年之后的美国进入一个理论与科学研究并头发展的时期，尤其是社会学的一个分支——功能主义学派在美国得到了极大的发展。直到20世纪60年代，功能主义学派在美国一直具有相当大的影响。

从20世纪60年代早期开始，社会学的发展路径发生了一定的变化，研究社会学的人员分化比较严重，新的研究视角将社会学划分为家庭社会学、性别角色、宗教、健康、科层、越轨、军事、政府、社会流动等各个领域，并不断地细化生成新的研究领域。

随着社会的进一步分化，人们对专业化、冲突、互动以及对全球化的关注成了社会学新的营养滋生之地，社会学的发展也有一些新的进展，比如更强调理解性别不平等，更关注现代性的未来以及“后现代”的生活样式，越来越多的学者试图通过定性而不是定量的方法来解决和理解人的生活问题，研究方法拓展到了各种访谈、对生活情景的观察以及各种社会的比较分析，同时对社会学问题中一些尖锐的对立有了批评与自我批评的态度。社会学也受到了更多人的关注。

2.2　代表性社会学家

1. 奥古斯特·孔德

要说代表性的社会学家，我们肯定毫不犹豫地将孔德列在第一位，他在绝大多数人眼中是作为社会学的创始人而存在的。1830 年，孔德代表作《实证哲学教程》第一卷出版，稍后其他各卷（共四卷）陆续出版，在 1842 年出版的第四卷中，正式提出“社会学”这一名称，并建立起社会学的框架和构想。1844 年，孔德遇到对其理论产生重大影响的德克洛蒂尔德·德沃。受德沃影响，孔德创立“人道教”，并成立了具有宗教色彩的“实证主义学会”，他认为人类社会有统一性。人性中的感性是推动社会发展的动力。人性中的才智是推动社会发展的工具，因而理想社会应该是人人都有实证思想，企业家或科学家当主管，科学用来指导生活，没有战争，工业社会很有秩序。在那儿，大家有统一的信仰，教权很重，人人都轻视世俗中按才智区分的地位而重视精神上的地位。过去的社会和此时的社会是不完美的，但会进化到理想的社会中去。进化的动力是差异性，个人无法改变历史。社会大于个人，语言、宗教、所有制、人口与财富都在传承、支撑着社会。分工对社会有利有弊，社会现象之间彼此联系，有一定的功能，理想社会会自动实现。

2. 赫伯特·斯宾塞

赫伯特·斯宾塞出身于一个教师家庭，并被认为是当时英国最为重要的思想家。他为人所共知的称号就是“社会达尔文主义之父”，他所提出的一套学说把进化理论适者生存应用在社会学上，尤其是教育及阶级斗争方面。他的著作对很多课题都有贡献，包括规范、形而上学、宗教、政治、修辞、生物和心理学等。在斯宾塞的时代存在许多著名哲学家和科学家，譬如约翰·斯图亚特·穆勒（John Stewart Mill）、汤马士·亨利·赫胥黎和查尔斯·达尔文都是知名的人物。

作为一个在理论上阐述英国的哲学家和进化论的先驱，他先于达尔文。据说斯宾塞比较厌恶柏拉图学说，他那句“即使三流小说家，也会比他（指柏拉图）强”，无疑是对柏拉图的侮辱。这大概是因为斯宾塞是一个怀疑论者。另外，杰克·伦敦对斯宾塞不无推崇，在其代表作《马丁·伊登》中，杰克·伦敦对斯宾塞不无赞美。他的哲学证明了对政治保守派是有用的，不单是对社会阶级架构的应用，也包括社会公义概念，当中强调对本性及行为的个体责任。斯宾塞支持“平等自由定律”，这是自由意志论的基本原则。在不侵犯别人的权利下，每个个体都可以根据自己的选择做事。很多美国高等法庭的裁判官面对政府劳资惯例出现限制的时候都根据这个原则来下定论。但是不只保守派利用斯宾塞的理论来宣扬自己的观点，很多社会学家都套用他的理论来解释阶级战争，无政府主义者则把它应用在个体自主的信念上。

3. 卡尔·马克思

我们对马克思是再熟悉不过了。这个出生于德国人家庭，却大部分时光在伦敦度过，并完成一生中大部分著作的人，对现代中国具有无比巨大的影响力。马克思不相信社会是一个自行管理的有秩序的体系，相反，他把社会看成是不断冲突和变迁的。他指出，每个社会都包含有“毁灭自己的种子”，与斯宾塞的社会服从于“自然”规律的观点对立，马克思相信社会主要是由经济力量决定的。他将人类历史看成是经济上的各个阶级不可避免地相互冲突的过程。

与孔德一样，马克思感到社会学家不仅应该认识社会，而且应该改变社会。然而，相对而言，马克思的观点比较激进，认为正如资本主义必然取代封建社会一样，社会主义必然会取代资本主义，并将自身的大部分生命投入到引发这个变迁的过程中来。实际上，马克思并没有按照他的理想完成他的心中的社会变迁，资本主义的运行也没有完全按照他所预料的那样来运行。

4. 埃米尔·涂尔干

埃米尔·涂尔干这个出生于法国的社会学家在社会学发展的历史上做出的过人贡献，就是确定了社会学的研究主题，指出了它与哲学、经济学、心理学和社会改革之间的区别。在他的代表作《社会学方法的规则》和《自杀论》中，提出了社会学应该关注他所提出的“社会事实”，这些事实在人们的行为以外，但却对人们施加控制。例如，法律也可以说仅仅是一些词句，但是人们的行为体现为法律是可以感知的、是真实的。

作为现代社会学的开拓者，涂尔干一生发表和出版了大量研究关于教育、宗教、自杀和犯罪的论文和专著，为社会学的规范化和科学化奠定了坚实基础，为社会学的独立学科地位的确立做出了巨大贡献。他确定了社会学的研究对象——社会事实：阐述了社会事实之间存在的结构、功能和因果关系，制定了一系列社会学研究的实证规则，充实了此前空疏的社会学方法论，实现了孔德提出的建立实证主义的社会学构想。他运用统计方法对自杀现象的研究、用人类学资料对澳大利亚土著居民的宗教研究，是社会学理论和经验研究相结合的范例，从而结束了西方社会学理论研究和经验研究长期脱节的状况。涂尔干的学术思想和研究方法深刻地影响了社会学的发展。

5. 马克斯·韦伯

马克斯·韦伯对现代社会学的发展主要是提出了在社会的宏观方面的观点，比如对社会组织和社会制度，他是从广泛的历史性和世界性来开展研究的，比如对科层制和资本主义进行研究，就是他的代表作。

马克斯·韦伯、卡尔·马克思和埃米尔·涂尔干被认为是现代社会学的三大奠基人，尽管马克斯·韦伯在当时主要被视为是历史学家和经济学家。杜尔凯姆遵循着孔德的方式，以社会学的实证主义进行研究，而韦伯以及他的同僚维尔纳·松巴特（也是德国社会学最知名的代表人物）采纳的则是反实证主义的路线。这些著作开始了反实证主义在社会科学界的革命，强调社会科学与自然科学在本质上的差异，因为他们认为人类的社会行为过于复杂，不可能用传统自然科学的方式加以研究。

韦伯的早期著作通常与工业社会学有关，但他最知名的贡献是他后来在宗教社会学和政治社会学上的研究。韦伯在《新教伦理与资本主义精神》中开始了他的研究，文中他显示出某些禁欲的新教教派——尤其是卡尔文教派的教义逐渐转变为争取理性的经济获利，以此表达他们受到上帝的祝福。韦伯主张，受到这种理性教义基础扶助的资本主义很快便会发展得越来越庞大，并且与原先的宗教产生矛盾，到最后宗教便会无可避免地被抛弃。韦伯在后来的作品里继续研究这样的现象，尤其是在他对官僚制和对于政治权威的分类上。在这些著作中他暗示了这种社会的理性化是不可避免的趋势。

有趣的是，马克斯·韦伯是对中国社会和西欧不同的地方进行研究的社会学学者，他对问题“为什么资本主义没有在中国发展呢”的分析是入骨的。韦伯专注于早期的中国历史，尤其是春秋战国时期，在这个时期，主要的中国思想学派（儒教与道教）开始凸显。

韦伯指出儒教对于许多民间教派的信仰展现出相当宽容的态度，从没有试着将他们统一为单独的宗教教义。与一般形而上学的宗教教义不同的是，儒教教导人们要顺着这个世界进行调整和修正。“高等”的人们（知识分子）应该避免追求财富（虽然没有贬低财富本身），也因此，中国变成了一个担任公务员比商人拥有更高社会地位和更高利益的国家。

2.3　社会学与其他社会科学

科学是一个整体，它被分为各种单独的部分不是取决于事物的本质，而是取决于人类认识能力的局限性。正如朝鲜的核工作者不理解美国人对自身发展核事业有多深的忌惮一样。而事实上，从物理到化学，从生物到人类学有着内在的联系。对于社会学来说，关系较大的主要集中在三类学科：对社会生活进行侧面观测的领域，如政治学、经济学、法学等；对人类社会或人类行为进行综合性研究的社会科学，如历史学、心理学、人类学等；对社会作哲学性、概括性的研究的，如历史唯物主义，虽然不属于社会科学，但却与社会学有特殊的关系。

1. 社会学与政治学、经济学、法学等的关系

政治学、经济学、法学是从社会生活的各个层面进行研究的，而社会学的研究更具有整体性，它的显著特征是将全方位的生活关系作为研究对象。就如内存条企业是研究内存条，CPU 企业是研究 CPU，而联想、宏基等企业是将各个零部件组合进行研究生产的企业一样。当然，在社会学的研究中，由于人们的经济活动、经济生活是一切活动的基础，政治是经济的集中表现，政治、法律是社会的上层建筑，因此，其诸多研究成果是分析整个社会的有利证据。就如 CPU 和内存条的发展能对电脑的整体做出大幅度的提升是一个道理。另外，由于现代社会生活具有组织紧密性，各种关系的沟通越来越显得无法分离，那些分门别类的、各有侧重研究对象的社会科学，也不断吸取从社会学研究获取的成果，来拓展和深化自己的研

究，并产生了一些边缘学科，如经济社会学、工业社会学等。

2. 社会学与历史学、人类学、心理学等学科的关系

社会学、历史学、人类学、心理学这四个学科都是将人类社会和人类行为作为整体进行研究的，它们研究设计的范围虽然都是人类整个的社会生活，但研究的侧重点还是有很大的不同，历史学着重研究人类过去的历史，人类学用田野考察的办法对远古人类或者是落后民族进行田野考察，心理学对心理问题和心理规律的关注较多。这些和社会学的关系和区别也是明显的，毕竟都为围绕人类社会的全貌进行研究，相互关系的密切性也是显而易见的。正是这个原因，社会心理学、社会史这样的学科存在了很长时间，人才社会学、两性社会学、民俗社会学等学科得到了极大的发展。

3. 社会学与历史唯物主义的关系

历史唯物主义是马克思主义的伟大理论贡献，马克思和恩格斯在阐述这一社会历史理论新的科学发现时把它叫作唯物主义历史观，而从来没有称之为“社会学”。众所周知，当时孔德和斯宾塞的社会学只是一种实证主义和唯心论学说。列宁在《什么是“人民之友”以及他们如何攻击社会民主主义者?》一书中指出：只是由于有了历史唯物主义，才“第一次使人们有可能极科学地对待历史问题和社会问题”，“第一次把社会学提到了科学的水平”，“第一次使科学的社会学的出现成为可能”。这就是说，列宁把历史唯物主义看作科学的社会学的哲学理论基础，但是列宁并没有把历史唯物主义等同于科学的社会学。

那么，历史唯物主义和科学的社会学的研究对象有哪些异同呢？历史唯物主义和一般社会学的关系又是怎样的呢？我们知道，历史唯物主义和科学的社会学都是以人类社会和社会生活为研究对象的。但是，它们的学科性质，它们对待社会现象的研究视角、研究层次，以及研究方法和研究结论却是不尽相同的。

首先是学科性质方面的差异。历史唯物主义的学科性质是哲学，是历史的逻辑，或者说是社会历史的辩证唯物主义科学。而科学的社会学的学科性质则是一门综合性科学，是综合性的社会科学。

其次是研究视角方面的差异。历史唯物主义是从世界观的角度研究社会历史发展的最一般规律，而科学的社会学则是从系统整体的角度研究社会有机体的构成要素、结构形式以及各个构成部分之间的相互关系。

再次是研究层次方面的差异。我们知道，历史唯物主义是把整个人类社会作为自己的研究对象的。但是，历史唯物主义所要研究的不是人类社会的全部规律，其是要研究人类社会发展的一般规律。这就是说，人类社会作为一种特殊的物质运动形态结构是极其复杂和多层次的，社会现象、社会生活和社会过程是多方面的。科学的社会学主要是综合研究人类社会现象以及社会领域的各个部分之间的关系。

最后是研究方法方面的差异。历史唯物主义把马克思的新唯物主义和唯物辩证法运用于人类社会的认识，它把社会经济形态的发展看作是一种自然历史过程，把社会历史过程看作是一种客观的物质的过程和有规律的辩证发展过程。而科学的社会学则主要是运用系统方法

研究社会体系的构成要素和结构形式及其发展规律。

总之，我们说历史唯物主义和科学的社会学的研究对象是不尽相同的。历史唯物主义是科学的社会学以及其他社会科学学科的哲学理论基础，它对科学的社会学和其他社会科学学科具有哲学方法论的意义。但是，历史唯物主义不能代替科学的社会学和具体的社会科学学科的研究，如果用历史唯物主义代替科学的社会学也就是取消了社会学。反之，如果认为社会学包含历史唯物主义，认为历史唯物主义是社会学的基础理论分支，也就是取消了作为历史的逻辑的哲学。

3　社会学的理论

社会学是一门完善的学科，但并不意味着它是一门用统一的方式看待世界的学科，虽然社会学家在一些基本的原则上是一致的，但在理解社会如何运转的问题上，不同的社会学家对于人类社会生活之基本特征有着不同的假设。比如一些人认为秩序与稳定比冲突和变迁更重要；另外一些人却持有相反的观点。就如我们在日常生活中对萝卜和白菜的选择一样，有不同的审美眼光。当代社会学家最为常用的理论是功能论、冲突论和互动论。

3.1　功能论

《康熙大帝》中睿智的康熙的祖母是利用索尼、苏克萨哈、遏必隆、鳌拜四人各自承担相应的职能，而又存在一定的谋取权力的倾向从而稳固康熙统治的早期。这种每个部分都对整体发生作用，形成稳定和谐的有机体的模式在生态系统中也有相应的答案，如细菌并不生产能量，却也是能力流动中的重要环节。功能主义就是这样的视角，它强调一种模式，即社会的每个部分都会对整体发生作用，由此维持社会稳定。根据这个观点，社会非常像人类的身体或者任何活的有机体（比如身体的各个部分）一样，社会的构成部分如家庭、商业机构、政府等以系统的方式结合在一起，对整体发挥好的作用，每一部分对整体都不可或缺，维持着整体的平衡。后来，默顿指出，社会结构构成的单位的功能还有显性的和潜在的，比如大学的显性功能是学生或者学习职业技能的场所，潜在功能是对社会提供技术传承，实现社会功能的满足。

相对而言，功能主义比较适合研究稳定的、小规模的社会，它有助于理解在各种很小的少数民族社区中，我们如何形成有序的生活，表现出强大的合作精神和高度的团结性。在那样的场景中，事情还会像以前那样继续，除非来自外部的因素破坏了平衡。确实，功能主义通常将社会变迁解释为来自外面的力量干预了系统的平稳运行。

然而，社会生活并不总是平静的，世界上很多地方被卷入战争、反叛和革命中，功能主义并不能解释这些，因此就有了冲突论。

3.2　冲突论

曾有位日本的教师给他的学生布置了这样一道历史试题：“日本跟中国每一百年就打一次仗，19 世纪打了日清战争（即甲午战争），20 世纪打了一场日中战争（即抗日战争），21

世纪如果跟中国开火，你认为大概是什么时候？可能的远因和近因在哪里？如果日本赢了，是赢在什么地方？输了又输在什么条件上？分析之！”

其中有个日本学生是这样分析的：我们跟中国很可能在台湾回到中国以后，有一场激战。台湾如果回到中国，中国会把基隆和高雄封锁。台湾海峡就会变成中国的内海，我们的油轮就统统走右边。这样，会增加日本的运油成本。我们的石油从波斯湾出来跨过印度洋，穿过马六甲海峡，上中国的南海，跨台湾海峡进东海，到日本，这是石油运输生命线。中国如果把台湾海峡封锁起来，我们的货轮一定要从那里经过，我们的主力舰和驱逐舰就会出动，中国海军一看到日本出兵，马上会上场，那就打！按照判断，公元2015年至2020年之间，这场战争可能爆发。

这个案例并不能让中国人舒服，但是确实是一个很好的冲突论视角。冲突论强调人们会因为有限的资源、权力和声望发生永恒的斗争，这是社会变迁的主要源泉。该理论建立在这样的假设之上，即构成社会的各部分远不是作为整体一部分而平稳运行的，实际上，它们是相互冲突的。这并不是说社会就永无秩序——冲突论者并不否认很多社会秩序的存在——但是，秩序只是社会各部分不断进行的冲突的一种结果，而且它也并不一定是事物的自然状态。这可以概括为运动是绝对的，静止是相对性。

冲突论源于马克思。他强调社会的流动性和不断变化性，在他看来，社会处于极易被破坏的平衡之中。事情常常是这样的，社会秩序源于社会的某部分统治于其他部分之上，而不是其他各个部分之间的自然合作。社会秩序是力量与强制的产物，是统治，强的压迫弱的，富的压迫穷的。

我们可以从我们熟悉的校园生活来找找例子，比如冲突论者会透过校园表面的平静考察不同群体的自身利益以及他们的对抗。教师会因为想减少课时压力而抗争，学生会对自己过多的公共课不满；教师会成立工会以提高他们的福利，学校管理者则认为福利水平和别人一致就可以了，会有意无意地压制这种冲突。

3.3 互动论

社会学中，还有一种引人瞩目的视角，更加关注社会的微观方面——社会互动和作为社会存在的个人。这就是区别于其他两种社会学的理论，被称之为互动论视角。它是研究人们在日常生活中是如何交往的，是如何使这种交往产生实质性的意义的一种视角。以这样的视角观察研究社会的人，通常会被称之为微观社会学。

互动论关注人们认识和界定那些影响其生活的事件的方式。这种观点强调，贫困者的形成受到了贫困者自我观念的社会标签（labeling）的影响。如果我们把贫困者界定为懒惰、无能、不道德、冷漠和缺少争取成功所必要的进取心，这些人自己可能也会慢慢接受这些界定。在学校，低期望值将是具有破坏性的。如果教师对学生成绩有很高的期望，他们实现这种期望的机会也会更多；相反，低期望值容易导致学生缺乏动力和成绩降低。把一个低收入家庭的孩子归类为可能的失败者，会使这个孩子处于非常不利的境地。

互动论观点意味着，人们日常生活中的相互作用和解释所起的作用是使贫困者继续处于社会经济阶梯的最底层。贫困也是一个心理陷阱。贫困者往往把他们的社会环境界定为自身缺点所造成的结果，因为社会上盛行的就是这种观点。这一消极的自我形象使他们被动而宿命地接受现状。

互动论的支持者因为他们所研究的是人们所想的、所感觉的，所以常常使用定性的方法来开展研究，尤其是处于自然状态下的人们。

4 社会学的研究方法

4.1 社会学的研究过程

如果你对社会学一知半解，你在看电视或者浏览主流网站的时候，就会发现一个问题，新闻记者和大众关注的问题有很大程度的重合，比如家庭破裂、犯罪、失业等问题。并且还能看到他们像社会学的研究者做结论一样，采用了大量的调查数据。社会学的研究过程也大抵如此，描述性的、经验性的东西是社会学的关注点，但是这种关注点也不是仅仅带着个人的主观臆断来下结论，而是遵循相应的逻辑法则。例如，我们不会因为个别人性取向的不同而推断整个社会，也不会简单认为贫困和强奸直接相关。那么，社会学的研究过程又是怎么样的呢?

一般认为，社会研究可以简单概括为六个阶段，它们共同构成了社会研究的科学程序。设计出的这一套程序目的是确保社会研究得到有效的归纳和结论。当然，这六个阶段也并不是完全的、必须严格遵守的指导程序。

第一阶段：仔细地陈述出要研究的问题并提出假设。比如调查某学校远程教育学生的学习素养。我们可以提出问题，信息素养对学生学习成效的影响。假设信息素养越高，学生更能通过网络等各种平台获取有效的信息资源，提高自身学习成绩，所以比信息素养较低的人得到的成绩要高。

这个阶段，研究者必须根据可以测量的具体变量来得到操作性的定义，诸如“信息素养”等一般性的定义，并且有较为成熟的分析信息素养的指标。有的复杂性的问题还需要细分测量变量，如信息素养需要分为信息意识、信息加工能力、信息伦理水平等几个方面的指标来评测。

第二阶段：进行研究设计。研究设计指对资料的收集、分析和评价的计划。如信息素养的调查研究，是通过什么样的方法来完成。社会学的研究一般有四种收集资料的来源：问卷和访谈、试验、观察以及第二手分析。问卷和访谈是最常见的研究设计，比如信息素养对学业成就水平的影响，就可以采用这样的办法，设计一组具备信度和效度的问卷或者访谈提纲，这种办法适合数量相对庞大的人群的调查。“试验”是对变量之间的因果关系进行精确评估的方法，一般在具备严格控制的社会科学实验室进行。比如 20 世纪 60 年代，美国著名心理学家斯坦利·米尔格兰姆进行了一系列研究。在实验中，实验者要求参与者对另外一名参与者（事实上是一名假装受到电击的演员）进行电压越来越高的电击。一旦参与者稍有迟疑，实验者就会用“请继续”和“实验要求你继续”之类的话语鼓励他们继续电击另一名参与者。研究结果显示，大约有60%的参与者会因为有身穿白大褂的实验者要求他们这样做而对不幸的受害者施予可能致命的电击，这就是一种典型的实验环境下取得数据的办法。“观察”是在自然环境中进行，研究对象处在日常生活的情景中。比如社会学家在街上观察战后人们生活方式是否受到影响。“第二手分析”是指用以前研究者得出的数据进行另外一个角度的分析，或者做更加详细的阐述，或者做不同情境下的对照研究等。

第三阶段：按照研究设计收集资料。比如在信息素养对远程学习者学业成绩的影响的研究中采用问卷调查的方法，那么我们按照研究设计的调查领域，对各个具有典型性的地区和群体确立调查对象，开展调查研究，形成数据。

第四阶段：依据假设分析资料。这个阶段需要研究者根据所检验的假设来整理分类和组织资料。当然，遇到大规模的调查时，依托网络是一个很好的办法，我们在日常生活中也遇到各种通过网络来收集相关数据支持政策决定的做法。比如2013年国家假日办公室就对放假的安排依托网络进行了大量的社会调研，这样对数据处理的难度就会大大降低，研究的效率就会得以提升。还有的比较复杂的调查研究往往不能采用简单的几个办法加以解决，这个时候，计算机就是一种有效的处理手段。

第五阶段：解释调查结果并且得出结论。我们可以从收集到的调查数据中分析结论，总结出一些规律性的东西。比如对信息素养的调查可以显示出，高的信息素养有利于学业成绩的提升。

第六阶段：公开发表调查结果。社会学研究的实效产生，是通过把成果推向社会产生的。公开发表调查研究结果既是别的社会学家对你所做的研究进行检测和评价的过程，也是别人开展新的研究的基础，同时在公开发表自己的调查结果的过程中可获得社会声誉。

4.2 社会学的研究方法

一般来说，持有功能论和冲突论的研究者更倾向于定量研究，而持有互动论的研究者更倾向于定性研究——因为关注个体的研究没有办法从数量上来定义。当然，定量研究在社会学的研究中占有主体地位，有些研究是在定量研究上的定性研究，也有的是在定性研究基础上的定量研究。社会学有较多的研究方法，下面我们来学习社会学中常用的研究方法。

1. 调查研究

2012年国庆，央视以“你幸福吗”为主题在全国各地街头采访普通百姓，在《新闻联播》中播出后成为热门话题。与新闻记者一样，社会学中使用最普遍的研究方法就是调查，这是询问大量人群的意见，观察他们的态度和行为，以期发现他们是怎样思考、感觉和行动的方法之一。那么，调查研究又遵循什么样的规律呢？

（1）选取样本。

根据调查问题所面向的整体情况，按照一定的比例和样本选取办法，选择出调查的样本。比如调查中学生作业负担情况，我们可以按照地域选择东部、中部、西部的人群，当作研究的样本。样本的选取有很多办法，最为常见的办法是随机抽样，就如央视采访街头人群是否幸福一样，以偶遇为基本手段，调查整体的样本每一个人都有被选中的机会。这种样本调查的结论具有较大的偶然性，在样本数量选取有限的情况下，甚至会出现完全相左的结论。社会学者使用更为普遍的是系统抽样，这种抽样办法是遵循某一特点方案，比如按照成绩排序表中每隔 5 人抽一人作为调查对象。还有一种抽样的办法，就是分层随机抽样，它是将调查对象细分为群体或者阶层，然后在每一层中随机抽样。比如按成绩分为优秀、良好、中等等层次，然后在某个层次中抽样。

（2）设计研究工具。

样本选定之后，调查研究的下一步就是设计研究工具。一般来说，社会学的研究工具有问卷调查表、访谈表或者测试表。有的调查还动用了多种工具，但是无论运用了哪种工具，问题本身才是最重要的，它要求被别人准确理解并进行恰当的回答。比如我们上面举例的信息素养的调查中，设计信息意识的调查问题的时候，我们要使用“你会用哪些搜索引擎来解决问题”，而不是简单地问调查对象是否具有信息意识。一般来说，调查使用的问题越具体，调查对象对问题作准确理解的可能性越大，所得到的回答就会越准确。一般来说，封闭式问题较之于开放性问题更容易被理解和解答。当然，有的问题可以设计成开放性的，以便人们自由地表述意见。

（3）得出结论。

收集到足够的信息之后，就通过计算机进行相应的处理，分析出结论，然后整理成成果。当然，调查结论要注意样本是否真正地代表了调查总体的分析。缺陷样本的经典例子来源于 1936 年《文学文摘》所做出的民意调查，这本美国著名的杂志通过调查的方法成功地调查出了 1920 年、1924 年、1928 年、1932 年的总统选举结果，却在 1936 年失败了，原来他们的民意调查都是通过电话号码簿和汽车注册名单选取对象。1936 年和往常一样，他们发了 1 000 万张选票，根据数据，奥伏・兰顿以 57∶43 赢得选举。但后来结果是众所周知的，罗斯福以 61% 的成绩成功当选为总统，原来他们的调查量表中并没有考虑贫穷者，他们无力支付电话费或者购买汽车，而经济大萧条之后，正是这些人为罗斯福和他的新政投票。①

2. 试　验

试验是在严格控制条件下用于研究因果关系的社会学研究方法。一般来说，试验是为了检测两个变量之间的相关关系的假设，其一是自变量，在试验中引入它是为了说明对另一个变量的影响。比如在信息素养与学业成绩的关系之中，对一部分人群采取信息素养积极干预，对另外一部分人群不采取信息素养的干预，干预的部分人群的成绩变化是用作证明信息素养的提高对学业成绩影响的证据。

3. 观　察

社会学观察是一种获取数据的办法。通常来说，社会学观察主要有实验室观察、实地观察、非参与性观察和参与观察。实验室观察是指在实验的条件下开展的观察，比如著名的电击试验，实验者要求参与者对另外一名参与者（事实上是一名假装受到电击的演员）进行电压越来越高的电击。一旦参与者稍有迟疑，实验者就会用“请继续”和“实验要求你继续”

① 戴维・波普诺．社会学［M］．李强，等译．北京：中国人民大学出版社，2007：10.

之类的话语鼓励他们继续电击另一名参与者。研究结果显示，大约有60%的参与者会因为有身穿白大褂的实验者要求他们这样做，而对不幸的受害者施予可能致命的电击，这就是一种典型的实验环境下获得数据的办法。实地观察是指社会学家在家庭中、操场上或者其他社会行为发生的地方进行的观察，比如在街道上观察人们对流浪动物的态度；参与观察就是观察者参与到被观察者的环境中去，成为被观察对象所在群体的成员并参与被观察者日常活动的一种观察方法。非参与性观察则是指观察者以局外人的身份从侧面对观察对象进行观察的一种观察方法。二者是以观察人是否参与进来而区别的。

只有观察方能通过参与某一环节而直接获取第一手资料，它有助于社会学家身临其境理解被试者的社会生活、日常生活以及他们的互动方式，但是正因为如此，也导致了一定的困难，即社会学家过于融入被试者的群体活动之中后，很难保持对研究的客观性。

4. 第二手分析

有的时候，社会学家会用别人的数据进行重新提炼、整理和分析，形成回答问题的主要信息来源，而不是使用全部收集到的新数据。这种对原来收集到的资料进行重新使用的办法，我们称之为第二手分析。

当然，随着社会学的进步，各种科学研究方法被引入社会学里，一个社会学的话题也不太可能用一种办法得以解决，需要动用各种方法。

课后思考：

1. 你认为社会学有价值吗？谈谈你对社会学功能和使命的认识。
2. 查阅相关资料，简要概述社会学产生与发展的历史、代表人物及主要思想。
3. 查阅相关资料，列举教材中未涉及的其他具有代表性的社会学理论。
4. 运用你感兴趣的某一社会学理论来分析某一社会问题（如食品安全、大学生越轨行为等）。
5. 结合所学知识，分析基于互动论视角的教师与学生间，或者领导与下属间的互动关系。
6. 查阅相关资料，运用调查研究方法就某一社会问题和现象撰写一份调研提纲。

第2章 社 会

社会的目的在于尽可能地给它自己每个成员以必要的福利，保证每个成员能够满足自己真正的需要，而每个成员对社会应尽的义务则是为大众福利贡献自己的全部能力，以报答自己所获得的福利。

——［法］让·雅克·皮佑（Jean Jacques Pillot）

◈ 章首引语

在通货膨胀加剧的情况下，我们发现中国的消费形态发生了改变，高端越走越好，中端不好，中端走向低端。

以汽车为例，2011 年上半年，中低档汽车的销售下跌 6.92%，广汽和吉利下跌幅度为 20% ~36%之间，东南和比亚迪利润下跌 80%，价值 20 万元以下的车子基本都靠打折销售。比亚迪 2 月份销售的 10 万元新车，要折扣 1 万元，利润全部泡汤了。8 月 29 日比亚迪实行了庞大的裁员计划，将 2600 人的销售团队缩减为 800 人，而其他部门的裁员也将随后启动。2011 年，比亚迪上半年净利润不到 3 亿元，上年同期的利润为 25 亿元，这是自 2003 年以来最差的业绩。而高端车的销售特别好，宝马、奔驰的增长超过 60%，劳斯莱斯增长 171%，法拉利增长 50%，玛莎拉蒂增长 128%，在汽车市场方面就是非常明显的“冰火两重天”的现象。我们发现 14% 愿意增加消费的人都是社会上比较有钱的人。也就是说，他们这些人宁愿把钱用去消费，也不愿意投入再生产。86% 是我们的老百姓，他们愿意减少消费，在汽车方面就会显示出这么一个结果。

对于生产者或者说制造业，中国目前和 2008 年、2009 年相比，没有出现大量的倒闭潮，但是很多工厂停工了。到底我们的制造业目前是什么情况。今天我们中国企业的问题，第一是资金紧张。2008 年到 2011 年，中小企业贷款余额的比例从 2008 年的 3.7% 降到 2011 年的 0.6%，这是非常低的，等于说基本贷不到钱。第二，有一个现象是过去没有的。温州一家实业公司的老板抱怨说，每一年都要做几千万美元的生意，现在不敢接单了，上亿美元的单子也不敢接。因为他发现几千万美元的单子还不如他儿子在门口开的一家面包店赚得的钱多。最后发现我们生产产品的企业倒闭的情况不如2008年，但是不敢接单的情况很严重，这是不容我们忽视的。这些企业的老板不愿意再增加投资，他们会把手上的钱拿来做什么？他们拿钱去消费，但是这个群体不会像一般老百姓一样去消费低端产品。同时企业经营有困境的结果就是裁员、减薪，使得一般老百姓的收入降低，这样一来使得他们的消费由过去的中端转移到低端。等我们整个故事都画圆了之后发现，这个不是我们中国的问题，也不是美国的问题，全世界都一样。

全世界经济都发生一些问题，当面对全世界经济放缓的局势，我们中国的生产跟消费就展现出一种特殊的心态，就是M形的心态。这个情况不是谁都可以改变的，我们不可能独善其身。在这个局势下，我们高端消费的疯狂程度超过欧美，这种消费会影响到中国经济长期发展。我们的思维价值观如果不再崇尚刻苦研究、努力经营，而是慢慢转向炫富消费，这就需要引起高度警惕。德国有300万家中小企业，很多都是几代人研究一个小东西，创造财富之后即使买个奔驰也不会像我们这样炫富。他们会把很多的资金投入研发，这就奠定了德国成为整个机械工业的龙头地位，而且无可取代。如果中国中小企业赚钱之后，就走向另一种价值观的话，那么我们中国产业升级的道路将非常漫长。

（资料来源：郎咸平：《拯救M型社会下的价值观》，2011年）

从郎咸平的社会评论中我们可以发现，“M型社会”是经济学家、社会学家对社会发展的一种状态预言，对于社会的研究，不同的社会学家有不同的理论假设，社会学研究涉及社会的定义与构成、社会研究的视角、社会的结构、社会运行的趋势、个人与社会的关系等各方面的内容，这些内容将是本章学习的要点。

1 解读社会

1.1 社　会

1. 从典籍里解读“社会”

在我国古籍中，“社会”作为一个概念使用较少，使用较多的是“社”或“会”。在我国的古典文献中，“社”是指用来祭神的地方。《孝经·纬》中说“社，土地之主也。土地阔不可尽敬，故封土为社，以报功也”，即说“社”是祭祀土地神的地方。《古今类书纂要》对“社”作如下解释：“社无定日，以春分后戊日为春社，秋分后戊日为秋社。主神曰勾芒。民俗以是时祭后土之神，以报岁功，名曰社会。”这里的“社”的活动反映了农业社会的特征。“社”也是古代的一种乡村基层组织。顾炎武在其《日知录》中指出：“社之名起于古之国社、里社，故古人以乡为社。”我国古代的“社”也是指信仰相同、志趣相投的人而结成的团体。如“诗社”“茶社”是具有相同爱好的人组成的团体，与之对应的活动是结社。

“会”是指集会、聚会，如庙会，有时也指民间团体。

社与会有相近的含义。社与会连用基本上是指志同道合者的聚会或由此结成的或者紧密或者松散的团体。如宋孟元老在《东京梦华录·秋社》中说：“八月秋社……市学先生预敛诸生钱作社会。”明冯梦龙在其《醒世恒言·郑节使立功神臂弓》中也说：“原来大张员外在日，起这个社会，朋友十人，近来死了一两个，不成社会。”宋代的程伊川在《二程全书》与《近思录》中有“乡民为社会之说”，指的是有一定联系的乡民形成的社会生活方式。在中国历史上，社会也有民间的意思。《旧唐书·玄宗本纪》记载：“礼部奏请千秋节休假三日及村闾社会，并就千秋节先资白帝，报田祖。然后坐饮，散之。”即使现在，人们常常说的“社会上”指的也是民间的意思。另外，社会一词也有世道的含义。总的说来，我国古籍中的“社会”基本上是指民间的、有一定联系的人形成的社会活动的形式。

2. 在社会学中解读“社会”

在社会学中“社会”一词是英文 society 的译语，而它又来自于拉丁语 sociuss（伙伴）一词。西塞罗曾用 societas 来表示人类的共同体，后来这一概念用来表示人与人结合的存在关系，而使其含义变得越来越抽象。在罗马法令中，societas 指的是相对的自然人格的自由契约关系，与之相对的概念是指国家社会的 universitas。17～18 世纪，欧洲的自然法论战就是争论上述两者何者上，即谁更重要。随着欧洲资本主义社会的形成，一种与以前的专制主义国家相对立的人与人结合的新的关系形式普遍形成。于是，抽象的“社会”概念也就成为表现具体的“资本主义社会”的概念。

社会学产生之后，社会也自然成为社会学的一个核心概念。在孔德那里，社会实际上成为社会学的研究对象，以至于在不太严格的意义上可以说，社会学是研究社会的。斯宾塞认为社会是超级有机体，是个体活动与族类活动达到相互一致的整体状态。斯宾塞认为社会像生物体一样具有完备的器官构成和内部功能系统。社会的器官包括家庭制度、礼仪制度、政治制度和教会制度。社会的功能系统由支持系统、分配系统和调节系统组成。社会的支持系统即社会的生产系统，主要由工人、农民等劳动者组成：社会的分配系统主要由商人阶级及其活动构成；社会的调节系统由管理阶级、统治阶级及政府活动构成。斯宾塞认为这些器官和功能系统相结合发挥作用，使社会成为有机的整体。斯宾塞是用同生物有机体类比的方法来说明社会是一个超级有机体的，这是从结构—功能角度对社会进行阐述。[①] 马克思从整体论的角度概括地指出，社会不管其形式如何，都是人们交互作用的产物。“生产关系总和起来就构成所谓社会关系，构成所谓社会。”在这里，马克思从一般的意义上指出了社会的本质，即社会是人们通过交往而形成的社会关系的体系。

多数社会学对于社会还是有一个基本的共识。在社会学中，社会指的是由有一定联系、相互依存的人们组成的超乎个人的、有机的整体，它是人们的社会生活的体系。

---

① 吕智胜．现代实用社会学［M］．成都：电子科技大学出版社，2008：28－30.

3. “社会”的基本含义

社会，是指以一定的物质生产活动为基础而相互联系的人类生活共同体。社会有如下含义：第一，社会是由有意志的个体组成的。社会是人们共同生活的结合体，是人的社会。第二，社会是有意志的个体通过互动而形成的。社会是一个互动的体系，共同的兴趣并结合在一起带来的利益是人们结成社会的深层原因。第三，社会是由相关的社会关系积累联结而成的。社会是社会关系的体系，这些社会关系是在具体情况下人们共同活动的规范。

1.2 社会的构成

对于各个阶层甚至具体到每一个人群，关于社会构成都有自身的体会。目前中国社会学界普遍认同社会构成的“三要素”论，“三要素”即自然环境、人口与文化。

1. 自然环境

自然环境又称地境或地理环境，是指与人类社会生活相互关联、交互影响的全部自然条件的总和。由生态环境、生物环境和地下资源环境三部分构成。人类社会必须依赖于自然环境，自然环境是人类社会的衣食父母，是养育人类的摇篮，它为人类社会提供了生存发展的场所和栖息地，为人类社会提供了用于生活和生产的资源。在这个意义上，我们说人类社会永远也摆脱不了对自然环境的依赖。第一，自然环境决定着人类生产活动的方式，从而也决定着人类的生活方式和生存方式。人类的基本物质需求首先是受人类生理因素所制约的，但其需求的具体内容则受到环境的较大影响，生活在不同地域的人们，其需求的物质内容具有很大的差别。第二，它对人们的社会文化、社会心理也会产生一定的影响。第三，自然环境对社会发展起着加速或延缓的作用。第四，人类对环境的依赖还表现为人类必须处理好与环境的关系，否则就会影响到人类社会的可持续发展。

2. 人　口

人口指生活在特定地域内具有一定数量和质量的人的总称。人口包括数量和质量两个方面。人口是社会生产和社会生活的主体，一定数量和质量的人口，是社会存在和发展的必要基础。在一定的社会经济条件下，人口数量、人口质量、人口密度和人口增长以及它们的变化发展，能够对社会的发展产生重大的影响。第一，人口状况对社会物质生产起影响作用。一定的人口数量和人口密度是劳动分工和协作的物质前提，人口状况会影响社会分工与社会生产方式，进而影响社会生产发展。第二，人口状况对社会物质生活具有重大的影响作用，当社会制度、生产力发展水平和社会总产量等条件大致相同时，人口数量、密度增长速度同物质资料生产之间的比例是否适当，对社会物质生活的衣、食、住、行等方面有很重要的影响。第三，人口状况对社会的精神生活、政治生活和文化教育的发展也具有影响作用。

3. 文　化

广义的文化指作为群体的人的活动方式，以及由人的活动所创造的非自然状态的一切物质产品和精神产品。狭义的文化专指语言、文学、艺术及一切意识形态在内的精神产品。文化对于人类社会的意义在于，正是由于文化，才使得人类社会与动物社会相区别，才使得人类脱离动物界，成为主宰世界的万物之灵。文化是人类解决生存问题的手段，是人类生存的基础，而且是人类所独创和独有的，是把人类同动物相区别的关键所在，人之为人，就是因为人是文化的存在物。

文化在经济、政治、社会建设和人民生活质量提升等方面发挥着重要作用。第一，经济发展需要文化提供支持。马克思历史唯物主义认为，经济基础决定上层建筑，上层建筑对经济基础具有巨大的反作用。文化作为上层建筑的有机组成部分，伴随着人类社会的产生而产生，是经济、政治和社会的客观反映，当其与经济基础相适应时会促进经济基础的发展，反之会制约甚至阻碍经济基础的发展。第二，政治的发展需要文化提供动力。政治制度的建立、法律的完善、体制的创新、机构的改革、民主的推进等社会任务的完成，一方面依赖于具有先进理念的高素质人员进行设计、谋划，使之尽量符合实际、减少缺陷；另一方面这些体制机制的运作、法律规章的执行又依赖于国民素质的提升，所有这些都需要通过文化建设来逐步转变人的观念，为政治的发展提供动力。第三，社会建设需要文化提供支撑。社会的和谐首先来自于人的和谐，只有让全体人民参与到文化活动中去，在活动中与人交友、密切关系、友善相处，在活动中娱乐身心、陶冶心情、培养情操，在活动中形成共同的志趣爱好、价值趋向乃至理想信念，才能为和谐社会的建设提供强有力的文化保障。第四，人民生活质量的提升需要文化的发展。从马斯洛的需求层次理论来看，人的需求分成生理需求、安全需求、社交需求、尊重需求和自我实现需求五类，依次由较低层次发展到较高层次，当低层次的物质需求基本得到保障后，中、高层次的精神文化需求将是人一生中最重要的需求。所以，必须真正实现以人为本，不断提升人民的生活质量，逐步实现人的全面发展，重视并加强文化建设，满足人们的物质文化需要。

1.3 研究社会的基本视角

1. 功能论视角

功能论强调，社会的每一个部分都对整体发生作用，由此维持了社会的正常秩序。根据这种观点，社会的构成部分以系统的方式结合在一起，对整体产生着这样或那样的作用，每一个部分都维系着整体的平衡。功能论视角可以追溯到早期社会学家奥古斯特·孔德、赫伯特·斯宾塞、埃米尔·迪尔凯姆的著作。功能论视角特别适合于研究稳定的、小规模的社会。

2. 冲突论视角

冲突论强调，人们因有限的资源、权力和声望而发生的斗争是永恒的社会现象，也是社会变迁的重要原因。冲突论的基本假设是：构成社会的各部分不是作为整体的一部分平稳运行的，而是互相冲突的。冲突论者并不否认社会秩序的存在，而是认为，秩序只是社会各部分之间不断进行冲突的一种结果。冲突论源于马克思。在马克思看来，社会经常处在极易被破坏的平衡之中；社会秩序源于社会的一部分统治另一部分，而不是源于各部分之间的自然合作；社会秩序是力量与强制的产物，是统治，强的压迫弱的，富的压迫穷的。

3. 互动论视角

互动论研究人们在日常生活中如何交往，他们又是如何使这种交往产生实质性意义的。互动论者并不将社会看成一种控制力量，他们强调，人们总是处在创造、改变他们的生活世界的过程之中。互动论者不仅对人们如何行为感兴趣，而且对人们的思想和感觉感兴趣。总之，互动论者探索人们的动机、目标和他们理解世界的方式。乔治·米德通常被认为是互动论视角的奠基人。

2 社会结构

2.1 社会结构的概念

什么是社会结构？学术界众说纷纭，至今尚未形成统一的定论。最早、最明确地使用社会结构概念的社会学家是斯宾塞，他将结构和功能作为体现社会学分析层次的两个对应的基础概念。斯宾塞认为社会进化的方向是结构层次上的社会异质性的扩大和功能层次上的各部分之间的相互依存度的增强。也就是说，在社会较为原始的阶段不存在结构分化现象，因此社会各部分是彼此等质的，结构上等质的东西在功能上也难以分化，因而它们彼此间是互相独立的、互相分离的；反之，在社会较为发达的阶段，结构开始分化，各部分彼此成为异质性的东西，结构异质的东西在功能上也是分化的，因而彼此间是相互依存的。迪尔凯姆继承了这一思想，他把结构上等质没有任何分化的社会称为牧群，把由此组合而成的社会结构形态比作环节动物，并称之为“环节类型”。同时，他把分工即职业分化发展的社会结构形态比作诸器官已经分化的脊椎动物。

与机械联系相对应的联系是有机联系。由机械联系到有机联系的过渡就是迪尔凯姆所提倡的社会进化法则。齐美尔则认为社会结构是互动的形式，他相信社会结构中存在“永恒的互动”，这些互动使个体的实质性行动成为可能，并使之强化，形式社会学就是探求这些永恒互动的潜在模式。这些互动的内容或实际性质在社会学的意义上，其重要性还不如它们的基本形式。①

以上是早期社会学家关于社会结构的论述。此后，西方社会学界围绕社会结构问题进行了更为深入的探讨。致力于这一问题研究的流派主要有结构功能主义、微观结构主义、宏观结构主义以及结构主义等。

结构功能主义的主要代表人物是美国的帕森斯。这一流派将社会结构视为社会学的中心概念之一，他们将社会看作是各个行动者相互作用的体系，主张对这一体系从静态和过程的角度进行研究。静态的角度，即分析社会体系的结构；过程的角度，即分析社会体系的功能。他们认为，社会结构的最基本的分析单位是行动者所处的地位和所承担的角色。他们把社会结构看成是各个地位、角色之间稳定的关系，承担角色、参与互动的行动者认同于共同

---

① 乔纳森·特纳．社会学理论的结构［M］．北京：华夏出版社，2001：150－151.

的价值规范体系，是社会结构得以建立和维持的前提。社会结构实质上是制约着特定类型角色互动的抽象规范模式，在这个意义上，社会结构与社会制度是等值的。结构功能主义把社会体系维持生存必须满足的功能需求作为确定结构要素的依据。那些满足某项功能要求的特定部分，被看作是该社会体系的功能性亚体系。社会体系正是靠着若干功能性亚体系相互依存、互为条件的关系维持其存在的。在此基础上，结构功能主义发展了关于社会结构层次性的观点，当亚体系发展到一定规模时，其内部又会依同样的功能要求分化为相互区别和相互独立的更低层次的亚体系。结构功能分析的基本任务是识别社会体系的基本功能要求，以及解释由亚体系之间关系构成的社会结构是如何满足社会体系所提出的这些功能要求的。结构功能主义由于过分强调价值的一致性，夸大了亚体系之间的结构整合性，忽视了社会结构的冲突而受到批评。

微观结构主义的主要代表人物是米德、舒茨、戈夫曼等，这一流派对社会结构的形成基础即微观互动过程给予了极大的关注。它反对结构功能主义关于限制和约束个人选择的文化协调方式的观点，诸如规范、价值体系、角色期待等，而强调个人在互动过程中构建社会关系的能动过程。依据微观结构主义的看法，社会结构不是社会均衡的基础，不具有恒定实在的性质，它对社会过程不起决定性的影响。相反，社会结构是流动易变的，具有思维抽象的性质，是受参与互动的行动者以及特定的互动情景影响的变量，是行动者依照以往经验建立的，用以把握互动情景的认识论工具。从这一立场出发，微观结构主义致力于揭示行动者对互动情景的主观理解，以及这种理解对进一步互动所产生的影响。这一学派在阐述社会结构的形成及其变化过程时经常使用的概念有个人资源（经验、知识、个性、情感）及其差异、情景定义、选择、互动、仪式、交往密度、沟通网络、符号、意义等。

宏观结构主义的主要代表人物是布劳。在概念的理解上，这一流派反对结构功能主义用社会文化定义社会结构的做法，认为社会结构具有客观性质，独立于文化范畴；同时，它不主张像微观结构主义那样，在人际互动的微观层次上阐述社会结构概念。宏观结构主义的理论目标在于说明决定社会宏观结构的基本因素，确定社会的宏观结构状态，解释社会宏观结构对基本社会过程（如群体之间的交往、社会整合及社会冲突）的影响。宏观结构主义用社会成员在宏观社会地位空间的分布状态来定义社会结构，在刻画这种分布状态时经常使用的概念有人口规模、社会地位及其分化、社会地位之间的异质性及其不平等性、各地位群体之间的关联程度、群体内和群体间的交往率、社会流动、社会整合等。

结构主义的主要代表人物是列维－斯特劳斯，结构主义代表着不同于上述社会学结构分析的另一种倾向。结构主义认为，社会关系结构是思想深层结构的表象显现式复制。因此，结构分析的任务不是确立社会的各个结构要素和阐述它们之间的相互关系，而是透过表层结构从各种复杂的行为、感情、信仰中发现和破译起支配作用的“一般原则”或“内在编码”，这些原则和编码是对各种复杂的社会生活现象的逻辑性解释，它建立在人脑的生物化学基础之上。这种观点具有还原论的倾向和神秘主义色彩，受到了许多人的批评。

马克思也对社会结构进行了深入的分析。他将社会结构分成两个层次：一是社会物质存在的决定层次，即经济基础层次，包括生产力、生产关系和生产方式；二是受其制约的上层建筑层次，主要指政治、法律制度以及与之相适应的思想、道德、哲学、宗教、艺术等社会意识形式。“这些生产关系的总和构成社会的经济基础，即有法律的和政治的上层建筑树立其上并有一定的社会意识形式与之相适应的现实基础。”在此，马克思有三个关于社会结构的重要思想：一是把“结构”看作“关系总和”。经济结构是生产关系的总和，社会整体结构则是人们的物质生活关系和精神生活关系的总和，一切对“物与物”的关系的分析都旨在理解“人与人”的关系。二是将社会结构视为矛盾关系体。经济结构则是生产力和生产关系的矛盾关系体。三是认为社会结构变化的动力来源于社会内部的矛盾运动。在社会结构中起决定作用的是经济基础，而在经济结构中起决定作用的是生产力。

借鉴西方各流派以及马克思关于社会结构的探讨，我们可以对社会结构这样定义：社会结构是社会系统各要素之间比较持久、稳定的相互联系模式。通常来说，社会地位、社会角色、社会群体、社区、社会分层和社会制度是社会结构最基本的组成单位。

2.2 社会结构的单位

社会结构的内容可以看作是社会的主体——人及其社会活动和社会关系的存在方式。社会结构的单位主要有四个：身份或地位、角色、社会群体和组织、宏观社会结构。

1. 身份或地位

身份或地位指的是在某一群体或社会中某一确定的社会位置，大多与性别、婚姻状况、年龄、教育、种族、宗教信任和职业等相关。

身份或地位有两种主要类型：自致地位和先赋地位。前者是指在一个人生命历程中作为个人努力与否的结果而获得的身份地位，原则上可以改变。后者是指某人所拥有的被指定的并且通常不能改变的社会身份地位，一般以出生为基础，也可以一个人的出生时间、地点和环境为基础。

每个人会拥有多重身份，因此当涉及一个人总的社会地位时，尤其是在他人心目中的地位时，就遇到了麻烦。休斯提出了一个解决的办法：承认某种身份比其他身份更重要。他把用来决定某人总的社会地位的那个关键性的身份地位叫作首要地位。职业通常是人们的主要身份，但是某一先赋角色也可以成为主要身份。

2. 角　色

角色是对群体或社会中具有某一特定身份的人的行为期待。与某一种身份相联系的角色的集合就叫作一个角色集。这包括两种情况：一种是多种角色集于一个人身上，主要强调一个人内部的关系。另一种情况是，一组组相互依存的角色，主要强调的是人与人之间的关系。例如，医院里的医生要同病人、病人家属、护士、化验员、药剂师等多种角色打交道。

社会赋予某种角色的规范与角色扮演者的实际表现常常存在着差距，即角色期待和角色表现之间不相匹配。产生这种情况的原因主要有以下三个方面：①人们未能完全领会他们的角色；②因个人原因拒绝按照他人对角色的期待去扮演；③对角色的期待不清晰，尤其是在对待那些新近出现的角色时。

当来自不同角色与身份的要求出现对立，置身于其中的个人就处于一种角色冲突的状态。相互对立的要求被置于同一个角色之中，有这种情形而导致的个人压力就称之为角色紧张。对如何处理那些与人们价值观或自我形象相冲突的角色期待有四个解决办法：①调整角色；②放弃角色；③使自己远离角色要求，做做表面文章；④将自己一分为二，并告诉自己“我在此处是这种人，在别处是那一种人”。

人们偶尔也会为了使自己与主要的生活角色更加相配而调整自己的价值观念和自我形象。有时因为改变的程度如此剧烈，使得他们在角色行为的表现中几乎丧失了自己，拉尔夫·特纳称之为“个人与角色混同”。当一个人在扮演许多角色时，如果他很难将这些角色区别开来，这种情况就尤其容易发生。

3. 社会群体和组织

一个群体是有两个或两个以上的具有共同认同和团结感的人的集合，群体内的成员相互作用和影响，并共享着特定的目标和期望。群体有三个不太明显的特征：群体中的结构水平、群体内的亲密程度、群体中的不平等性与差异。

（1）群体中的结构水平。

按结构水平，群体可以分为四类：社会类属、集合、集群、组织。社会类属仅仅是共同具有某种社会特征的人们，不具有社会结构。集合是指在某个特定场合中面对面相处的人群，但他们之间没有互动，也缺乏最基本的社会结构。集群结构松散，比社会学家通常所指的社会群体等集合性实体更具自发性和临时性。组织是规模较大且更具结构化的群体，较之其他社会群体具有高度的模式化特征。

（2）群体内的亲密程度。

按照群体内部的亲密程度，组织可以分为初级群体和次级群体。次级群体指的是成员之间以一种有限的、非个人方式交往的规模更大、更具专业化的群体。

（3）群体中的不平等性与差异。

人们倾向于根据财富、权力和声望将人们及其社会地位排成等级，这种排序被社会学家称之为社会分层。

4. 宏观社会结构

宏观社会结构是指组成社会整体及其各大领域的社会要素、成分的组合方式、模式及其相互关系。

（1）社会设置。

社会设置是指用来满足社会基本需要的社会结构中相对稳定的一组要素。

（2）社区、社会和世界体系。

社区和社会的区别主要是在规模的大小、独立和自足的程度上。当一群人集中于个人家庭和工作地点，并且以社会互动的日常模式为基础时，这种集合叫作社区。社会是有着相互认同、团结感和集体目标的人的集合，其广泛性是一个家庭、单一组织或单一本地社区所缺乏的。

2.3 社会类型

社会类型有以下特征：第一，几乎所有的社会成员关系都发生在社会的边界以内。超出社会边界的行为会受到严格的正规控制。第二，为满足人们的需求，一个社会要建立起一些社会程序和机制来获取和分配经济或其他种类的资源。第三，做出决策和解决争端的最终权威属于整个社会。第四，社会是其成员效忠和捍卫的最高一级的组织形式。第五，所有的社会成员分享着共同的、独特的文化，通常也拥有共同的语言。社会类型的分类主要如下：

1. 从社会赖以生存的方式上分类

（1）狩猎的与采集的社会。这是最早的和最简单的社会。特征为：靠狩猎和采集果实生存，社会群体较小，生活区域变动不居，几乎没有专门的劳动分工，建立在血缘和亲属联系的基础之上。

（2）畜牧社会。通常出现于不适于耕作而适于放牧、饲养牲畜的地区。特征是：开始出现剩余产品、私有财产，以及等级、阶级、群体间的冲突和战争，政治、经济、宗教、文化制度开始形成。

（3）初民社会。是在适于耕作的地区，随着人们初步掌握耕作方法而出现的。特征是：种植农作物上升为主要生产方式，狩猎与采集果实降为次要方式，出现了较大规模定居的社会群体，与畜牧社会一样，不平等和阶级分化开始出现。

（4）农业社会，又称前工业社会，是随着“犁”的发明而发展起来的。犁的发明，铁具的使用，畜力、风力、水力的应用，为较发达的农业生产和小作坊手工业生产奠定了基础。社会剩余产品大量出现，社会阶级体系和分层体系更加巩固，官僚制度、官僚阶层有很大发展。

（5）工业社会，又称现代社会，是自 18 ~ 19 世纪的工业革命以来产生和发展起来的。蒸汽机、电力等机械动力代替人力、自然力之后，大规模的工业体系开始形成，出现了人口向城市集中的城市化和劳动分工体系的专业化，形成了现代的官僚制度，以及教育、医疗、保险、服务等现代化社会机构与制度。同时，不具人格的社会关系逐渐取代了血缘的、亲属的社会关系。

20 世纪 80 年代以来，一些社会学家提出后工业社会的概念。认为在这种社会中自动化、信息技术将得到普及和发展。其特征是：从生产产品性经济转变为服务性经济；专业与技术人员居于主导地位；理论知识处在中心地位，并且是社会革新与制定政策的源泉；控制技术迅速发展，对技术进行鉴定，以及创造出新的“智能技术”。

2. 从物质生产方式分类

卡尔·马克思以物质生产方式为依据提出“亚细亚的、古代的、封建的和现代资产阶级的生产方式可以看作是社会经济形态演进的几个时代”，并预见到共产主义社会的出现。后来人们将社会基本形态概括为五类：原始社会、奴隶社会 、封建社会、资本主义社会和共产主义社会（社会主义为其初级阶段）。

3. 从社会组织上分类

社会学还从社会组织形式上区分社会类型，最有影响的是德国社会学家 F. 滕尼斯提出的礼俗社会和法理社会。前者又称共同体，指传统的社会。后者又称交往社会，指现代工业社会。此外，社会学家、人类学家还从文化角度将社会区分为无文字社会或曰文字前社会与有文字社会，以有文字作为社会进步的标志。

3 社会运行

如果说社会结构是从静态方面考察社会的话，那么，社会运行则是从动态方面考察社会。所谓社会运行，是反映社会有机体自身的运动、变化和发展的概念，它表现为社会多种要素和多层次子系统之间的交互作用以及它们多方面功能的发挥。社会作为一个由多种要素组合而成的复杂的体系，是动态的非平衡系统，平衡只是暂时的、相对的，社会结构的稳定性是相对于变动性和一种结构转向另一种结构的更替性而言的。

3.1 社会运行方式

社会运行是指社会有机体自身的运动、变化和发展，表现为社会多种要素和多层次系统之间的交互作用以及它们多方面功能的发挥。社会运行大体上包括纵向与横向两个方面。纵向运行也就是社会的变迁与发展。横向运行指社会发展某一阶段上，社会诸要素、社会诸系统的交互作用。无论纵向运行还是横向运行，社会诸要素与诸系统都表现出了相互联系、交互影响、交互作用的特点。

1. 纵向运行

纵向运行，即社会的变迁与发展。社会系统在其前后相继的纵向运行中表现出了如下一些基本关系：第一，继承的关系，即后来的社会接受了过去社会所留下的遗产。人类社会今天所以形成了如此灿烂的文化，在很大程度上是由于继承了数千年以至数万年的历史成果。当然，继承关系是没有价值趋向的，即所继承的不一定都是好的东西。历史上的一些糟粕现象，也常常被后来的社会系统或某些子系统所继承。第二，变异的关系。社会纵向运行虽然继承了过去的东西，但它不是一成不变地照搬，而是随时修改着、变化着。社会的变异有多种表现：有些仅在原来基础上发生微小的变化，如人的形体的变化；而另一些则是巨大的变化，甚至是根本的变革与创新，如社会由无阶级社会进入阶级社会、文字等精神文化的创造、蒸汽机等物质文化的发明。当然，无论怎样的创新，它都不可能是“无源之水”，我们总可以从原来的社会系统中找到它的根源或根据。第三，中断的关系。在社会纵向运行中，有很多东西被历史发展所抛弃。有些是因条件变化了，后来已无存在的必要；但另一些是至今仍有存在价值的，却因种种变故，出现了发展的中断，如我国历史上一些古方、古法、古书、古典的失传等。

2. 横向运行

横向运行，即社会诸要素、社会诸系统的交互作用，表现出了如下一些基本关系：第一，交叉与渗透的关系。社会是一个整体，社会各要素、各系统的区分是相对的，而不是绝对的。在现实生活中，它们是交织在一起的，你中有我，我中有你。例如，政府本是政治系统的重要因素，但它却总是同时承担着经济功能、文化功能、思想功能。第二，制约的关系。即社会某些要素、子系统的功能的发挥会限制和约束另一些要素与子系统的发展。如经济的不发达常限制了文化、思想的发展。如法制系统的健全，约束了违法行为的发展，现代人口理论的发展限制了无计划人口再生产状况的发展。第三，促进的关系。与制约关系正相反，它是指一个系统功能的发挥对另一系统起着推波助澜的作用。例如，物质文明与精神文明的发展就是相互促进的。第四，转化的关系，即一种要素转变为另一种要素、一个系统的问题转变为另一系统的问题。例如，一对本来是业缘关系的同事，通过接触，建立了感情，便可能发展为具有血缘关系的家庭。

总之，无论纵向运行还是横向运行，社会诸要素与诸系统都表现出了相互联系、交互影响、交互作用的特点。

3.2 社会运行机制

社会运行机制是指人类社会在有规律的运动过程中，影响这种运动的各组成因素的结构、功能及其相互联系，以及这些因素产生影响、发挥功能的作用过程和作用原理，简要地说，也就是社会运行“带规律性的模式”。

1. 社会运行机制的分类

（1）根据社会秩序的形成过程分类——自发机制与人为机制。

自发机制是指自然地、历史地形成的社会运行机制，如一夫一妻制家庭的形成机制。人为机制是指人类根据一定的社会目标、通过人们的主观努力而有意识地建立起来的社会运行机制。如政策导向机制和计划生育机制，它是政府决策部门根据社会运行目标和特定的社会运行状况而制定的一系列有约束力的规范，它既起着控制人们社会行为的作用，又起着激励人们某种社会行为、控制人口过速增长的作用等。

（2）按照社会运行机制的作用领域分类——经济机制、政治机制、文化机制、心理机制。

这种划分方法实际上是将社会运行机制看作是一个无所不包的庞大体系，因而超出了社会学的研究范围，成了各分支学科的研究领域，如经济学、政治学、心理学等。

（3）根据社会运行机制的表现形态分类——显性机制和隐性机制。

所谓显性机制和隐性机制是针对自然机制而言的，人为机制都是显性机制而没有隐性机制。因为人为机制是人为设置的，是人类有意识的产物，其结构功能、作用原理与作用过程都已经被人们认识到了，并且有意识、有目的地加以利用。自然机制中就有显性机制与隐性机制之分，某些自然机制的结构功能或作用原理与作用过程不为人们所知，但在社会生活中存在并发挥作用的机制就是隐性机制。如“市场机制”曾被亚当·斯密称为“看不见的手”，也就是说“市场机制”曾经作为隐性机制而存在并发挥作用。

（4）根据功能分类——动力、整合、激励、控制和保障五大机制。

这五个机制既是相对独立的，又是相互联系的。社会需要是社会运行的动力源，动力机制由动力结构、运作过程、运作方式与手段三个部分组成。整合机制由整合对象、整合中心、整合过程三个部分组成。利益是最基本的整合对象，除此之外，还有一些衍生的整合对象，如情感、组织、规范和功能；整合中心指能对社会个体、社会群体产生吸附力量，使之凝聚为社会整体的社会事务；整合过程有两种基本类型，一种是自下而上的整合，另一种是自上而下的整合。激励机制就是社会引导其成员行为方式和价值观念的过程。从结构上分析，激励机制由激励标准、激励手段和激励过程三个要素组成。控制机制包含控制手段、控制对象和控制过程三个要素。控制手段有组织的、物质的和文化的三种；控制对象从微观层次上看是指社会成员的价值观念和价值行为，中观层次上看是指社会利益群体间的关系，宏观层次上是指各社会运行系统的关系；控制过程一般包含决策、实施、监控和反馈四个环节。保障机制的保障对象通常有两个，一是社会成员，二是社会制度；保障手段一般有社会援助、社会疏导和社会调节三种类型；保障过程由社会检测、具体实施和反馈调整三个环节组成。

2. 五大机制——实现社会良性运行和协调发展

（1）五大机制的功能。

动力机制——主要功能是为社会运行提供适度的动力。

整合机制——主要功能是协调社会利益，促使社会个体、社会群体组成有机整体。

激励机制——主要功能是促使社会成员的行为方式和价值观念与社会倡导的趋于一致，激发社会活力。

控制机制——主要功能是维系良好的社会秩序，控制社会运行的方向与速度。

保障机制——主要功能是保障社会成员的基本生活条件，维护社会运行安全。

（2）五大机制的作用原理。

社会运行机制都是围绕着社会运行目标而建立起来的，是为实现社会运行目标服务的。社会运行目标是由社会制度、民族传统、大众文化、历史条件四个因素决定的，其中最重要的影响因素是社会制度。社会运行目标一旦确立之后，所有的社会运行机制都将围绕社会运行目标而被建立起来。因此，社会运行目标对社会运行机制起着导向作用，这一导向过程是动态调整过程。一方面，社会运行机制不断调整结构以符合社会运行目标的要求；另一方面，社会运行机制在具体的运作过程中，也有可能发现社会运行目标与社会实践相冲突而无法实现，这样就需要对社会运行目标进行修正、调整。社会运行机制建立之后，就要作用于社会运行系统，发挥其功能。具体地说，动力机制的主要功能是为社会运行提供适度的动力；整合机制的主要功能是协调社会利益，促使社会个体、社会群体组成有机整体；激励机制的主要功能是促使社会成员的行为方式和价值观念与社会倡导的趋于一致，激发社会活力；控制机制的主要功能是维系良好的社会秩序，控制社会运行的方向与速度；保障机制的主要功能是保障社会成员的基本生活条件，维护社会运行安全。这些机制在结构上应该是协调的，在功能上应该是耦合的、互相补充的，其协调中心就是社会运行目标。

同样地，运行机制与运行系统之间也存在反馈，运行机制也在不断修正、不断调整之中。在运行机制的共同作用下，运行系统具体运行的结果就是社会运行状态，或良性或中性或恶性。社会运行状态反馈到社会制度，有可能促使社会采取相应措施改善社会运行状态或维持良好的社会运行状态，也有可能促使社会制度的改革以适应社会运行实际状况，还有可能彻底变革社会制度，这就是社会革命。这里，我们还要注意的是，对社会运行产生影响的因素不仅来自社会运行系统内部，还来自系统外的扰动。

3.3 社会调控手段

有一群猴子被关在笼子里，在笼子里的上方有一条绳子，绳子拴着一根香蕉，绳子连着一个机关，机关又与一个水源相连。猴子们发现了香蕉，有猴子跳上去抓这根香蕉，当猴子抓到时，与香蕉相连的绳子带动了机关，于是一盆水倒了下来，尽管抓到香蕉的猴子吃到了香蕉，但其他猴子被淋湿了。这个过程重复着，猴子们发现，尽管有猴子吃到香蕉，但吃到香蕉的猴子是少数，而其余的大多数猴子都被淋湿。经过一段时间，有一伙猴子自觉地行动起来，当有猴子去抓香蕉时，它们便揍那只猴子。每当有猴子去取香蕉，就有其他的猴子因愤怒而自动地去撕咬那只猴子，久而久之，猴子们产生了合作，再也没有猴子敢去取香蕉了。

这是一个猴群博弈的故事，故事里猴子间产生了“道德”。如果这群猴子构成一个社会，它们也繁衍下一代，它们会将它们的经历告诉下一代，渐渐地猴子们便认为取香蕉的后果对其他猴子不利，从而认为去取这根香蕉是“不道德的”，它们也会自动地惩罚“不道德的”猴子。当然这只是一个故事，但这个博弈故事却反映了人类的道德的产生过程。道德可以打破囚徒困境的难题，化解个人理性与社会群体理性的矛盾，维系整个社会经济体系的稳定与发展。

人类的社会生活需要一定的秩序，而维持社会秩序最重要的手段就是社会调控。失去了控制的社会是一个混乱的社会，社会的组织机构将不能正常发挥作用，也就谈不上正常的社会生活。

社会调控的手段是多种多样的。各种各样的社会调控方式和手段构成了一个社会完备的社会调控体系，它从制约力最弱的风俗习惯一直到控制力最强的政权和法律。从社会生活的方方面面、各个领域对人们的社会行为施以种种约束，从而达到维持社会秩序的目的，使整个社会处于有序的运行状态之中。概括起来看，社会调控手段主要包括如下几种：

1. 强制性手段——政权、法律与纪律

政权或国家政权，是统治阶级实行阶级统治的权力，是实行社会调控的基本方式。当社会控制的阶级功能居于首要地位的时候，国家政权同时又是实行社会控制的基本目的，也就是说，社会控制的目的就是保卫国家政权。国家政权借助于军队、警察、法庭、监狱等国家机器以及制度、法纪的权威力量，通过授予地方政权以各种社会控制权限来实行对整个社会的控制。在政治、经济、文化、思想及社会生活其他各个方面对社会成员的行为施以特定的影响和制约，制止非规范行为，限制反社会活动以维持整个社会的秩序和安定。

法律是经国家制定、反映统治阶级的意志、由国家政权强制实施的行为规则的总和。法律是国家政权的派生物，是为维护一定的国家政权服务的。法律的这种附属性质，决定了它的社会控制功能的性质必然也要随着国家政权的变化而变化。因此，法律的执行必须以国家政权的强制为后盾。法律作为社会调控的重要工具，具有惩罚、威慑和教育等方面的具体作用。法律是最高层次的行为规范，每个社会成员都必须无条件遵守它，如若触犯必将受到它的无情制裁，这就是法律的惩罚作用。惩罚作用是法律最鲜明、最公平、最有强制性的作用，是法律威力最突出的表现。法律对那些违法犯罪分子以及处于违法犯罪边缘的不安定分子具有强大的威慑作用。许多企图危害社会安全、破坏社会秩序的不法之徒，往往会慑于受到法律的无情制裁而打消犯罪念头或停止犯罪的准备活动，这就是法律的制裁和威慑作用的结果。当然，法律的作用并不仅仅局限于对付违法犯罪分子和其他不安定分子。法律对全体公民的教育，为全体社会成员制定一系列的规范，使之无一例外地遵守，以维护社会秩序的稳定，这也是法律极为重要的作用。从一定意义上说，这是法律的首要作用。防患于未然，提高全民的法律意识，明辨是非，互相监督，自觉地做守法公民，这是从根本上杜绝违法犯罪的重要措施。当然，不同性质的法律具有不同的教育作用，剥削阶级的法律只反映少数人的意愿，尽管也向广大人民灌输守法观念和法律原则，但对大多数社会成员并没有明显的教育作用，它的实施主要是靠惩罚和威慑。社会主义的法律是在高自觉性的基础上实施的，因此，社会主义法律的教育作用尤为重要。这也是社会主义法律最重要的特征之一。

纪律是国家机关或社会团体为自己的成员制定的行为准则。凡是集体，无论其规模和目标有多大的不同，都必须有为其成员共同遵守的纪律。纪律具有多样性和强制性两个特点。纪律的多样性，指的是性质与目标不同的组织具有不同的纪律。纪律的强制性是指无论纪律与纪律之间有何种不同，它们都是法律的辅助手段，也都以强制与服从为前提。在整个行为规范的层次中，纪律是仅次于法律的一个层次，并可起到法律有时难以起到的作用。

例如，某人的行为虽然没有触犯法律，但是却在一定的范围内破坏了有关的秩序或损害了他人和集体的利益，此时就只有用相应的纪律对其进行限制和制裁。因此，纪律既是法律的必要补充，也是社会调控不可缺少的手段。就其对社会行为的经常的制约功能来看，它具有更普遍的社会调控意义。

2. 约束性手段——习俗、道德、舆论

习俗是人们在社会生活中通过相互模仿、相互影响而逐渐形成并共同遵守的习惯和风俗。习俗一般来说没有明文规定，但是作为人们经过长期的实践和尝试逐渐固定下来的行为方式，它是得到一个社会的普遍认可的。因此，习俗是非正式社会调控的主要工具之一。一定的习俗总是与一定的自然环境、社会环境相联系的，总是一定社会生产力水平的反映。自然环境的差异、物质生活条件的不同，都会产生不同的习俗。在不同的社会经济制度之下，不同阶级和阶层的人们之间，也会形成不同的习俗，无论何种习俗，都是人们在共同生活中通过不断地尝试和创新形成的世代相传、根深蒂固的社会行为模式。在社会生活中，习俗可以产生一种无形的强制力量左右着人们的行为。谁若违背或改变，就会受到周围人们的抵制、嘲讽甚至攻击和孤立。所以，那些在行为方式上与所处社会的习俗大相径庭的人，常常被看成是行为古怪或怪癖的人。因此，移风易俗不是一件轻而易举的事情。另外，有些习俗包含着某种道德观念，或者说它就是某种道德观念的外化。这样的习俗就不同于一般的不带有价值判断的习俗，违背了这样的习俗常常被看作是“伤风败俗”或“丢人现眼”等。还有些习俗代表了一个民族的优秀的文化传统，有进步意义，值得保存。如中国春节贴春联，既增加了节日的喜庆气氛，又以优美的联句、书法给人以美的享受，像这样的习俗就值得大力倡导。但有的习俗则反映了旧的道德观念，无进步意义，需要加以破除，如一些迷信活动等。移风易俗是社会主义精神文明建设的重要任务，但是一种习俗的形成、变化和消失，总是有一个长期的过程，用简单的行政命令手段破除某些有消极作用的习俗的做法是不可取的。

道德是一定社会用以调整个人与个人以及个人与社会之间关系的行为规范，它是非正式社会调控的主要依据。作为一种社会规范体系，任何社会都有相应的道德准则，它制约着人们社会生活中方方面面的行为。同时，还通过社会舆论和其他教育手段反复不断地对人们的行为做出是非、善恶、美丑、诚实与虚伪、公正与偏私、高尚与卑鄙、正义与邪恶等评价，使其逐渐内化为人们的行为标准，以控制人们的思想和行为，维护正常的社会生活秩序。道德与习俗一样，都是非正式的社会调控工具。一般来说，道德是在习俗的基础上发展起来的，但道德的内容更为严肃，对人具有更强有力的约束作用。社会对于不“从俗”的行为未必给以强烈的谴责，甚至有的人还专以“脱俗”以示清高，但是违背道德准则的行为则难逃社会舆论的谴责。道德的谴责颇有法律审判的味道，但道德谴责毕竟不同于法律审判，道德的约束力也没有法律那种强制水平。然而，道德对人们的行为具有更普遍的约束力，法律、纪律所约束规范不到的行为，道德可以对其起到约束作用。所以，历代统治者都非常重视道德规范对社会成员的控制，认为用道德教化来实行统治，有时比刑罚的威慑具有更积极的作用。如孔子说：“道之以政，齐之以刑，民免而无耻；道之以德，齐之以礼，有耻且格。”这就是强调道德、礼教在社会调控中的作用。

社会舆论也是社会调控系统中的重要组成部分。社会舆论具有传递迅速、范围广、能引起人们的普遍关注等特点。所以，针对某一事物，舆论能够很快地统一社会成员的看法和认识，形成左右人们思想与行为的巨大力量。特别是在现代社会中，由于大众传播媒介的迅速发展，舆论的影响作用也迅速加强。尤其是对那些违法乱纪、道德沦丧的行为，更是极具强烈的抨击和批判力量。正是舆论的这种针砭时弊、惩恶扬善的功能，使得舆论在社会调控活动中有特殊的意义。舆论的控制作用在某些方面甚至超过了法律或纪律。

3. 信仰性手段——宗教

宗教是以对神的崇拜和神的意旨为核心的信仰与行为准则的总和。因此，宗教也是一种社会规范，是社会调控的重要手段和工具。对于宗教的产生，恩格斯曾精辟地指出：“一切宗教都不过是支配着人们日常生活的外部力量在人们头脑中的幻想的反映，在宗教这种反映中，人间的力量采取了超人间的力量的形式。”观念的最初产生，反映了在生产力水平极低的情况下，原始人对自然现象的神秘感。进入阶级社会以后，宗教得以存在和发展的最深刻的社会根源就在于人们受这种社会的盲目力量支配而无法摆脱，在于劳动者对于剥削制度所造成的巨大苦难的恐惧和绝望，在于剥削阶级要利用宗教作为麻醉和控制群众的重要的精神手段。

宗教规范一般包括礼仪、教规与教义三个方面的内容。宗教礼仪是指宗教活动及其方式，如礼拜、祷告、忏悔、节日等。教徒参加宗教活动都要遵循一定的礼仪，严格按照礼仪规定活动。教规指的是宗教的基本规定，多直接用各种戒条来表示，如基督教中的“十戒”、佛教中的“五戒”等。这些戒条不仅在宗教活动中，而且在社会生活的各个方面都约束着教徒的行为。教义是对宗教律条的解释，如《圣经》《古兰经》《道藏》等都是宗教教义的集成，它们起着控制教徒的思想和信仰的作用。

在诸多社会调控的工具中，宗教控制一度曾是最严厉的控制手段，宗教统治的阴影曾经笼罩着世界大部分地区。中世纪的欧洲就曾是宗教一统天下，教皇、主教、神父就是统治集团的主要成员，教规就是人们行为的最高准则，宗教裁判对“离经叛道”者施以残酷的迫害，不知扼杀了多少进步的科学思想，所以，宗教裁判所被称作是黑暗的中世纪最黑暗的角落。目前，世界绝大多数国家和地区宗教化趋势减弱，世俗化趋势增强，宗教势力受到种种限制。宗教的社会调控的正规性、强制性在弱化，作用仅限于教徒中间。但是，取消宗教的条件目前尚不具备，无论是在自然领域还是在社会领域，人们还不能做到完全地把握自己。当人们还必须把自己的命运委托给外界的时候，宗教就有它存在的理由，正是基于这一点，在社会主义社会还实行宗教自由政策。同时，我们也不能否认，宗教对社会秩序的维持也能起到一定的辅助作用。宗教教义中的一些思想也反映了一定社会道德规范的要求，如佛教“五戒”中的“不欺狂”“不偷盗”“不奸淫”等，对于违反社会伦理道德的行为有一定的惩戒作用。当然，社会主义社会保留宗教的目的主要不是用它来进行社会调控，而主要是为了满足部分人的信仰需要，对这一点必须要有明确的认识。

总之，社会调控就是通过各种不同类型的社会调控手段，从社会活动的不同层次、不同方面对人们的社会行为进行约束、限制和指导。需要指出的是，人类的社会行为是复杂的，对社会行为的调控也是复杂的，要形成一种稳定、良好的社会秩序，就必须发挥社会调控整体系统的作用，而不是仅仅依靠某一种或几种社会调控手段。①

4 个人与社会

在意大利首都罗马博物馆里，有一座奇特的青铜像：一只母狼张嘴露牙，警惕地注视着前方，腹下有两个婴儿，正含着母狼的乳头吮奶。这座青铜像所反映的是古罗马时代的一个传说，在一座城邦的王位争夺中遭到生命危险的一对孪生婴儿，由于一只母狼的哺育而幸免

---

① 李芹．社会学概论［M］．济南：山东大学出版社，1999：380－383.

于死。在母狼的抚育下，他们成了两个“狼孩”。到长大成人，他们发动了一场复仇的激烈战争，杀死了仇敌，并替外公夺回了王位。

传说当然不等于历史事实，但在现实生活中，倒也确实发生过母狼育婴的奇事。20 世纪 20 年代，在印度加尔各答东北的米德纳波尔小城附近，就曾发现一对由母狼抚育的女孩，大的七八岁，小的约两岁，她们被送到孤儿院，大的取名卡玛拉，小的取名阿玛拉。刚被发现时，她们的行动和狼差不多，用四肢行走，白天躲起来，晚上则起来乱走，眼睛发亮；吃东西不用手，而是放在地上用牙齿撕咬；不会说话，叫起来声音如狼，不穿衣服，把人家给她穿的衣服撕烂，不让人给她洗澡，也不喜欢与人接近，谁接近她，她就抓、咬，或作兽叫。阿玛拉被收养了 11 个月后就死了，年已七八岁的卡玛拉，智力水平只相当于 6 个月的婴儿。人们花了很大的力气训练，两年后她才能直立，到 13 岁才能独立行走，但快跑时，还要用四肢。直到 17 岁那年死去时，还没学会说完整的话，这时她的心理状态只相当于两岁小孩。可见，她们虽然具有人的躯体和生理结构，却完全没有人的知识、技能、心理、习性和情感。

世界上还发现由其他动物如熊、羊、豹、猴等抚养长大的人类幼童——“熊孩”“羊孩”“豹孩”“猴孩”等，他们的心理发育情况和知识、技能、习性和情感等，都与“狼孩”大致相似，而与同龄的人类幼童则相差甚远。

人的行为、活动、思想、情感无一不是社会的产物，一旦脱离了社会，脱离了社会联系，也就丧失了人性，丧失了人的一切能力。从“狼孩”的心理发展状况和生活习性特点看，他们不通人性，所通的更多的是动物性，虽然动物也可能具有某种群体习性，例如，大雁列队而行、蚂蚁结群而动等，但它们没有思维活动，其生存活动没有自觉的目的性，它们的行为只是属于一种适应自然环境的生物本能，就像植物也有被动地适应自然环境的生命运动一样。正是在这个意义上，我们认为，“狼孩”简直不能被称为社会意义上的“人”。

人的自然属性是生而有之的，先天就有的，那么自然人如何成为社会意义上的“人”?唯一的答案只能是：“社会化”。

4.1 何谓“社会化”——人与社会的互动

扬扬妈带着 6 岁的扬扬到游乐场玩。当时，游乐场里还有另外一位妈妈带着孩子在玩，那孩子是个“小霸王”。每当扬扬看到想玩的玩具，“小霸王”就一定会放下他自己手头的过来跟扬扬抢……扬扬抢不过“小霸王”，只好来向妈妈求助。扬扬妈就过去和对方的母亲商量，希望她能够管管自己的孩子。谁知对方爱理不理地说：“小孩的事情小孩自己解决，大人掺和什么?”扬扬妈哑口无言，只好引导扬扬自己去跟“小霸王”商量，看看能不能轮流玩。结果那“小霸王”根本不吃这一套，最后两个孩子打了一架，结果自然是扬扬吃了点亏，扬扬妈心里也很不痛快，就干脆拉着儿子要走，岂料扬扬更生气，还咬了妈妈一口……

上述情境是儿童社会化的一个典型案例。在整个事件中，无论是家长还是孩子，考虑问题的基本出发点都是以自我解决能力为中心，没有更多考虑客观环境中的其他因素，因而问题得不到解决。矛盾最好的解决方法，应当是家长以身作则去跟管理人员交涉、退票或是鼓励孩子自己去找管理人员交涉，这是对孩子社会化素质培养的有效手段。这个案例体现了孩子规则意识的培养，遵守规则、合理利用规则并让其对我们个体产生更好的保障，这是一个“社会人”应拥有的最基本素质。事情的有效解决，就是实现儿童社会化的过程。

婴儿出生到世界上，开始对社会是一无所知的，相当于一个“自然人”或“生物人”，他要成长为一个“社会人”，即具有人的语言、思想、感情、习惯和行为，成为适应社会生活的成员，就必须学习社会生活知识、社会规范，了解社会对他的期待，逐渐掌握参与所在社会与群体生活所应具备的技能。与此同时，社会或群体又以现存的文化、经验、知识去千方百计地对来到世上的新人施加种种影响，使之成为社会或群体所需要的合格的成员。这个过程就是人的社会化。

社会化实际上是两个过程的结合：一是个人通过与社会的互动，获得独特的个性和人格，学会适应并参与社会生活的过程；二是社会成员、社会结构和社会文化一起行动，共同支持和维护社会生存与运行的过程。从第一个过程来看，社会化不仅是一个从“生物人”向“社会人”转变的过程，而且是一个内化社会价值标准、学习角色技能、适应社会生活的过程。

1. 人是生物性与社会性的统一

人具有生物性和社会性，每一个人都是这两种属性的结合体。每个人在出生之初，都只是自然人、生物人，只有一些最基本的生理本能。个人仅凭生而具有的自然属性和生物本能是不能在社会中生存的，这样的生物人必须经过社会化过程，转变成具有社会观念和社会技能的社会人，才能适应社会，才能在特定的社会环境中生存下来。同样，没有社会人就没有社会，只有在人的不断社会化中，社会才可能存在和发展。

在马克思主义看来，人的本性是自然属性与社会属性的统一。人是自然界的产物，是一种高级动物，当然会存在与动物相类似的一种自然本能。饥而思食，渴而思饮，身体发育成熟时就有性的要求，这都可称为人类的本能，同样也是动物的本能。同时，人又是自身生存的社会环境的产物，有人类特有的社会属性。人能制造和使用工具，进行满足自身需要的劳动活动；人类活动均具有一定的自觉性、意识性；人类在各种实践活动中，相互之间形成一定的生产关系和其他社会关系，这些关系都受特定行为规范的束缚；等等。这些因素相互联系就构成了人的社会属性，这是人的本性中更重要、更本质的一方面。

（1）人的生物性。

社会化过程与人的生物性密切相关。一个人的生物需要的满足，特别是早年的生物需要的满足，是其社会化过程的重要组成部分。在生物界中，只有人类个体能够接受社会化的训练而具备社会属性并参与人类社会生活，人以外的其他动物则没有这种能力。也就是说，离开了人类特有的生物性，社会化的活动就无法进行。人类区别于动物的基本特性主要包括以下两大类：

①较长的依赖生活期。人类个体在出生后由于受到生理发育上的限制，有一段较长的依赖生活期。人有6年左右的时间处于幼年期，也就是说，这是完全依赖于他人的时间，此后

的10多年是青少年期。这样，人整个生命15% ~25%的时间要依赖父母或其他人的照顾才能生存和正常地发育成长。正是这个延长了的依赖时期，为人学习文化与社会技能提供了必要的时间，也与他人和社会总体建立了终生的社会和情感联系。

②独特的语言、思维及学习能力。人类能够使用语言，这是人类个体接受社会化的一个重要条件。由于人类社会的一切知识和观念都是靠语言来传达和接受的，人能够借助语言来学习大量的直接知识和间接知识，学习社会文化，掌握社会规范和社会技能。另外，人们的大量的社会互动凭借语言来实现，人们借助语言理解他人的思想和要求，同时也向他人表达自己的思想和感情。

与人类语言能力联系在一起的是人类的思维能力，这是人类区别于其他动物的根本特征，也是人类个体能够接受社会化、适应社会生活的重要的生物基础条件。人的大脑及高级神经系统，使人具有能动地反映客观外部世界的特殊思维活动能力，其中，包括形象思维、抽象思维和逻辑思维能力。在社会化过程中，人们正是运用了特有的思维能力，才能对所接受的各种有关外部事物的信息加以分析、归纳、判断和推理，才能对周围事物做出事实判断和价值判断，并在此基础上理解各种社会规范对自己的要求，确立起自己的角色观念、价值观念和行为方式。人类所特有的语言能力与思维能力，使个体在社会化过程中表现出具有其他动物所不可比拟的学习能力。人类能够凭借语言能力和思维能力，更迅速、正确和深刻地认识客观事物的本质属性，理解所处社会环境的意义，接受社会文化的熏陶。人类能够根据所了解和学习的知识，确立起自己的思想观念、态度和行为模式，有目的、有计划地指导自己的社会活动，提高自己适应社会的能力。

（2）人的社会性。

从出生之日起，一个人就具有在某一种族、阶级、民族、宗教和地区的先赋地位——这些都可能会有力地影响其后来的社会相互作用和社会化的性质。因而，人还具有社会的属性。正如马克思所说：“人的本质并不是单个人所固有的抽象物。在其现实性上，它是一切社会关系的总和。”

①阶层。任何一个人一生下来，除了上述人类共同具备的一切生物性特征以外，同时还具有人类的一些社会性特征，社会阶层就是其中一个比较明显的特征。当一个孩子出生时，人们常常会说，“这个孩子是含着金钥匙出生的”，或者说，“真是造孽呀，孩子生在这样的家庭”。这意味着，人从一出生就是在不同的社会阶层和生活状态中成长，受到各种社会环境的影响。比如，社会学研究表明，在教养孩子的方法上，中产阶级的父母更倾向于放任型，而工人阶级的父母更倾向于专制型。因此，阶层这种社会性影响到了个体社会化的不同起点和方向。

②文化。文化是人的社会性的另一个重要体现。任何一个人都是一个特定时空中的人，生活于不同的国家、地区、种族和不同的时代，有不同的文化背景。人本身在一定意义上是文化的产物，成长和生活在由某种文化主导的框架内，必须遵循这种文化所规定的途径和方法去学习和掌握相应的价值观念、行为规范和行为模式，以及相应的生活和工作技能，并且

随着文化的变迁适时调整自己的行为和观念，才能成为一个合格的社会成员。对于男孩儿、女孩儿的不同性别角色期待以及参与群体活动的相应行为规则，很大程度上就是文化这一社会性的典型表现。

人的社会性与生物性是密切相关的。人的生物性是社会性的基础，人的社会性是在人的生物性的基础上发展起来的。人是生物性和社会性的统一，其中，社会性是人区别于动物的本质属性，社会性决定了人的本质。①

2. 社会化的特点

（1）社会强制性。个体从呱呱坠地进入社会，便置身于复杂的社会环境之中，这一时期社会总是以各种各样的方式和途径影响、作用于个体的身心发展。个体的行为方式也时常表现出无意识地、被动地、潜移默化地被周围的人们和环境所塑造，它几乎是不以个体的主观意志为转移的。尤其是在生命发展的早期阶段，个体更多的是不自觉地接受社会影响，较少有能动的选择性。强制性随着个人进入成年和老年而逐步减弱。

（2）主观能动性。这种主观能动性即便是在婴儿时也有所表现。如婴儿通过哭和笑来达到与周围环境的交流目的，对社会环境提出自己的某些要求，以满足自己生理或心理的要求。随着年龄的增长和身心的进一步发展，个体的社会化越来越多地表现出个体的能动性——对社会价值文化的认识、选择和掌握则有更多的自觉性、目的性和积极性，这种主观能动性体现在两个方面：一是个体自身的人格特质等因素影响、引导着个体的社会化，个体不仅有选择地将社会价值文化内化，而且将内化了的社会价值文化创造性地外化出来，创造新的文化。二是社会化的个体之间的相互作用，即个体被社会化，又影响着其他个体的社会化。个体既是社会化的客体，又是社会化的主体。

（3）终身持续性。个体自身因素与社会环境因素的交互作用不断地推动着个体的社会化，没有固定不变的模式，它随着社会的发展而发展，因此，社会化是一个人不间断地进行的过程，贯穿于人的整个一生之中。

（4）双向互动性。个人社会化不仅是一个单纯被动地接受社会的文化教化的过程，而且是一个个人与社会之间交互作用的过程。在这一过程中，个体不是完全被动地接受社会的文化教化，还会主动地学习知识、技能和行为规范等，会自觉地选择社会价值观念作为自己的行为准则；个体也不是单纯地受他人和群体的社会化影响，还会反过来影响他人和群体的社会化；个体不仅仅被社会改造，还会在一定程度上改造社会。这一特点与前面所述的主观能动性特点相似。

4.2　社会化的主体——外在因素影响个体

人的社会化过程涉及一系列个人、群体和机构。社会化主体（Agents of Socialization）指的是对个体的社会化过程起重要作用的个人、群体或者机构。例如家庭、学校、同辈群体、工作单位、大众传媒等，这些因素在个人的社会化过程中都起着重要的影响作用。

① 孙立平．社会学导论［M］．北京：首都经济贸易大学出版社，2004：86－90.

1. 家　庭

家庭对个人社会化的作用表现为：一是家庭是个人社会化的开端，对个人的一生产生影响。家庭的种族、阶层、宗教、经济收入、生活方式、文化教养等都对家庭有着重要影响。二是对儿童感情和爱的培养。三是父母的权威对儿童社会化具有重大影响。父母权威对心理和观念具有强大的渗透力和塑造力。

2. 学　校

学校对个人社会化的作用表现为：首先，学校是专门为社会化目的而设立的学习机构。在这个特定的学习环境中，给学生提供了有组织、有目的的系统化受教育的各种条件。学校受社会的正式委托，负责年青一代的社会化工作，帮助他们学会特定的适应社会生活的本领。其次，学校是青少年适应组织群体的社会生活场所。学校是一个有组织的社会群体，它有一系列的规章制度，学生必须学习和遵守这些行为规范和准则，按照规范的要求去扮演自己的社会角色，并理解和把握这种有组织群体中的人际关系。在学校中作为一个普通的成员要去努力培养自己与他人交往的合作性和独立性，学会参照他人的评价来评价和调整自己的行为。

3. 同辈群体

同辈群体是具有大致相当的社会地位，并年龄相仿的一群人，其不一定是朋友。从人际互动的角度上说，同辈群体成员间最容易彼此发生人际吸引和人际影响；其群体规范和价值往往被个人当作社会化过程中的重要参照系，从而成为社会化的重要环境因素。

同辈群体能让儿童感受一些不同于家庭和学校环境中的新东西：一是可摆脱权威的约束而自主安排活动。自由扮演多种社会角色，构建各种新型人际关系，并自主独立解决人际冲突；二是个体在同辈群体中接受大量亚文化的影响。同辈群体往往有着独立的亚文化，包括共同的理想观念、价值标准、兴趣爱好、服饰发型、隐语、符号等。这均构成了个体社会化的重要影响因素。

4. 工作单位

工作单位对个人社会化的作用表现为：一方面，工作单位是个人进行职业社会化的主要场所，如学习职业技能、遵守职业规范、学会扮演职业角色等。个人在工作单位中通过自己的职业活动和职业成就来确立自己的社会地位，实现个人的人生理想和价值，并在这一过程中形成个人的能力、品格、气质、性格等。另一方面，工作单位给人们提供了一个检验和发展家庭及学校社会化成果的场所。

5. 大众传播媒介

大众传播媒介是指社会组织为在广大社会成员之间传递信息、互通情报所采用的各种通信手段，如广播、电视、报刊。其通过新闻报道、舆论宣传、知识教育、生活娱乐等方式，为广大社会成员理解和接受社会所倡导的价值观念、奋斗目标、社会规范和行为方式等提供了一个广泛的社会环境条件。

4.3 人的社会化——外在通过内在起作用

如果说社会化的主体是相对于个体社会化的外在过程来说的话，那么从个体自身来说，人的社会化还是个体内化的过程。

个体内化是指个体认识社会现实的内在关系，加工改造社会影响，使外部现实转化为内部意识的过程。在个体社会化的过程中，个体并不是完全被动地接受社会因素的影响，还会主动认识社会，根据自己的知识、经验，理解各种社会影响，有选择地加工改造，并接受影响，内化为自己的意识。个体内化有以下几种形式：

1. 模仿学习

在日常生活中，个体每天都会观察到他人表现出来的大量的行为，并明白该行为是在什么情况下发生的，当个体再遇到相同的情况时，就倾向于表现出相同的行为。个体通过观察榜样人物的行为和态度，并使自己的行为和态度与之相同或相似，从而习得该行为和该态度，这就是我们所说的模仿学习。换句话说，个体观察到一定情境中的一定行为，从而懂得该情况应该表现该行为，因为人们都是这样做的，于是他也这样做。人在掌握语言、动作、技能的初级阶段，或到一个陌生的环境，都要借助于模仿，学习某些行为，以便和他人交往，然后再逐渐认识这种行为出现的原因、意义和价值。社会上大量的行为和规范，是人们赖以交往的基础。但是，这些东西一般是没有人专门传授的，更没有什么学校开设这些课程，往往是在个体的自觉或不自觉的模仿学习中被掌握的。

2. 主观认同

主观认同是指个体向群体看齐，在行为模式上与之相同的过程。这一过程也称为自居，被认同的个体称为“重要他人”。当个体觉得父母的行为非常有意义，值得学习，便把父母作为榜样向其看齐，有意识地仿效父母的行为，那么父母便成为个体的“重要他人”，或叫作以父母自居。与父母认同是儿童一种主要的内化方式，当年龄稍长后，个体就会向他的伙伴、好朋友认同。个体与群体认同，这个被认同的群体就称之为“参照群体”。参照群体的行为准则和价值观念就会自觉地被个体内化。

主观认同与模仿学习的区别在于：模仿学习只是学习外显动作，觉得在某种情况下应该表现某种他人表现的行为，以利于自己适应社会；主观认同则是喜欢某人或某群体，觉得他们对自己非常重要，他们的行为非常有意义，于是便向他们看齐，有目的地仿效他们的行为，从中获得心理满足。通过主观认同，个体同样能学到生活知识、行为方式，掌握社会规范。

3. 认识加工

认识加工是指个体通过感觉、知觉、记忆、想象、思维等心理活动，对接收到的信息进行处理、形成判断的过程。个体对现实世界的反映，不是像照镜子那样机械简单，并非现实世界什么样，反映到头脑中就是什么样。个人对现实世界的反映要受个人条件的折射，要受认知的加工改造。因此，每个人的经验不一样，认知能力与认知方式也不一样。认知加工的意义在于，使人们对同一环境、同一社会因素、同一影响产生不同的理解，形成不同的判断。这说明人对现实世界是有选择的，对接收到的信息要进行加工改造。正是人的这种能力和方式，造成人们看世界的方式不同，受到的影响不一样，形成的人格也就各异。

4. 角色扮演

在社会生活中，当个体获得一定社会地位后，就要扮演一个社会角色。个体与他人的关系是多重的，因而个体会获得多种社会地位，扮演多种角色。每扮演一个角色，个体就要学习掌握该角色行为，以便与他人交往。因此，角色扮演是一个综合性的学习过程，发生在人际相互作用中。

角色扮演有三种情况：一是扮演真实角色，这是角色扮演的主要形式。二是扮演假想角色，即个体扮演想象中的角色或仿效其行为方式，或只在内心中扮演。前者如游戏，这是儿童最主要的一种活动方式，儿童在游戏中饰演各种角色，从而掌握一定的社会准则和知识技能；后者如在日常生活中常听到的“假如我是谁，我将怎样”，“如果是我，我将怎样”等。三是暂时充当某一角色。个体因某种需要而临时扮演某一角色，如代职或冒充。代职是社会认可的，冒充则是为社会所不齿的。

模仿学习、主观认同、认知加工、角色扮演，这几种方式并不是相互孤立、彼此平行的，而是相互关联、相互作用，共同实现个体的社会化。①

人的发展与社会发展是唇齿相依的辩证关系。如果没有供给养料的社会土壤，人的发展就成了无源之水，同样，若是没有能独立思考和独立判断的有创造能力的个人为社会发展创新、贡献，那么社会的向上发展也不可想象。

人活着，不是为了生存，而是有其独立性人格的价值和社会意义。社会是生存的保护伞，于其中最容易混日子，最容易浑水摸鱼，最容易编织罗网……活着，苟延残喘是为生存；活出精气神来，活出意义来，才是生活。爱因斯坦说：“人只有献身于社会，才能找出那短暂而有风险的生命的意义。”学习本章，了解社会及其运行、发展的规律，目的是为了更好地了解社会、服务社会，实现社会价值，进而最终实现自己的人生价值。

课后思考：

1. 分析自己在社会中所担任的各类角色，及各角色间的相互关系。

2. 都说学校是个半社会化的组织，查阅相关资料，分析学校的社会化特征并进行角色扮演。

3. 结合所学知识，分析个人与社会的关系。

4. 查阅相关资料，结合自身成长过程，分析个人社会化的条件。

---

① 张咏梅，宋超英. 社会学概论［M］. 兰州：兰州大学出版社，2007：94－97.

第3章 文 化

文化虽然不像文明那样具有地区的广泛性，但是，它相应地和各个国家的每一个人的喜、怒、哀、乐具有更深刻的联系。

——［日］森谷正规

◇ 章首引语

埃及和利比亚爆发冲击美国使领馆事件一周后，伊斯兰世界的反美浪潮仍没有平息迹象。“影片事件”继续产生新的受害者，阿富汗18日发生汽车炸弹袭击事件，袭击组织者声称是对美国电影侮辱伊斯兰教先知的报复。美国“福克斯新闻”认为，这部粗制滥造的影片让美国在伊斯兰世界陷入外交被动，不得不劳民伤财，加大在这些国家的使领馆的保护力度。

从18日开始，一直遭到袭击的美国驻埃及使馆开始限时办公，停滞多日的签证业务局部恢复，回国休假的美国驻埃及大使也取道德国返回开罗主持馆务。埃及《消息报》评论称，埃及国内的反美浪潮表面上看出现了一些缓和迹象，但孕育着极大的危险和隐患，“仿佛火山第一轮喷发之后到第二轮爆发前可怕的间歇，你不知道它什么时候就再一次以排山倒海之势开始喷涌”。

埃及的消息称，本周五，埃及人还要在开罗解放广场组织“百万人大游行”。眼下，游行宣传和筹备工作已经展开，甚至连记者的手机也两次收到要求参加周五大游行的短信。18日，埃及萨拉菲派领导人还呼吁信徒追杀制作电影《穆斯林的无知》的全体人员，包括导演、演员等，强调这些人“统统是追杀的对象”。

“阿拉伯新闻网”18日称，伊朗最高领袖哈梅内伊17日发表电视讲话称，侮辱先知的电影出现，再次说明美国和以色列是穆斯林的最大敌人，“在美国和欧洲等盲目自大的国家，领导人的行为已招致指责，他们应当有所行动，洗刷自己”。黎巴嫩真主党领导人纳斯鲁拉17日罕见公开露面，要求阿拉伯国家联合施压，促使美国政府对事件负责。他说，全世界需要清楚，穆斯林“在遭受侮辱的时候是不会沉默的”，应当受到惩罚和审判的除了影片的直接责任者外，还有他们背后的支持者和保护人——美国政府。

18日下午，约300名泰国穆斯林民众到美驻泰国使馆前举行抗议，曼谷警方为此出动约3个连的警力部署在美国使馆及附近地区。

美国广播公司称，白宫要求Youtube检查网站上传的反伊斯兰影片视频是否违反使用条款，但Youtube的声明实际上回绝了白宫要求，不愿删除这些视频，仅在某些国家限制其访问。报道称，网络上流传的影片片段给各地蔓延的反美示威浪潮和暴力火上浇油，这势必再度掀起围绕互联网公司言论自由尺度的大讨论。

俄国家杜马社会团体与宗教组织事务委员会“上书”文化部，要求在俄境内禁止公映这部美国电影。俄《消息报》援引该委员会主席的话称，这部电影由于煽动宗教敌对情绪，不能在俄罗斯上映，“不能让这样一部电影火上浇油了”。

（资料来源：黄培昭，陈一鸣，张晓东，陶短房．伊斯兰世界反美浪潮依旧高涨，列出一串追杀名单［N］．环球时报，2012-9-19）

“影片事件”的起因是2012年7月一部英语影片《穆斯林的无知》（*Innocence of Muslims*）的一段长达14分钟的预告片被传到了YouTube上，在最开始的两个月，世界一片和睦，全球都在为穆斯林女性在奥运会战胜本国文化的桎梏与偏见创造了奥运历史而欢腾雀跃。9月初，该预告片的阿拉伯语配音版本才被上传到了YouTube的同一频道，随之而来的就是数以万次计的复制和观看。该影片以最夸张的镜头亵渎了穆斯林称之为最伟大的先知穆罕默德与他的圣门弟子们。很快，全球的穆斯林世界开始躁动。9月11日，数以千计的埃及民众在美国使馆前高喊抗议口号，一些人要求埃及政府驱逐美国大使。更大的骚动随后出现，世界各地陆续出现大规模的示威，示威者明确要求禁止该片在世界上任何国家以任何形式进行播放，并在美国对该片的制作人进行起诉。但是，“9·11”当天，包括佛罗里达、加利福尼亚在内的数个州开始公映该片，当地的穆斯林组织向法院提起的禁止该片公映的请求被驳回。9月11日下午，数百名示威者包围并袭击了位于利比亚班加西的美国领事馆，美国驻利比亚大使J. 克里斯多佛·史蒂文森（J. Christopher Stevens）及另外3名使馆工作人员在从领事馆向另一安全地点撤退途中遭火箭弹袭击身亡。对很多没有明确信仰或信仰观念不强的中国人来说，他们不明白为什么西方人可以调侃甚至攻击基督耶稣而不能对伊斯兰的先知有任何形式的亵渎甚至不敬。对于穆斯林民众来说，自己可以在现实中不断遭受西方列强在经济、军事上的欺诈压迫，但是不能在信仰上受到半点侮辱和污蔑，这就是穆斯林式的文化。在社会学的语言中，文化不是指优雅地抱着小提琴，也不是心情悲壮或者豪迈时的诗歌，而是在人们进行社会互动时对世界的看法。多年的穆斯林世界的生活，造成了穆斯林世界独有的文化观，当他们的文化受到歧视和亵渎时，躁动就从此发生。

美国影片引起的反美浪潮还没有平息，法国的文艺工作者又做出了一件让穆斯林世界无法接受的事情，在19日出版的最新一期《查理周刊》杂志的封面上使用了一幅犹太教教徒用轮椅推着一个穆斯林的漫画，标题为“无法触碰2”。《无法触碰》是法国的一部大热影片，讲述的是一个超越种族和贫富的友情故事。而《查理周刊》就借用这个电影故事，讽刺伊斯兰教和犹太教之间的冲突。另外，这本杂志还刊登了好几幅涉嫌侮辱伊斯兰教先知穆罕默德的漫画。法国外交部 19 日宣布，鉴于担忧可能因这些刊物发表影射伊斯兰教先知穆罕默德的讽刺漫画而出现反法暴力事件，政府将于本月 21 日暂时关闭位于 20 多个伊斯兰国家的法国使领馆和法国学校。这些话题的出现不是首次，也不会是终止，为什么一段短短的影片、一幅小小的漫画会引起这么大的骚动，会成为备受争议的话题。要真正弄清楚现象背后的原因，我们还得从文化的相关知识入手，了解文化是什么，从社会学上我们该如何来解读它，文化又具有何种功能，文化的变迁又该如何进行。

1　文化解读

1.1　文化含义及其特征

文化是一个相伴我们周围很久的词，熟悉到我们很少真正去思考它的内涵。即使偶然我们和朋友们谈及文化含义的时候，我们可能更多地想到和生活的方式、对事情的看法以及文化素养相关，还会想到民族性格之类的说法，还有的会和国家倡导的文化创意产业等信息联系起来。究竟什么是文化呢？其实对于文化本身，无论在哪里，都的的确确众说纷纭。至今学术界没有人提出一个能让每一个人都信服的观点。

在中国，“文化”一词最初起源于《易经》：“观乎天文，以察时变；观乎人文，以化成天下。”这段话中的“文”，从纹理之义演化而来，日月往来交错文饰于天，即“天文”，亦即天道自然规律。同样，“人文”，指人伦社会规律，即社会生活中人与人之间纵横交织的关系，如君臣、父子、夫妇、兄弟、朋友，构成复杂网络，具有纹理表象。这段话是说，治国者须观察天文，以明了时序之变化，又须观察人文，使天下之人均能遵从文明礼仪，行为止其所当止。在这里，“人文”与“化成天下”紧密联系，“以文教化”的思想已十分明确。文化作为人类社会的现实存在，具有与人类本身同样古老的历史。人类从“茹毛饮血，茫然于人道”（王夫之《读通鉴论》卷二十）的“植立之兽”（《思问录·外篇》）演化而来，逐渐形成与“天道”既相联系又相区别的“人道”，这便是文化的创造过程。

在西方，文化（culture）一词来源于拉丁语 cultura，原意为耕种、栽培、驯化、加工等，一般和农事以及动植物的培育相关。后来随着社会的发展，文化的含义发生了较大的变化，向社会群体中人与人的关系所产生的变化转变。但是文化究竟是什么，还没有一个让所有人可以接受的答案。在学术上第一个真正明确并全面总结文化，为文化做出完整的定义的人是英国人类学家爱德华·白内特·泰勒，他将文化定义为：“包括知识信仰、艺术、法律、道德、风俗以及作为一个社会成员所获得的能力和习惯的复杂整体。”这个定义从一个人精神上所存在的所有物化或者精神上的产品来阐述文化，得到了很多人的认同。但这并不是文化含义的终点，还是有很多人从不同的角度、不同的立场对文化做出定义。美国文化人类学家克鲁伯和克拉克洪在 20 世纪 50 年代对文化的定义做了一个有趣的统计，从 1871 年到

1951 年，有关文化的定义就有 164 种。① 到了 20 世纪 50 年代，达到了 250 余种，有一位英国学者在对文化进行了长时间的研究之后慨叹：英语中有两三个最难解的词，文化就是其中之一。的确，作为一个覆盖度高、抽象性强的词汇，文化非常让人费解，加上定义者处于不同的角度，揭示的是不同的范围和不同层面的文化内容，更是让我们摸不着头脑。当然，仔细品读文化的不同含义，会对我们有着不同的启发。

在社会学的语言中，文化又有其特别的表征。社会学关注的文化，指的是人们互动时所表达的一种对世界的共同看法，它是人们一致同意、有同感和共享的现实、普遍的想法，也可以是共享的物质文化——物质对象的主体，但是关注的是其折射的非物质文化的意义，包括工具、金钱、服饰以及艺术品等。② 比如我们有一个很熟悉的词汇：80 后。作为一个社会文化群体，80 后有一些独有的看法和一些较为普遍的特征，比如有鲜明的自主独立意识、务实多元的价值取向、较为开阔的国际视野等特征，这都是这代人的鲜明标志，并且这些特征随着出版物、媒体以及各种电影的宣传得到强化，80 后出现了一种从独有的分享文化、加强团结和排除局外人之中而来的、人们所共同认可的群体特征，在社会学看来，这就是他们的文化。

科学家对猩猩有一个很有趣的研究，他们发现，在 25 种灵长类动物中，猩猩和黑猩猩与人类有 96% 的 DNA 相似，但猩猩的学习能力和解决问题的能力更强。研究者们发现，猩猩不仅过着群居生活，而且具有一些符号能力，有一个能模仿、学习行为的身体，会使用工具。那么它们有没有文化呢？多数社会学家认为，猩猩具有文化的基础，至少是具有与某些文化形似的地方，但是并不是说猩猩就具备文化，文化性是人与动物的本质区别，要理解这个差别，我们可以举几个例子：猩猩能明白两三个符号表示的意义，但是我们的语言系统之复杂，是猩猩永远也不能理解的；在使用工具方面，猩猩仅仅会用小树枝吸引一下蚂蚁或者用石头砸下几颗坚果，而我们能随意地摆弄 iphone，利用精密的计算机来处理难题，驾驶复杂的飞机，将钻井平台开到我们的南海，以获取我们的生存之资，或者利用 QQ 和周围世界的人联系，利用微信将语音短消息传递到远方的朋友那里。显然，这种利用工具的能力不是猩猩能比拟的。也许你会有这样的疑问：早期人类也是利用很简单的工具，在那个时候的人类，能否称之有文化的群体？对于这个话题，我们保留争议。

1.2 文化的分类

前文我们说文化的定义是五花八门的，文化的内涵是多种多样的，文化的表现载体也是千变万化的，但是在这些差异性里面，我们还是可以找到很多富有意义的共性。美国社会学家默达克（Murdock）曾在一本叫作《社会结构》的书中归纳了 60 多种人类在文化方面的共同点，比如烹饪、劳动、民俗、葬礼、音乐、法律、求爱、乱伦禁忌等。关于文化的共同点，其实我们在日常生活中也能有所体会，NBA 不仅是美国人的专利，我们中国人也能从中

---

① 于凤春，刘邦凡．社会学概论［M］．北京：中国铁道出版社，2011：48.

② 乔尔·M. 卡伦．社会学的意蕴［M］．北京：中国人民大学出版社，2011.

得到那种血脉贲张的感觉；杰克逊的音乐，不仅在美国人那里是乐章，也是我们生活中的一部分；我们奉为圣人的孔子，他的语录在其他国家也被津津乐道。这是因为，全球人类的生活都要基于一些基本的生活需要和社会心理。每一个人都要吃饭，都要住所，都要繁衍后代，这就决定了婚姻和家庭是社会的普遍组成结构，同样，我们每一个人都需要给予社会一些东西，从社会得到我们不能生产的东西，这就把我们和社会紧密联系起来。对于我们的生活来说，有共性就会有个性，文化作为共享的想法和物质生活条件，在不同的区域和环境就会有一些差别，我们可以尝试做一定的分类，来更好地理解文化的内涵。

一般来说，根据自身外延的不同，文化可以分为广义文化和狭义文化。广义文化指的是人类在社会历史实践中对物质财富和精神财富的创造活动、创造方式和创造成果的总和。也就是说，人所活动的所有对象，都是文化的范畴，这样的文化概念，包括人类生活从物质基础到上层建筑的所有方面，当然，至今没有人际的原始森林显然不是我们创造的物质财富，不属于文化的范畴。广义文化的范畴之广，让我们认识文化、研究文化的难度有所增加。狭义文化指的是各种社会意识形态以及与之相适应的制度和组织机构。狭义文化的主要范围是政治思想、伦理道德、哲学观念、文学艺术、宗教信仰等社会意识的各种存在形式。穆斯林文化就是这样一种穆斯林世界的文化表征。

文化不是静止的，它会时刻处于变化之中，“人不可能两次踏入同一条河流”，按照社会学的观点，同样的一条河，或许不同的时期踏入，赋予了不同的文化内涵，一百年前我们踏上钓鱼岛，并不会给国人带来多大的惊喜，当今天我们踏上钓鱼岛的时候，就被当成是对钓鱼岛主权的宣示，意义截然不同。我们可以根据文化变迁的时间序列，将文化分为传统文化和现代文化。传统文化是在历史文化传承过程中被继承下来的和被遗弃的部分；现代文化是指现代物质生活中所形成的共享价值以及物化的行为价值观。比如，我们对美的追求过程中，有过“裹脚”的习俗，因为古人以小脚为美，这是传统文化的观点；而现在爱美的女孩将自己的鞋根垫高，用来将身体上下身比例调至黄金分割比例，这被认为是一种和谐美，称之为高跟鞋文化，这就是现代文化。

同样，不同的地域，自然条件和其他各种环境造就了不同的文化。我们可以将它们分为美国文化、中国文化等以国家为单位的文化类型，也可以分为亚洲文化、美洲文化、非洲文化等以大洲为单位的文化类型，也可以分为汉族文化、蒙古族文化等民族文化。我们认为美国文化具有豪放、外向、包容等特征，而认为中国文化具有内敛、低调等特征，这就是中美两国不同的环境所引起的相对独立的行为观念。每一个地域，由于生活环境不同，在和自然相处的时候，便有了不同的相处方式，比如北方水少，适合种小麦，就产生了和面食相关的一系列文化，南方种植水稻为主的农作物，习俗就会有所改变。所以当赵本山在春晚上说全国人民端起热气腾腾的饺子的时候，有湖南人就不服气，因为除夕那天，湖南人民并不吃饺子。

毛泽东认为：“一定的文化，是一定社会的政治和经济的反映，又给予伟大影响和作用于一定社会的政治和经济。”① 在这种观点之下，我们可以将文化分为造型文化、表现与再现文化、规范行为文化、探索与传承文化。② 造型文化是通过塑造某种立体形象来反映社会生活、人的思想感情的文化。比如，北方的宫殿体现了大方之美，而南方的园林则体现了灵动之美。表现和再现文化是指通过人的语言、动作、形象等反映人的思想感情和社会生活的文化。如电影、舞蹈等艺术手段可以用来塑造人物形象，反映社会生活，这就是一种表现和再现文化。规范行为文化指的是指导、规范人们的信念、理想、行为准则、生活方式等的文化，主要包括伦理道德、风俗习惯、法规原则等。比如我们认为，抢劫别人财物，是一种犯法的行为，应该施加处罚，这就是一种规范行为文化。探索和传承文化指的是探索客观规律，并将知识传授、传播给他人，包括各门科学、各类教育和各种新闻。我们说当今教育缺少培育学生创新精神的土壤，实际上是探索文化环境的缺失。人类文明之所以持续进步，是因为对科学的探索精神孜孜不倦，科学上取得重大突破，社会发展就会有巨大的飞跃和进步。

也可以根据文化的接受层次不同，将文化分为精英文化和大众文化。有人认为，社会的精英分子，将自己的主要视野放在思考政治、经济、战争等关系社会发展的大问题，这部分人有他们共享的价值观，分享共同的乐趣，形成了精英文化；而大众将生活过得有乐趣作为自己的追求，沉醉在自己生活里，将柴、米、油、盐等信息进行分享而得到生活的乐趣，形成了大众文化。

也有人将文化群体在社会中的地位分为主文化和亚文化。主文化是社会的主导文化、主体文化、主流文化，是占支配地位、统治地位的正宗文化。亚文化是从属于或对立于主文化的次文化，是潜在的文化，形成对立的文化也称之为反文化。比如中国特色社会主义是我国的主文化，代表了先进的生产力和绝大多数人们利益的文化，对内主张和谐共处，对外主张和平共处，提倡和平共处五项原则，并积极向各种社会先进文化学习，这是中国社会的主流文化。还有一种人，被称之为“哈韩”“哈日”“哈美”，受到资本主义的文化浸染，他们对中国的文化不认同，并存在一定思想上的动摇，这就是亚文化。

当然，除了以上文化的分类方法，还有很多其他的分类方法，即使是这些分法，也不是每一个人都能认同；各种文化的分法，只是帮助我们从不同的视角加深对文化这个词汇的理解，对文化的范畴做一个整体上的把握。当然，当你提出你自己对文化的不同看法，或者是不同的分类方法时，文化又在进步了。不过，你不能漫无章法地分，要不然就没有很好地传承，创造文化是一件艰难的事情。

1.3 文化的社会学视角

从社会学的视角来解读文化，主要包含以下几点：

文化是关于世界的共同看法。进入社会生活，我们头脑中形成了很多共同的想法，比如

① 毛泽东．毛泽东选集［M］．北京：人民出版社，1964：624.

② 刘景泉．关于文化分类的反思［J］．广东社会科学，2006（3）．

什么是真实的、正确的和重要的观念，这些观念往往是我们日常行为的指南，决定了我们很多的选择，对我们的生活产生了极大的影响。比如，我们习惯将进入清华、北大当作一种信念时，我们会将进入清华、北大当作一种成功。再比如，我们所说的“80后”文化，也就是“80后”的年轻人对政治、权利、自由、幸福的共同看法，他们能在其中找到他们所需要的共同话题，然后进行有效的分享，这种分享使他们的行为越来越相似，就形成了他们和其他人的不同。

文化是习得的行为方式和思想观念。婴儿吸吮的动作和对母体的依恋是社会进化的结果，但是不能称之为文化。从社会学视角来判断文化的时候，我们是建立在相信对世界及其中的行为方式的认知是社会化的结果的观念基础之上的，婴儿吸吮的动作是一种生理反应，是与生俱来的非条件反应，显然不是文化的范畴。当你进入一个沉默、严谨的工作环境的时候，你会形成谨慎的性格特征，而进入一个活泼、创造性强的团队的时候，你更容易形成活泼开朗的性格。这种因为文化环境引起的行为方式和思想观念的变化，正是社会学之价值所在。

文化是关于“真理”的集合。作为共享的理念，文化肯定包含了一套关于什么是真实的或正确的观念。每个人关于这个世界上什么是正确的观念和看法都不一样。尤其是因为地域和民族文化环境的缘故，使得每一个社会组织所发展的文化都包含一系列真理，每个共同体、正式组织、多人群体都有相似的对社会的认同，这就意味着文化是关于真理的集合，有各自的范围。我们都知道，去美国留学的话，一般会要求有支付自己的学费和生活费的经济来源。但是也有留学生去美国刷盘子的，只是不同的是，大部分美国人会将刷盘子赚学费养活自己看成是天经地义的事情，而大部分中国人却认为是低贱的劳动。即便是简单的手势，不同文化也有不同的含义，比如我们用点头表示“是”，而对于尼泊尔民众来说，是“不是”。

文化是一套价值观。文化不仅是一套关于什么是“真理”的体系，也是诠释什么值得自己去追求的观念体系，也就是说，文化是一套价值观。价值观，也就是组织和个人的一种较为强烈的偏好。一般来说，目标围绕价值观产生。举个例子，社会主义价值观帮助我们形成建设社会主义的长远目标。为了一个我们认可的价值观，我们可以为之放弃时间、金钱甚至生命。很多西方人放弃自己部分时间去教堂做义工，这便是源于他们的价值观引领。但是，作为一套价值体系，应该有一定的包容性，深圳人可以将时间视为金钱，成都人可以将时间视为休闲，不管怎么样，都应该得到理解和尊重。

文化是一系列的规范。在我们的文化体系中以及社会互动中，应该是按照社会行为的规范体系行事的，我们必须在社会组织同意的规范内运作，这些规范也许是我们必须遵守的简单程序，比如不能随地吐痰，也可以是道德、法律和传统的一些束缚，比如不能近亲结婚。当然，规则存在于所有社会组织之中，是文化模式的一部分，规则的影响、塑造或控制作用，取决于个人的行为。在同一规则体系之下，人们一般会遵守一些规则，因为他们认识到，如果不遵循，就会受到一定惩罚，而那些不会受到惩罚的行为规则，一般是判断我们行为是否正确的规范，在执行过程中，良心、耻感等扮演着重要的角色。

2 文化构成

2.1 符 号

我们都知道，“咬掉一口的苹果”是目前市值最高的公司——苹果——的商标。它隐含的意义是牛顿在苹果树下进行思考发现了万有引力定律，苹果也要效仿牛顿致力于科技创新，这个图标的蕴意和苹果创始人乔布斯的名言“活着就要改变世界”一起形成了苹果公司的企业文化，致力于创新的科技公司，它的成长折射了一种创新的美国公司文化，是美国文化极其重要的组成部分。在美国，很多公司的商标与美国文化有各种各样的联系，如俄亥俄州一家小型燕麦工厂用的是贵格会教徒的头像，只是将他以往严肃的表情设计得和蔼可亲。这些商标就如一种无声的语言，向世人标示着公司的文化。

符号就是一种一群人所认可的有意义地表达其自身之外的事物的东西。例如上文中提到的那个被咬了一口的苹果和那个和蔼可亲的贵格会教徒。符号作为一种无声的语言，也是社会互动中不可缺少的手段，甚至比语言运用得更加广泛，所有的文字和数字都是符号，如五星红旗、镰刀、语言等。原始祖先之所以能有效地吸取前人的经验，进行科学的进化和发展，和对符号的使用密不可分。现在，我们通过各种各样的符号和朋友交流，去理解世界，去储存各种复杂的信息。

符号的形式多种多样，我们可以概括为四种：第一种是体势符号。体势主要是指人类所具有的脸部表情、手势和姿态等形式，这些形式在不同场合、不同的文化背景中，往往具有不同的文化意义。拇指和食指合成一个圈，其余三个手指向上立起，在美国表示“OK”，但在巴西，这是不文明的手势。竖起大拇指表示“好”“真棒”，通行于世界多数国家，但在伊朗，这个手势是对人的一种侮辱。在中国，摇头表示不赞同，在尼泊尔则正相反，表示很高兴、很赞同。我们对星期五会欢腾雀跃，因为过完星期五就是周末了，意味着舒适和轻松的到来，但是对基督教教徒来说则认为星期五不是个好日子。第二种是实物符号。所谓实物主要是指人类所创造的生活中的固定的事物，而这种实物由于被赋予了文化的价值，所以成为文化符号。比如苗族人家的牛头，代表了苗族人家牛图腾的文化。我们所说的欧式风格的房子，实际上也是一种赋予了文化价值的文化符号。第三种是艺术符号。艺术作为一种文化创造物，它同样是一种符号，比如我们熟悉的五线谱，就是一种音乐符号。第四种是语言。语言指的是人们所使用的口头和书面的言说方式，它是我们最重要的符号体系。如当你学习“文化”这一章节内容的时候，你只能借助语言的方式才能明白符号、价值观、社会规范和物质文化的意义。通过语言，我们可以为我们的生活找到最完整的表达方式，并将我们的各种文化记录下来，形成有效的文化交流、积累和传播，促进文化的繁荣与发展，甚至我们可以说，没有语言，就没有了区别于其他动物的文化累积，不仅文化不能保存下去，而且文化不能在此基础上进行繁荣和发展。当然，人类和其他动物也不会有太多的区别。语言所代表的文化，同样也是反映了言语者所处的环境，不同的民族、种族、地域、宗教信仰都能体现在语言差异上，比如萨摩亚群岛居民以捕鱼为生，因此语言中有很多关于捕鱼和航海方面的词汇。同样，生活在撒哈拉沙漠边缘的阿拉伯人，则拥有很多关于沙子的词汇。中国人因为多种多样的烹饪方法，关于菜谱的说法也是五花八门，我们总是能在不同的饭店看到各种各样的菜谱。不仅语言词汇，而且语言体系也是一个很好的反映文化差异的例子，比如汉藏语系的人行为习惯与印欧语系的人生活习惯比较接近。在同一语言体系下，也有小圈子，形成自己的语言体系，我们所说的“行话”“俗语”就是一个很好的例子。没有美国文化背景的你能想象出“超级可乐”指的是啤酒，而“移动洗面奶”说的是汽油吗?

2.2 价值观

我们都知道“三岁看大，七岁看老”的民间谚语，这是人们对自身成长的一种观察和经验总结，讲的就是人很小的时候就形成了比较稳定的价值观，即使到了成人也不会有很大的改变。价值观作为一种文化区别于另外一种文化的最核心的内容，是文化的精髓和灵魂，形成于人较小的年纪，也很难改变，所谓“本性难移”，讲的就是这个道理。

价值观是一个社会中人们所共同持有的关于如何区分对与错、好与坏、违背意愿或者遵循意愿的观念，是对自己或者其他群体的道德、伦理在真善美层次上的评估。直接说价值观的定义，难免让我们有些困惑，看这样一个例子，或者你会有所启发：在美国，大部分数学和自然科学类的大学奖学金与学术荣誉都被亚洲来的学生获得，同样，在美国很多一流的研究院和实验室，活动着大批的亚洲籍的科学家和工程师。很多学者对此产生了疑问，是什么让亚洲人更为聪明?根据社会学家的研究调查发现，对于亚洲学生在自然科学上的成就，可以将大部分原因归功于亚洲人的价值观，在家庭里面，父母认为孩子学习是最为重要的事情，父母不让孩子做家务，为的是使孩子有更多的时间进行课外学习。典型的场景是：父母包揽了所有的家务，做饭，将饭后的桌子清理干净，然后孩子们趴在桌子上写作业。这种做法给孩子们留下了大量的时间来学习，这种时间的累积能很好地体现在学业成绩上。

当然，像文化一样，价值观也不能孤立地存在。它通过祖辈的传承和周围环境的影响而形成，属于一个文化体中较为深层的精神文化，相对于表层的物质文化和中层的制度文化而言，它的变迁速度会比较慢。比如儒家思想影响下，中国人普遍比较重视家庭，有比较浓厚的恋家情绪，这就可以有效地解释为什么中国人会不顾一切在春节这样的节日通过各种方式回家，给中国交通带来一年一度的“大考”。

价值观的冲突是造成人际沟通的主要障碍。“反美浪潮”就是一个很好的价值观冲突的例子。在美国，人们可以随意地去批评和调侃自己的领袖，没有人觉得你对他不尊重，换个地方，结果则不然。在全球化背景下的今天，价值观的不同是民族间冲突的重要原因，从耶路撒冷源源不息的炮火，到阿拉伯世界兴起的“反美浪潮”，说到底，就是价值观的冲突。所以，如何实现多元文化的共存和理解，是当今世界面临的主要问题，也是我们后面要单独进行阐述的。

2.3 社会规范

有这样一个交通安全的教育影片：在一个公司的领奖台上，主持人宣布王某获奖了。大家都鼓起掌来，只见一位穿着西装的男人站起来，自豪地接过奖品。领奖会结束后，他和同事去酒店吃饭，男人买了好多的酒，和同事干杯，就这样一杯接一杯干完，等最后一瓶酒的酒瓶空了，大家也都醉醺醺地散了。男人眯着眼睛开车回家，由于喝了太多的酒，还没有看清路就撞到了杆子，被送去医院急诊。男人的妻子和女儿赶到医院，女儿在门前无助地大声叫喊："爸爸，爸爸……"这个影片用惨痛的事实告诉我们一个道理，只有遵守相应的规范，才能获得真正的自由。

社会学家把人们在特定环境下被要求如何行动、如何思考、如何体验的期望称之为规范。规范有正式的，也有非正式的。正式规范通常以法律的形式固定下来，对违反者有特定的惩罚。"饮酒后驾驶机动车的，处暂扣六个月机动车驾驶证，并处一千元以上二千元以下罚款。因饮酒后驾驶机动车被处罚，再次饮酒后驾驶机动车的，处十日以下拘留，并处一千元以上二千元以下罚款，吊销机动车驾驶证。"这就是2011年5月1日实施的《道路交通安全法》对酒后驾车的处罚，便属于正式的规范。春节给长辈拜年没有以正式的行文规定下来，但是得到了大部分人的理解，这就是非正式的规范。一般来说，最重要的规范往往是社会上绝大多数人公认的规范，如中国人一般都能遵守禁止谋杀、抢劫、裸体出镜等行为的规范。规范所禁止的行为，往往能够保障人们在社会互动中因为利益冲突导致的社会失范的产生。如果没有规范，个体间的冲突会影响社会正常秩序，比如大量的酒驾会造成城市交通的混乱，导致城市没有办法正常行使职能；抢劫让人们的人身财产安全没有办法得到保障，生活忐忑不安；贪污侵占了别人的财产；等等。因此，规范就能成为超越个人之上的外部约束力量，达成对个体行为的限制，以保障群体行为的有序性。

但是，是不是每一个群体都会遵守同样的规范呢？答案显然是否定的。

去哪里呢？提前回家是不可能的，校门口有警卫，出入得登记。偌大的校园，莫非没有她可去的地方？来青蓝这么久，她只到过教学楼和体育场而已，方向感不强是最主要的原因。反正今天也没有目的地，干脆到青蓝的每个角落去瞧一瞧。万一迷路就迷个彻底，等到放学的时间再打电话找凌泽西帮忙。

路妍勉强振作精神，开始了青蓝半日游。先去最熟悉的操场看看好了。倒挂在单杠上半小时，吹够了冷风，头昏昏沉沉的，没有半点力气。她好想回到自己的阁楼去打打沙包，因为这点小小的打击变得意志消沉，真不像路妍的风格。

顺着绵延的绿色草地，到了高尔夫球场。有人在上课，还是去别处吧，路妍沿着草地边缘往前走去。很不凑巧，有一只白色的高尔夫球呈抛物线向她的方向飞来。

有危险！路妍十分紧张地四处张望，前面没有，后面没有，左边没有，右边也没有，啊！是什么白色的从她眼前闪过，落到哪儿了？感觉到脚下一滑，她重重地摔在了草地上。现在她终于知道那白色的东西落到哪儿了。

没等路妍爬起来，一个头戴贝雷帽的女孩就慌慌张张地跑了过来，因为背着光看不清她的脸："哎呀，你摔倒了，是不是被球砸到了头？对不起，我不知道这边会有人经过。你的头昏么？要不要马上去医院？可是这里离校门很远啊，还是先背你去医务室好了。快点趴到我背上！你怎么不动，是担心我背不动你？没关系的，你又不胖。难道是痛得没办法动了，怎么办？我去叫他们来帮忙。你等我，我马上回来！你拉住我是不是有话要对我说？完了，不会是交代遗言吧，我真的不是故意的。”

（资料来源：轻暖若无．完美淑女传说［ZB/OL］．http：//www. xxsy. net/books/285539/3302371. html. 2010 – 10）

这个倒霉的女孩就是一个不遵守规范的例子。本是上课的时间，却体验了一下逃课的滋味，也许你还在窃笑，“哼哼，我逃课的时候可得意多了”。而你现在工作了，这些规范就对你失效了。生活中还有很多例子，上文所说的酒后禁止驾车，不喝酒驾车是可以的；未到达法定结婚年龄不许结婚，达到了是可以的。所以有的规范具有一定的时效性，有的规范只对特定的群体有效，比如学生行为规范就是这样的例子，它只对学生起效。还有些行为规范，只能在特定的场合生效，比如我们耳熟能详的“公共场合禁止吸烟”，烟鬼们回到家里就失去了约束。

大部分社会规范都与人们的社会地位及所承担的社会角色有关，比如母亲、男人、职工、教师、医生等，或者与特定的时期相关。举例来说，教师在上课的时候，在衣着、言行等方面应该遵守上课的一整套规范，同时也要表现出富有爱心和责任心；医生在医院的时候需要严谨的语言，对病人关怀；等等。

“规范”这个词和“正常”以及“规范的”和“正常的”不能混为一谈。所谓“正常”和“正常的”，指的是在统计意义上最为普遍的行为。比如说，左撇子是不正常的，但是却不是不规范的，至少是在规范的范畴内可以接受的。

同样，“规范”和“价值观”也是有区别的，规范是特殊的、具体的，它受到具体情况的限制，通常可当作行动的指针，决定了一个人在特定的情况下应该做什么，不应该做什么。价值观经常被视为判断规范的标准。比如我们关注金钱上的成果，通过相应的规范，能指导我们获取这一价值，如通过学习、工作、做生意获得经济收入。

还有一种行为，我们称之为“社会习俗”，在很多社会学家眼里，是区别于规范的，因为其约束性强度要弱很多，有的社会习俗被违反并不会产生严重的后果。比如，虽然男性通常被要求留短发，但是很多男性艺术家或者普通民众留着长发甚至是辫子，我们也还是可以接受。类似于这样的规范，我们称之为社会习俗。我们所说的餐桌礼仪，也是作为社会习俗的一部分而产生的。

2.4 物质文化

人类文化的产生是由对自然界的利用开始的，利用自然界的物质进行加工使用，为人们的生活服务。物质文化是指为了满足人类生存和发展需要所创造的物质产品及其所表现的文化，我们所说的机器、衣服、工具、书籍本身（不含书籍所体现的精神思想等其他的东西）等，都可以称之为物质文化。物质作为文化的一部分，其意义不在物质本身，而是在所折射的使用物质主体的精神文化。比如研究现代衣服风格的变迁，是想从衣服风格的变迁中找到现代人的审美观念的变化。一个特定社会所产生的物质文化，其实质就是技术水平、可开发的资源和人类需求的集合体。我们说现代社会拥有丰富的资源、充足的劳动力和高度发达的技术，将这些物质和非物质的资源用于生活中的各种问题时，我们可以飞得更高、走得更快、看得更远、穿得更漂亮，对自然的控制力增加，解放劳动的程度增加，人才有更多的时间进行创造，物质和精神文化才能得到进一步的提升。

当然，不同时代的物质反映了不同的文化。比如在秦始皇的坟墓中挖掘出来的文官俑、14 面骰子、战车、青铜兵器等，反映了那个时代斑驳的历史，兵马俑的各种摆放样式更是展示了那个时代的等级森严。同样是陶瓷，青白釉瓷是宋代江西景德镇的主要品种，到了清朝，青花瓷变成了主要的陶瓷品种。

不同地方的物质也反映了不同的文化。比如一个国家的国旗在别的国家或许就只是一块普通的布而已，而在本国则能激发人们的崇敬和自豪感。

当然，物质文化也能带来精神文化的变革。比如避孕套的使用，促使性由生育主义向快乐主义变化。道理很简单，既然要节制生育，就蕴含了很多性行为是与生殖无关的意蕴，这就为性自由思想的传播创造了一个良好的物质基础。

3 文化功能

我们知道，阿拉伯国家大多信仰伊斯兰教，欧洲国家信仰基督教，我们信仰什么，不信仰什么，崇拜什么神明，不崇拜什么，这都是由我们共享的信仰——文化决定的。美国人可能是物质主义的，但是这并不是美国人与生俱来的品质；中国人含蓄内敛的品性也不是一出生就有的。美国人很重视物质利益，于是美国人在做决策的时候，常常有物质主义的成分；中国人很重视精神层面的收获，所以中国人将环境看得更加重要。人要结婚、生子、买房子，都是传统文化影响下的行为，正所谓“不孝有三，无后为大”，这就体现出了文化的功能。具体功能主要有以下几方面：

3.1 文化整合

在美国国土上三亿多人口中，有白人、拉美人、非洲裔、亚洲裔，主要的宗教有新教、天主教、摩门教、犹太教等，似乎所有的文化都能在美国生长，这不得不说是一个奇迹，美国是不折不扣的文化大熔炉，这和美国文化强大的整合功能相关。所谓文化整合，是指人们通过某种决定性的方式，把各种相容的或异质的，甚至是背离的文化要素综合成一个相互适应、和谐一致的文化模式。它是社会秩序的基础，是社会集团稳定、有序的最重要的前提。文化的整合首先是价值的整合，这是整合功能中最基本、最重要的一种功能，只有价值一致，才有结构和行为的协调。文化在形成统一价值上，通过熏陶和典型造成影响，最终形成大致一样的观念。二是文化的规则整合。规则因为价值产生，由文化的整合使之和谐一致，并将外部的行为规则内化为个人的行为规则，最后通过个人对别人形成影响。三是结构的整合。社会作为一个多元结构，其异质性越强，分化的程度就越高，多元结构就越复杂，生活就越有趣味。就如春饼里有很多种炒菜一样，虽然结构各异，各有各的风味，但是在同一张饼里，却组成了独具风格的美味菜肴。在这点上，美国是一个很好的例子，美国文化的多元性是历史的，也是现实的。历史性无须多言，作为美国铭语的拉丁文“Epluribus unum”的英文意思是“one out of many”，或者也有翻译为“out of many，one”，汉语意思是“合众为一”。美国文化多元性特征的现实性体现在，历史上来自世界多个国家和地区的移民自觉地认同北美的英语文化，其第二代移民已经从经济、语言和政治上成功地转化为美国公民，从一个侧面体现出所谓“美国梦”或者“美国信念”的强大影响力，这已初步表现出在多元文化背景下，对某种统一“美国文化”的文化认同行为、文化自觉意识和文化建构过程。

文化的整合可能存在于相对有限的某些文化部分，也可以存在于文化的整体水平上。如基督教关于人生来就有罪的观念、人活着就是为了自我救赎、耶稣关于“人打你左脸，你就应该送上右脸”等在逻辑上是具有内在统一性的，都体现了基督教关于宽恕的观点。但是一个社会的规范和它的价值观不一致，就可能会造成人的行为和他的观念的背离。这在多数进城务工的农民身上得到了体现。在中国，很多农民群体背离了自己的价值观——中国传统的价值观是以家庭为核心，他们进入城市群的建设中，但是城市最终不属于他们中的大多数人。所以有作者写道：“没有足够的人，故乡不足以成为故乡。没有足够的人，故乡的文化不足以繁荣他们的生命。没有足够的故乡，就无法安放他们的乡愁。没有故乡的文化，我们站在四通八达的路上找不到回归故乡的道路。”这种以家庭为核心的规范与物质利益驱使背离时，很多人便会产生孤单感和无助感，甚至走向极端。

当然，从文化的整合功能来说，社会中肯定会存在规范与价值观的差异，但是经过一段时间统一文化的熏陶，必然会在社会生活的基本方面形成大体一致的观念，比如当我们为进入城市的农民忧虑的时候，他们的孩子中大部分已经拥有了和城市小孩一样的价值观，举手投足之间，已经没有了父辈那种不太自信的神情。

3.2 文化区分

从文化的区分功能上来思考，文化区分是各个民族、国家区别于其他民族、国家的标志。每个民族和国家都有自己的文化特色，这也是其树立在世界之林的精神和物质的象征。当然，文化区分不只是在民族和国家之间形成区别，更是社会与自然界、人与动物的标志。

文化是区分社会和自然界的标志。人类在群体中创造了赖以生存的物质产品，制定并共同遵守约定俗成的生活规范和行为模式，运用知识与技能改造自然环境，谋求全体人民的福利，从而创造了灿烂的文化。我们可以说，没有文化就没有社会。文化的人为创造性使得它自身深深地打上了人类行为的烙印，不同于未被人类作用和改造的自然。

文化是人与动物区分的标志。人与动物相比，最突出的特点是人能够学习社会规范、价值标准、知识技能，塑造鲜明的个性，形成独特的人格。我们前文中谈及猩猩的行为和文化的差距的时候，提及了人利用工具和符号的复杂性是猩猩不同于人的区别，其实不止如此，作为人，只有通过社会化将文化内化于自身，掌握一定的生活技能，习得并遵守价值规范，才能成为一个真正的社会人。自古以来动物收养人类弃婴的事件层出不穷，在古罗马传说中就有著名的“母狼乳婴”的故事，今天罗马的城徽图案就是一只母狼守护并喂养着两个男婴。可惜这美丽的传说在黑暗的中世纪是行不通的，由于狼孩被狼群抚养长大，他们的行为方式和嚎叫都像狼。那些传说中的狼孩们，不能在真正意义上和人等同起来，因为他们更接近动物的生活习性，表现出动物的行为。而动物的行为主要通过遗传和本能的支配，通过本能的行为来满足需要，不受规范的制约，而人类需要的满足则主要通过文化的方式来实现，如繁衍后代的需要通过家庭婚姻制度来满足，吃饭的需要通过烹饪来满足等。

文化是不同社会或民族相区别的标志。不同社会、不同民族，他（它）们之间有许许多多的差异和不同，但无论是否外显，这些差别归根到底是文化的差异。在区分种族尤其是民族的同时，肤色和相貌特征是最为外显的差异，同时也是与生俱来和不可更改的差异。一般来说，外貌特征对两个人的影响是有限的。有学者发现，生活在两个不同文化环境下的同卵双胞胎有着迥异的文化烙印，他们的语言、价值观、宗教信仰等文化特征完全不同。我们想要区分美国人和中国人，通常会简单地根据样貌进行区别，但是如果是同一种族，要区别他们的国度就会显得非常困难，这就需要熟悉和观察他们身上所体现的文化特征。以服装为例，自伏羲氏化蚕丝为穗帛，古埃及人利用亚麻织物制作围裙，以及苏美尔人采用羊毛织物包缠在人体上形成服装开始，似乎就暗示了中西方服装的发展历程，风貌形态将会有着千差万别。中西服装文化之间的内涵有很大的差别，中国服装文化是一种单源性的文化，在其形成过程中，与中国的巫觋和礼乐文化有密切的联系，注重形的内涵，具有浓厚的社会政治伦理倾向。在其发展进程中，因袭、守旧，继承性与连续性远大于变异性与创新性。西方服装文化是一种多源性的文化，在其形成过程中，将服装视作一门特殊的人体艺术，注重形式，认为形式即内容。在其发展过程中，时代特征明显，风格变化昭然，变异与创新性远大于继承与连续性。

3.3 文化导向

党的十七届六中全会以来，社会主义文化大发展、大繁荣全面提上了党的社会工作的日程，教育系统的各类学校积极回应党中央的号召，投入到文化建设中去。文化建设如此重要，主要是因为文化在维持社会秩序、引导社会进步方面有着重要的意义。实现文化的导向功能包括三方面内容：第一，提供知识。社会的持续进步需要以新的知识为动力，而新的知识包括新的理论、科学、技术等，这些又依赖于文化上的发明和发现。新文化运动之后中国迎来了一段时间的文化繁荣期，民族资本主义得到了短暂的发展，这和新文化运动塑造的适合社会发展的文化环境相关。第二，协调社会管理。有计划地推动社会进步，是一项巨大的社会系统工程，包括决策、规划、组织、实施四个阶段，在总体系统工程中，又包括很多子系统，各阶段和各子系统必须协调配合，这有赖于文化调适。文化调适应该尊重差异性，有塑造共存的意识。有哲学家认为，每一个事实都有价值负载，而我们的每一个价值也负载事实，这应该当作宣言，表明我们对待差异性的文化都是以价值为先决条件的，文化的差异存在于共生共存的价值诉求，同人的实践处境是密不可分的，要做到整个社会的合理共存，尤其是以新的思想为主导，这显得尤为重要。以树立社会主义核心价值体系为例，“一方面，我们不能把价值认同理解为无条件的普遍有效的绝对真理或真理的表达形式，认为价值认同就是追求一种绝对的价值观念上的‘同一’；另一方面，我们的价值认同也不是放弃一切内在规定性的无条件的对各种价值观念的接受与肯定，虽然我们不拥有先天一致的意义”①。尊重差异，包容多元，这就是文化的协调社会管理的功能。第三，实施结构整合。上文说过，规范因为价值需要而产生。不同的价值体系存在不同的规范，尤其是多元社会，社会的异质性越强，分化的程度越高，多元结构越复杂，功能整合的作用就越重要。作为人的社会存在，每个个体都是多元社会的有效组成部分，不可能单独发挥效应，只有和其他功能结合起来，才能对社会的运行发挥应有的作用。

3.4 文化负功能

从 2003 年 1 月起，日本政府与右翼组织合演了一场所谓“租借”钓鱼岛的滑稽闹剧。其实，从 2002 年开始，日本政府就秘密与所谓“有钓鱼岛所有权的日本国民”签订“租约”，以每年 2256 万日元的价格“租借”了钓鱼岛及其附近的南岛、北小岛三个岛屿。2012 年 9 月 2 日，极右翼分子的代表人物东京都知事石原慎太郎派出 25 人的“航洋号”调查团，非法进入中国钓鱼岛附近海域进行“大气采样和海岸地形调查”，为所谓“从私人所有者手中买下来”做准备。日本政府正由原来的所谓“租借”方式，从所谓“日本国民手中”获得对钓鱼岛的“管理权”，逐渐变为“国有化”的“购岛”，变成日本国的“领土”，其目的在于妄图实现对钓鱼岛的实际有效控制，从而造成日本对该岛“拥有主权”的既成事实。

钓鱼岛事件的背后，是日本近年来右翼势力的抬头。这些右翼团体的共同特点是：崇拜天皇制，否定侵略战争，反对道歉。这种局部文化，就是一种典型的文化负面功能。美国社会学家 R. K. 默顿认为，社会并非总是处于整合状态，非整合状态也时常存在。个人和群体并不总是顺从社会规范，违反社会规范的情形也时常发生。比如日本右翼势力的抬头，但是这种非整合状态和违规行为并不是偶然的，是长期受到日本军国主义的影响，也和某些强权政治在处理历史遗留问题时设置体制机制上的故意有区别，正是由于某些别有用心的思想教育的误导，造成了右翼势力的崛起，导致了购买钓鱼岛这样的闹剧发生。

文化的负功能是在两种情形下产生的：一种是文化滞后。在文化更新的过程中，各部分变化的速度并不相同，在通常情况下，非物质文化要落后于物质文化的发展，这就造成了文化滞后现象。当这种情形出现时，文化的滞后部分对整体所发挥的功能就是非整合的负向功能。比如新文化运动前，由于世界科技的发展，民族工业尤其是轻工业得到巨大的发展，使得当时的物质文化得到了极大的进步，建立在新的物质基础上的新思想产生，自由、反抗传统权威的思想推动了整个社会文化的进步，而以北洋军阀（袁世凯复辟帝制）为代表推行的尊孔复古的逆流等滞后文化，就是非整合的负向功能。此外，在文化总体中存在许多亚文化，比如犯罪集团、黑社会团体、日本的右翼势力等，这种亚文化对文化的进程起到负向作用，它们所发挥的功能，对于整个文化来说是反方向的、非整合的。

---

① 王葎．建构现代中国社会的价值认同［J］．探索，2006（1）．

4 文化变迁

4.1 文化变迁的原因

灾难发生当天①，日本在《空间和重大灾害国际宪章》的框架下向欧航局申请获得卫星图像，以帮助评估损失，协调震后救援工作。此后，德国分布式测绘卫星TerraSAR-X和探测卫星RapidEye，法国Spot-5卫星以及欧航局ENVISAT环境观测卫星开始对灾区进行观测，并在48小时内传回了63张卫星图片。

欧航局表示，在对灾区地震前后的图片进行比较后，专家们都对灾难造成的损失感到震惊。从图片上可以看到，日本西北海岸线甚至向东移动了4米，很多城镇在海啸的冲击下变得面目全非。

（杨舒怡．大地震已改变日本地貌，西北海岸线向东移动4米［N］．北京青年报，2011-03-18）

在东晋葛洪《神仙传》中有这样一句话："接待以来，已见东海三为桑田。"沧海桑田是我们形容自然环境变迁的常用词语，后来也用来形容事物变化快。沧海桑田已经不是完全意义上的神话，活生生的实例在我们生活里上演，日本"3·11"大地震就是一个鲜活的例子。其实不管是自然环境还是社会环境，都处在不断变迁的过程之中，人类社会与这些环境之间的关系也在发生着变化，我们称之为文化变迁。从文化人类学工作来看，"任何社会如果没有构想新观念，并改变现存行为方式的能力，它就不能生存下去"②。

1. 内化性变迁

1978年，中国共产党在十一届三中全会上做出了实施改革开放的重大决策。1979年，党中央、国务院批准了广东、福建在对外经济活动中实行"特殊政策、灵活措施"，并决定在深圳、珠海、厦门试办经济特区。1984年10月，党的十二届三中全会比较系统地提出和阐明了经济体制改革中的一系列重大理论和实践问题，确认我国社会主义经济是公有制基础上的有计划的商品经济，这是全面进行经济体制改革的纲领性文献。政治体制的改革与经济体制的改革基本上是同步进行的。十一届三中全会以来，在建设中国特色社会主义理论的指导下，我们党和人民锐意改革，努力奋斗，整个国家焕发出了勃勃生机，中华大地发生了历史性的伟大变化。社会生产力获得新的解放，安定团结的政治局面不断巩固。十三亿人民的温饱问题基本解决，正在向小康迈进。我国经济建设上了一个大台阶，人民生活上了一个大台阶，综合国力上了一个大台阶。2017年10月，习近平总书记在党的十九大上宣布"中国特色社会主义进入新时代"，意味着近代以来久经磨难的中华民族迎来了从站起来、富起来

① 2011年3月11日，日本当地时间14时46分，日本东北部海域发生里氏9.0级地震并引发海啸，造成重大人员伤亡和财产损失。

② ［美］哈维兰．当代人类学［M］．王铭铭，等译．上海：上海人民出版社，1987：555.

到强起来的伟大飞跃，迎来了实现中华民族伟大复兴的光明前景。在世界风云急剧变幻的情况下，中国的社会主义制度经受住严峻的考验，显示了强大的生命力。这种由于内部文化观念带来的变化，我们称之为内化性变迁。这种变迁有三种变化形式：渐变、发现、发明。渐变是指固有的思想和行为模式经过长时间的量的积累，就可能产生的重大的质变。十一届三中全会作为一个节点，是一个质变的过程，但是之前的点滴变化，促进了这个重大决策的产生，先前的变化是为这个质变所做的准备。渐变的东西似乎是轻微的，但是经过长时间的量的积累，产生重大的质变，如礼仪的缓慢发展和逐渐完善。发现是指某些已经存在但是不为人所了解的事物变得为人所知的行为。比如婚前性行为在没有社会学家进行研究的时候已经存在，当他们做出研究结论的时候才发现这种行为已经引起了观念上的改变。发明是对先前存在的材料、条件和风俗的新综合，在人类历史上，很多文明的产生实际上是无意识的小改良多次重复积累的结果，比如现在盛行的月饼文化，实际上最早来源于殷周时期江浙一带一种纪念太师闻仲的边薄心厚的“太师饼”，此乃我国月饼的始祖。汉代张骞出使西域时，引进芝麻、胡桃，为月饼的制作增添了辅料，这时便出现了以胡桃仁为馅的圆形饼，名曰“胡饼”。月饼的制作从唐代以后越来越考究，民间有了从事生产月饼的饼师，京城长安也开始出现糕饼铺。苏东坡有诗写道：“小饼如嚼月，中有酥和饴。”到了明代，中秋吃月饼才在民间逐渐流传。当时，心灵手巧的饼师把嫦娥奔月的神话故事作为艺术图案印在月饼上，使月饼成为更受人们青睐的中秋佳节的必备食品。清代，月饼的制作工艺有了较大提高，品种也不断增加，月饼到处皆有。清朝杨光辅写道：“月饼饱装桃肉馅，雪糕甜砌蔗糖霜。”有意识的发明主要体现在人类社会为自己确定一个目标，依赖于现存的文化内涵而进行的发明创造，比如为了更好地实现共同生活，研制抗艾滋病药物等。

2. 指导性变迁

大家耳熟能详的三峡工程，为了实现2003年6月三峡库区135米水位按时蓄水、发电、通航这三大目标，向党中央、国务院和全国人民交上合格的答卷，2001年年底，完成移民43.3万人。而整个三峡工程，涉及移民103万人，这是一次巨大的移民工程，是一次在党中央和国务院指导下的文化的迁移。指导性变迁指的是个人和群体主动地、有目的地介入另一个民族的技术、社会和思想的习俗。三峡移民是一个不得已而为之的指导性变迁的例子，在当今社会，随着科学技术的日益进步，世界各民族间文化交流日益频繁，这种交流和接触使人类越来越感受到文化的共生性的关系，也就是，在共同生态环境中互助互利的关系，这时候，加强落后文化的指导，引导他们进行合理的变迁是必要的。如人们还处在以溺婴的方式来进行强制性制约人口增长的时候，以科学的避孕来制约人口增长是必要的；当有些部落还以人为牺牲祭祀时，用其他动物（如“替罪羊”）替代人的祭祀方式是必要的；当人们将大量的树林砍伐用于照明和用作燃煮材料，自然生态受到破坏时，引进电力是必要的……任何一种行为都需要同时融入文化观念与具体技术的双重指标来完成指导性的变迁。

3. 文化涵化

文化涵化是指外来文化与本地文化的交流融合，并在此基础上形成新的文化概念、新的文化形态的历史现象。文化涵化的实例有很多，比如古希腊文明是在古埃及和波斯文明交汇下产生的；在欧洲北方的日耳曼文明向南方扩散，形成了西方千年历史的拉丁文化；亚历山大大帝之后，有一段推广希腊文化的时期；黄炎大战之后，促进了两个氏族的融合，使中华文化形成初态；春秋战国时期的百家争鸣，是秦统一天下的“书同文，车同轨”的文化涵化形式；中国在唐朝时期的鼎盛，给日本以及其他东南亚国家带去了儒家思想，对其他非本土国家是一种涵化现象。现在我们经常说受西方思想的影响，我们的青少年表现出了各种特征，实际上是西方文化对我国文化的涵化现象。文化涵化是文化进步的基本动力，历史总是通过文化涵化的形式传播着各种文化，我们可以有效地通过吸收和借鉴国外的文化精华，帮助完成或者缩短文化更新的进程，防止落后文化对社会发展的制约。我们现在主张的马克思主义理论便是一个很好的例子，我们成功地吸收了马克思主义的精华用于我们国家的社会主义建设事业。

4.2 文化变迁的方式

1. 贸　易

在社会学中，贸易是指贸易品通过交换在两种或者两种以上的文化间的和平流动。人们通过贸易的手段，形成一些文化共识，传播文化知识，引起了社会文化的变迁。比如在青海大通县上孙家寨遗址 M384 中随葬的海贝，海贝的原产地应该是近热带的南海地区，这无疑是通过跨区域的交易进行传播的，并在传播过程中形成的文化意义上的共享，最终实现了文化变迁。近代通过贸易实现文化变迁的典例为美国的电影文化。美国的电影作为大众文化的典范，一方面是为了获利而向大批公众销售的娱乐产品，另一方面是美国电影为大众文化的发展做出了杰出的贡献。美国电影作为典型的大众文化，其影片内涵往往具有一定的超越性，尤其是好莱坞电影，其目的是获取全球性的市场，为了这个目的，美国电影在思想内容上打起了“人性”这个人类文化永恒的主题的主意，试图超越各个地区、各个民族、各个阶级差异的电影文本，来达到自己全球化的目的。斯皮尔伯格的《辛德勒的名单》是以一个典型的德国人良知的觉醒，并且不惜冒生命危险，反叛纳粹、营救犹太人的真实故事为底本创作的影片，显然人道主义精神是这部影片重要的思想背景，没有这个背景，犹太人在战争中所经受的非人的磨难就缺乏强有力的理性冲击；没有这个背景，也就不能够引起世界不同民族和阶级人民强烈的同情感。美国人善于将带有普遍意义的人性化作为影片中的视觉造型，将消费群影像转变成人性的对象，从而使影片魔力般地吸引了世界各国不同的观众。这种通过贸易形式将美国文化传递到各地的方式，成为各地文化变迁的动力。

2. 旅　行

旅行对文化变迁的意义在于两个方面：一方面是旅行者本身文化的进步，另一方面是旅游所在地文化的改变。记得有一位学者曾经谈及旅游的意义的时候说过这样的话：生活中有许多东西看起来司空见惯，旅游可以提醒你，换一种方式看世界。这时，我们才有心情关注身边平常的一切，天空也开始有生命了，大自然会敞开胸怀与你对话，只有旅游才能使人们意识到生命对人的重要性、对于自然的重要性、对整体群体和社会的重要性。人与自然之间的交流也是通过旅游体现的，旅游对个体的文化成长的帮助是极大的，这从我们所说的俗语中也能有所体现，“读万卷书不如行万里路”，其实也在体现旅游的文化提升功能。个体作为社会群体的一部分而起作用。当旅游者进入当地之后，也会给当地的文化带来改变。对于源源不断接待游客的各地居民，其带来的思想和文化的冲击是一种潜移默化的长期影响，往往会与旅游文化资源所在地区的本位文化产生变异，与外来的客体文化发生趋同性。比如笔者曾去过贵州西江古镇，现代化的旅游开发已经扰乱了当地苗族原有的生活气息，各种逐利行为在当地的老百姓生活中由原来的不适应到今天的主动。当然，一个开放的环境对当地人文环境的改善并不是坏事，但是，要注意保持自己优势的东西，对旅游者所带来的外来文化切不能全盘接受。

3. 战　争

战争是一种直接进行文化变迁的方式，历史上很多战争本身旨在文化的传播，由于战争发生文化变迁的现象数不胜数。宋元战争是发生在13世纪中国历史上的一次王朝更迭战争，这场战争以元朝灭宋，形成南北大一统局面而告终，对全国各地的文化产生了极大的影响，尤其是四川盆地。战争造成了四川人口锐减，不仅严重阻碍了经济社会的发展，也斩断了文化的发展机制，部分精英家族被迫转移他乡。到了明末清初，甚至出现了人口不足以耕种当地土地的现象，为此，当时政府被迫发起了一次史无前例的湖广填四川的大规模移民，造成了四川人口组成的大杂烩。清末《成都通览》有记录“现今之成都人，原籍皆外省人”。其中，湖广占25%，河南、山东占5%，陕西占10%，云南、贵州占15%，江西占15%，安徽占5%，江苏、浙江占10%，广东、广西占10%，福建、山西、甘肃占5%。罗马帝国的建立使罗马文化得到了极大的扩张，体现在拉丁语不断向外传播，拉丁字母成了世界上最通用的字母；基督教也随之诞生和发展，成了世界上最有影响的三大宗教之一；罗马法成了各地法律的基础，很多法律是依据罗马法而生；罗马的建筑式样和风格在世界上影响深远，这都是罗马帝国通过战争给当地文化带来的变迁。

4. 文化传播

按照炊格尔（Trigger）的理解，广义的文化传播是指一种发明被社会接受的过程。显然，我们上文所讨论的文化变迁的方式，其本质都是一种传播行为，但是我们这里所说的文化传播指的是信息扩散所引起的文化变迁。提到文化传播，我们不由得想到马可·波罗，他的《马可·波罗游记》激发了欧洲人对东方的热情向往，对以后新航线的开发产生了极大的影响。有学者甚至认为，他改变了世界。谈到文化传播，不由得要再谈一下美国电影，为了实现电影的超越性，美国人还采取了多元文化杂合的方式来进行电影创作，试图满足不同国家和地区、不同民族文化传统人们的审美需要。美国本身就是一个移民国家，多民族的到来和融汇，使得这个国家从建国开始就具有很强的对外来文化的包容性，也正是基于这一点，决定了美国电影文化的多样性。随着20世纪后半期全球国际化步伐的加速，多元文化元素的聚合迅速演变为好莱坞电影的主要生产方式，从而使美国电影的生产不仅能够为本国观众提供娱乐文本，而且让世界不同国家和民族的人们看到自己熟悉的文化因素，并喜欢上这种电影文化。为了实现电影文化的多元性，好莱坞早就以开放的姿态聚集了世界各国大批的影艺人才，如来自瑞典的英格丽·褒曼、英国的费雯·丽、澳大利亚的梅尔·吉布森，以及中国的成龙、李连杰、吴宇森等著名艺人。这些不同国籍、不同历史文化背景的艺术家们汇集到好莱坞，为美国电影的多元化发展奠定了坚实的基础。在影片的叙事选择和人物塑造上，美国电影除了描绘和反映本国的现实之外，也在极力地描绘世界不同国家和民族的生活现实和故事，以吸引世界上其他民族的观众。如美国电影中有关中国历史和现实的影片《末代皇帝》和《花木兰》等就是典型的例证。在动画片《花木兰》中，迪斯尼以其独特的视角和手法演绎了中国这个家喻户晓的女扮男装、替父从军的故事。美国电影还推出其他民族和国家文学名著中的一些故事和人物，如《理智与情感》《战争与和平》《安娜·卡列尼娜》等影片，采取这种方法向海外推广美国文化，真可谓取得了文化输出和商业利润的双丰收。

5. 文化遗失

文化遗失是在有或没有替代的情况下，放弃了一些文明特质。大多数人常常趋向于文化变迁是创新的不断积累，即较新的东西总是叠加在较旧的东西上，一般来说，生活中大多数时候也确实是这样子的。却也存在这样的情况：在接受新的创新的时候，丢弃了以前的文化。这种遗失不仅仅是西方文明的特色。在圣经时代，二轮马车、四轮马车是中东广泛使用的，但是到了公元16世纪，从摩洛哥到阿富汗，带轮的车辆却消失了，它们被骆驼取代了。还有些遗失，有些非常有用的物质在没有替代的情况下便被放弃了，如非洲加那利群岛远离西非海岸，孤立于暴风雨频繁的海上，而岛上的居民并没有船，但是他们祖先肯定是有过船的，否则他们也无法到达那里，也不能把他们的家畜运送到岛上，造成这种情况的原因可能是由于岛上磨制石头工具的缺失，导致岛民没有办法从事木工业。

4.3 多元文化

在这学校内，幼儿园的每个小孩都有机会同他的爸妈向同学介绍他们族裔的文化、习俗，以及自己家族的历史。例如，他们家族从哪一代和从何处移居来美国？这一天，孩子都会自豪地穿上自己民族的服装，和同学分享他的食品、语言或传统的玩具，在课室内接受同学和老师的欣赏、赞美。在这样的日子里，孩子们建立对自己民族的肯定，从而建立自信和自尊。而其他孩子除了认识不同的文化外，更重要的是学会以尊重、欣赏的态度去看待其他民族文化。

另外，学校会将在旧金山市办的各族裔的庆祝节日介绍给孩子认识，如日本樱花节、墨西哥节等。所以，每年在中国新年来临前，我们学校的幼儿园课室都布置得充满中国新年的气氛，有在天花板上挂上5尺长的纸龙，有在墙上贴挥春，台上摆放水仙花、桔仔、利市封、全盒等。老师除介绍中国新年的各项习俗外，还介绍中国的农历算法，中文字的结构、书法等。孩子最感兴趣的是十二生肖，还有是舞狮舞龙。

接着是老师、家长带孩子们去“唐人埠”参观，他们都被店铺的衣服、姜、马蹄……所吸引。在街市内，有的孩子被活生生的鱼、田鸡吓了一跳，但有些又觉得很有趣。然后到天后庙参观，其实仅是一个供奉拜祭天后的神坛，庙设在一栋四层高的民居顶楼内，放置着5尺高的天后像，前有大香炉，另一边摆放小神像。庙内有人讲解天后的生平以及求签、烧衣纸等习俗与仪式。中午学生到中国大酒楼内进餐。

小孩都非常兴奋地用筷子敲打茶杯、碗碟，或以两支筷子互敲，有些甚至把筷子分别放在头顶上扮动物。家长、老师们都微笑地看着他们试探这双筷子的“可玩性”。每年的中国新年，我都派利市给孩子，但他们最期待的是封内的糖果而非多少钱，所以每天都有孩子来问我今天是否是中国新年？

［资料来源：席蔚华．美国学校的多元文化教育［J］．陕西师范大学学报，2009（9）］

长期以来，以达尔文的“演化论”为基础，认为文化是精英成员活动的总体特征，这一观点随着时代的进步受到各种质疑和批判。坚持文化具有历史的特殊性，成了多元文化的发展基础。早在1915年，美国学者喀兰提出了多元文化的概念，但由于当时的历史条件，平等和自由的权利还没有社会制度的保障，理想只能屈服于现实，关于多元文化的讨论只停留在少数几个社会精英的交流中。直到20世纪六七十年代，美国黑人民权运动的兴起，这场席卷美国的“黑色旋风”，既是一场反对种族歧视和差别、要求平等和民权的政治运动，也是一场反对同化主义的文化运动，多种文化共存的思想传遍了整个世界。1988年春，斯坦福大学校园的一场课程改革成为后来被学者们称为“文化革命”的开端。这场改革迅速波及整个教育界，继而在其他社会领域也产生了不同的影响，学术界对此现象进行了探讨和争论。我们在人类社会越来越复杂化、信息流通越来发达的情况下，文化的更新转型也日益加快，各种文化的发展均面临着不同的机遇和挑战，新的文化也层出不穷。我们在现代复杂的社会结构下，必然需要各种不同的文化服务于社会的发展，这些文化服务于社会的发展，造就了文化的多元化，也就是复杂社会背景下的多元文化。

人类文明是由不同文化组成的，不同文化在发展过程中相互碰撞、彼此吸收、共同发展，但同时每一种文化仍然保持着自己独特的价值和魅力，正是由于这种独特性，才构成了绚丽多彩的人类文化。所以，有学者感叹，世界是丰富多彩的，各国文明的多样性，是人类社会的基本特征，也是人类文明进步的动力。可以这么说，人类社会的每一次进步都离不开文化的推动，正是由于多种文化力量的汇集才能真正促进人类知识和财富的增长。所以上例中美国学校多元文化的课程，目的正是利用孩子对多种文化的理解，促进社会的和谐和人类本身的发展。

多元文化的内涵。多元文化本身是多种文化、多样文化的意思。但是从后来的发展和研究中我们可以看到，多元文化已经不仅仅是简单的多种文化的意义了，它更多情况下被作为形容词和定语——“多元文化的”，来阐释各种多元文化现象。随着时代的发展，多元文化已经超越了简单的文化共存，更深层次地提出了多元文化之间共生和相互影响交叉的关系，体现了各种文化“同一性”与“多样性”的辩证统一的发展，在多种文化融合发展成为新质文化的同时，各种文化又会竭力保持自身的独特性而维持世界文化的多样性。

联合国教科文组织在描述人类文化的多元起源和发展时采用了“多种文化的星球”的说法，指出了人类文化的多元化的起源、发展和未来。从文化发展的历史来看，希腊文化、中国文化、希伯来文化、阿拉伯伊斯兰文化和非洲文化等多种文化始终影响着人类社会。从现实的社会来看，我们生活的社会本身就是一个多元的组合体，民族文化的多样性，尤其移民国家文化的复杂性（如美国），使每个生命个体时刻都处于多元文化交流的环境中，新文化也是在各种文化的碰撞过程中产生，比如我们所说的“80后”的文化特征，你能找出单一的文化起源吗？希腊学习埃及、日本学习美国、中国学习俄罗斯等，正是因为文化的差异和对各种文化的接受、融合，才出现了今天多姿多彩的人类文化，文化的多元化发展所带来的文化大进步和社会大发展，使人们更加重视自身文化和其他文化的交流与沟通。我们可以借用苏东坡的诗来说明文化多元的价值：“横看成岭侧成峰，远近高低各不同。不识庐山真面目，只缘身在此山中。”我们需要从各个角度来进行文化体会和品鉴，才能体会到其他文化类型的魅力。

多元文化对整个世界产生了极大的影响，整个世界的文化受到了极大的冲击，原有的价值体系被肢解，呈现大融合的趋势。

首先，人际交往发生了极大的变化。从积极的方面来说，绝对价值的瓦解给人极大的解放和自由，帮助人形成文化宽容（比如更加能容忍不同信仰、不同人生观、不同选择的可能性，更加能容忍价值观不同于自己的人的存在等），促进了民主和平等意识的增长。然而，从消极的方面来说，这种多元文化造成了人的孤立无援。也许你会对此观点有些不认同，现代社会有便捷的信息交流方式，怎么会孤单？可是事实是这样的，特别是在多元文化冲击较为强烈的城市，精神意义上的相互信任很难出现，共同的价值观在对彼此的尊重间丧失。我们的传统社会，不仅仅是血缘、亲缘、地缘将我们的价值观联系在一起，共同的信念和信仰也是那个年代的人们不会孤单的一个重要原因。现在的人更多的是不再要求信仰上的一致性，而是越来越付之于契约，即权利与义务之间的制度性均衡关系，但是现代社会的信用体系又严重受到质疑，现代人的孤单感便油然而生。

其次，社会的整合度下降。现代社会面对多元文化的对策更多的是将社会整合付诸法律而不是道德，这是多元文化下的无奈之举，因为统一的道德无法要求持有不同价值观的人去遵守，只能依靠法律。比如美国人崇尚自由，认为拥有枪支是自己的权利，而到了中国只能依照中国的法律。现代社会的整合最为显著的特点是妥协，不再寻求绝对正义的答案，仅仅满足于利益关系均衡基础上的可能性。

再次，人们产生更多的精神焦虑。焦虑现象在社会的各个层面上得到体现，特别是由于信息技术的冲击，显得更加严重。多元文化使人产生的孤单感，触发了对空虚和丧失意义的焦虑。比如我们会担心什么新闻没有被完整地关注到，工作QQ群有哪些有意义的信息没有被及时了解到，更新的微博有重要的内容没有被得知，这些对我们产生了极大的精神压力，导致焦虑情绪产生。

最后，社会群体的道德感趋于弱化。由于对不同文化形态的认同，导致了道德对个人行为的束缚变得脆弱无力，这种脆弱性主要体现在两个方面：一是从可选择性的意义上来看，道德不同于自然规律的地方，就是道德可以违反；二是道德作为一种“应该”，实际上包含了一种软弱性。多元文化给人带来自我开脱的理由，比如性自由观念的冲击下，人们利用性自由的文化为自己的无节制的情感欲望辩解，这必然削弱整个社会群体的道德感。

面对多元文化的挑战，我们并非无能为力，并非只能宿命式地、消极地默认现存的一切。理性及其赖以成立的自然律，在它所适用的领域内无疑是充分有效的和不可违背的，但它永远无法剥夺另一种可能性，那就是人的价值存在和它所赋予的人的尊严。

课后思考：

1. 查阅网上相关资源，就校园文化定义、构成、意义写一篇300字以上的体会。
2. 查阅相关资料，简述文化的负功能。
3. 结合所学社会规范相关知识，分析法律规范功能与道德规范功能的异同。
4. 查阅相关资料，联系实际阐述改革开放以来中西文化交流的主要特点。
5. 联系我国社会转型时期的实际，简述西方文化对我国传统文化的影响。
6. 联系中国实际，试述全球化与中国的关系。

第4章　社会关系

> 人的本质并不是单个人所固有的抽象物。在其现实性上，它是一切社会关系的总和。
>
> ——［德］卡尔·海因里希·马克思（Karl Heinrich Marx）

◈ 章首引语

20世纪60年代，美国心理学家米尔格兰姆设计了一个连锁信件实验。米尔格兰姆把信随机发送给住在美国各城市的一部分居民，信中写有一个波士顿股票经纪人的名字，并要求每名收信人把这封信寄给自己认为是比较接近这名股票经纪人的朋友。这位朋友收到信后，再把信寄给他认为更接近这名股票经纪人的朋友。最终，大部分信件都寄到了这名股票经纪人手中，每个封信平均经手6.2次到达他手中。据此，米尔格兰姆提出了著名的“六度空间”理论。

“六度空间”理论又称作“六度分隔”（Six Degrees of Separation）理论。这个理论可以通俗地阐述为：“你和任何一个陌生人之间所间隔的人不会超过六个，也就是说，最多通过六个人你就能够认识任何一个陌生人。”“六度分隔”说明了社会中普遍存在一些“弱链接”关系，但是却具有非常强大的拓展性。对人类社会来讲，通过“六度分隔”理论人与人之间都可以构成“弱纽带”。这种社会中普遍存在的“弱纽带”，使人与人之间的距离变得非常“相近”，这在社会关系中发挥着巨大的作用。即是说，没有任何联系的A与B，是绝对不存在的。这是一个典型、深刻而且普遍的自然现象。

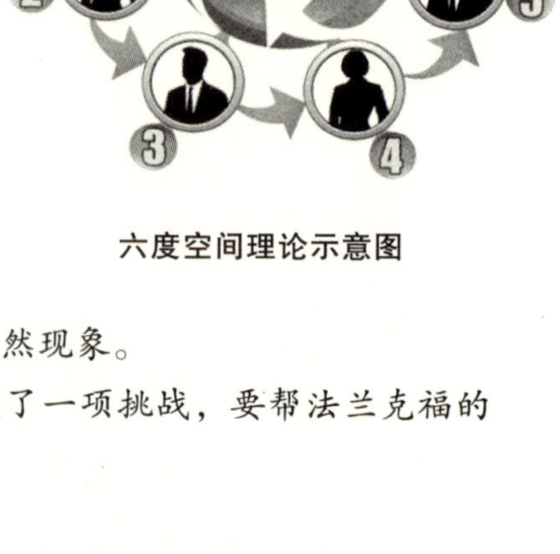

六度空间理论示意图

同样有这么一个故事，几年前一家德国报纸接受了一项挑战，要帮法兰克福的一位土耳其烤肉店老板找到他和他最喜欢的影星马龙·白兰度的关联。结果经过几个月，报社的员工发现，这两个人只经过不超过六个人的私交，就建立了人脉关系。原来烤肉店老板是伊拉克移民，有个朋友住在加州，刚好这个朋友的同事，是电影《这个男人有点色》的制作人的女儿在女生联谊会的结拜姐妹的男朋友，而马龙·白兰度主演了这部片子。假设一个人能认识 25 个人以上，那经过 7 次介绍之后（间隔六人），一个人可以被介绍给 25 的七次方，等于 6 103 515 625 人，超过 60 亿。而 25 只是个保守的数字，所以事实上结果会更大，绝对超出地球人口。

微软研究人员近来利用网络信息对“六度空间”理论进行了实验，结果令人震惊。研究人员埃里克·霍维茨说，确切地讲应该是“6.6 度空间”理论。也就是说，最多通过 6.6 个人你就能够认识任何一个陌生人。研究人员对 2006 年一个月通过微软即时通信工具 MSN 发出的 300 亿个即时信息的地址进行了研究。通过计算发现，78% 的发信息者都可以通过 6.6 个信息联系在一起。微软研究还表明，这个结果并不随着人口增长或通信技术的进步发生改变。霍维茨说：“这个结果表明人类之间或许存在着持续的社会连通性。我们通过实验证明，六度空间理论并非民间传说。”

这并不是说任何人与人之间的联系都必须要通过六个层次才会产生联系，而是表达了这样一个重要的概念：任何两位素不相识的人之间，通过一定的联系方式，总能够产生必然联系或关系。人类是天生的社会性动物，人需要不断地与他人接触，生理和心理需要的满足也依赖于他人，我们与他人一起工作、学习、嬉戏，与他人建立这样或那样的社会关系。也许，你觉得你是一个“孤独者”，你的交际圈子就这么大，你认识的朋友就这么多，但正如“六度空间”理论所阐述的，“世界虽大，却也很小”。“朋友的朋友是朋友”这句 SNS 网站最爱说的一句话同样也适用于你。

（资料来源：http：//blog. sina. com. cn/s/blog_ 579014560100ykxf. html）

本章我们从社会关系网中所面临的形形色色的社会角色讨论起，进而分析以个体为基础进行相互交往联系的社会群体的性质、结构以及运作方式，我们还将对生活于其中的社会网络进行检视，并对彼此之间如何进行社会互动以使世界“由大变小”进行探析。

1　社会角色

人生在世，要承担许多角色。一个人呱呱坠地，他就开始承担角色了：成了人家的儿子、孙子、弟弟等。随着年龄的增大，他随之成了小学生、中学生、大学生。再大些，结婚了，他成了人家的丈夫；然后生子，又成了孩子的父亲。再往后，孩子大了结婚生子，又成了爷爷、姥爷，等等。一个人在同一时刻，还可以兼任多重角色。比如一个人在家庭中同时承担着父亲（相对于他的孩子而言）、儿子（相对于他的父母而言）、丈夫（相对于他的妻子而言）等诸多角色；在单位他又同时承担着领导（相对于他的下级而言）、同事（相对于和他在一起工作的人而言）、下级（相对于他的上级而言）等诸多角色。与此同时，他在社会上可能还是人家的同学、老乡、战友等。他走进商场购物，就成了顾客；他去看电影，就成了观众；他去参加篮球比赛，就成了运动员；等等。马克思有一句名言：人的本质是一切社会关系的总和。哲学界、经济学界、伦理学界等各种社会科学都在讨论这句话的含义。到底是说什么，这里我们不多做理会。仅从社会角色的角度来诠释，人就是各种各样的社会关系纵横交错所形成的各种角色的总和。

人生就像舞台，像演戏，社会提供了一个剧本，用于指导分配给不同的社会成员进行不同的角色扮演。而扮演什么样的角色，与他所处的身份或地位是息息相关的。一个人不管怎么样，他总处在一定的社会关系中，占有一定的身份或地位。我们将从这两个与个人最接近的概念开始，探讨角色的形成以及角色扮演中可能出现的种种状态。

1.1 身份或地位

身份或地位是指一个人在社会群体中所处的社会位置，亦可理解为一个人因其社会阶级所得到的荣誉和声望。每个人都有一定的身份、地位，比如李丽是我国的一个28岁的汉族年轻姑娘，她有一个25岁的弟弟。这一句话就隐含了李丽的诸多身份、地位：中华人民共和国公民、民族为汉族、年龄28岁、性别女、家中长女。我们进一步对这个人物进行介绍，李丽研究生毕业后进入一所高校的政治学院当老师，经同事介绍与同校经济学院的刘磊认识、相恋，一年后步入婚姻殿堂，随后两人育有一个可爱的女儿。在这进一步的介绍中，李丽更多的身份、地位得到彰显：高等学历、教师、已婚、刘磊的配偶、已为人母。如果我们想要一一列举一个人所有可能的身份、地位，这是一件很傻的事，你会发现这就是个永无止境的任务。但我们尝试着去分析它又很有必要，因为这对我们接下来理解社会角色以及角色扮演中出现的角色冲突、角色紧张、角色认同等大有益处。

1. 身份类型

我们每个人都有两种主要的身份类型：先赋地位和自致地位。先赋地位是指一个人通过承袭得到其于社会分层体系中所处的位置，是从出生起就被赋予的无法改变的社会地位。种族、民族、性别、年龄、家庭背景等通常属于先赋地位。Lucas（谢振轩）从出生到成长受到万众瞩目就是因为先赋地位的影响。因为他有作为演员、歌手的父母，父亲谢霆锋被誉为“香港电影的儿子”，母亲张柏芝功成名就，还有爷爷是20世纪70年代当红小生谢贤，奶奶是香港第一位港姐狄波拉。如此家庭孕育出的Lucas，注定了他的人生——至少是童年，会同其父亲谢霆锋当年一样，成为闪光灯的焦点，与生俱来的家族优势，让其出生便成为万众瞩目的明星，其前途更是不可估量。自致地位是指一个人通过自己的努力争取回来的社会地位，或者指一个人在其一生中通过行使知识、能力、技巧、耐力等所取得的成就。受教育水平、职业、所属教派、家庭中的身份地位等通常属于自致地位。童第周是我国著名的生物学家，也是国际知名的科学家，他从事实验胚胎学的研究近半个世纪，是我国实验胚胎学的主要创始人。他所取得的成就源于个人的不懈努力。因为家境贫困，17岁才迈入学校大门的他基础差，学习起来非常吃力，第一学期期末平均成绩才 45 分，遭到学校勒令退学的处分。在再三恳求得到跟班试读的机会后，他挑灯夜读、刻苦勤奋，很快成绩就追了上来。之后，他持续激励自己，在极为困难的条件下进行科学研究工作，最终取得了居于世界先进行列的创造性成绩。童第周在生物学方面的知名身份地位是自致地位的典型例子，没有个人的努力争取，他是无法在生物学领域获得这样瞩目的地位的。自致地位原则上是可以被改变的，比如李丽的已婚者身份，一旦婚姻出现变故，离异后她的身份就是单身了。先赋地位则很少可以改变，比如 Lucas 出生于这样的演艺家庭环境，在成长过程中必然会背负着诸多期望，或有意或无意地被赋予相关的社会角色加以训练，在这个逐步取得家庭特征的过程中，很容易被社会定位于这个家族之中，如今小小年纪的他被众多媒体定位为“童星”也就能理解了。

2. 等级划分

身份与地位在我们现实生活中可谓体现了人的尊严，所以，我们渴望被别人关注，被别人关怀，希望得到赞美和支持，这就是我们想要从一切行为中得到的价值体现。不管我们是一帆风顺、步步高升，还是举步维艰，都难以摆脱这种烦恼。为何人的身份地位会令我们寝食难安呢？原因很简单，身份地位可以在某些方面进行比较而被划分为不同的等级。一般来说，责任、权力、声望、职业等常成为等级划分的标准。比如，中国人民解放军军衔等级按地位被划分为 3 等 10 级，即将官 3 级（上将、中将、少将）、校官 4 级（大校、上校、中校、少校）、尉官 3 级（上尉、中尉、少尉）。一个人身份地位的高低某些时候会决定他所受到的人情冷暖。很多人唯恐失去自己的身份地位，尤其是察觉到别人并不怎么喜欢或尊重自己的身份地位时，很难对自己保持信心，焦虑感与日俱增。尤其在这样一个充满竞争和崇拜精英的时代，每个人都想成为自己领域的佼佼者，而衡量的标准越来越局限于金钱这一指标，“有钱 = 有身份 = 有地位”的观念让我们越来越在意自身的重要性、成就和收入，一种挥之不去且日益强烈的一无所有感总是在困扰着我们。

每个人都拥有着多重身份，我们不能否认一种身份地位对获得其他身份地位的影响作用。例如，一个知名的学前教育领域专家能够应邀担任教育委员会的成员、著名早教机构的顾问、国际连锁幼儿园的荣誉董事，而一名学前教育研究生是不会有这样的机会的，这是因为这个专家在学前教育领域有很高身份地位的缘故。但社会学专家要告诉我们的是，身份地位等级的高低是一个非常次等重要的问题，就如一味追问什么职业最好，要分出职业的优劣这个愚蠢问题一样，在很多时候，身份地位仅仅是用来描述一个人所处的社会位置而不必区分出等级差别。

在中国，什么职业最好？这个问题再愚蠢不过。职业很难分出优劣。《钱经》杂志换了另外一个角度，将这个棘手问题交付给全国数百位人力资源专家。循着他们对职业的敏感把握，以及跨越行业藩篱的专业素质，我们用大数定律规避了诸多偏见，整理出了以下这张 TOP 10 的排行榜。评选因素包括行业前景、承受压力、进入门槛、福利待遇、供求、上升空间，当然还有《钱经》最关心的——收入。

中国最好的十个职业

1. 销售（顾问型销售）　不限

提名理由：在每一个发展正常的公司，销售人员开的车都比老总的好。千万别因为各个行业销售人才缺口的百万量级就一脚踏进来，专家们说，做到了顾问型销售的才是一流，并非人人都能练就九阳神功第十重。

2. IT 工程师　IT

提名理由：无论是熬夜干活的“软件工人”还是闲着数辆保时捷跑车没时间开的金领新贵，这个行业给了每个从业者均等的朝阳曙光，不信？看看那些跟“刀抗母”有关的公司股票吧。

3. 建筑设计师　建筑

提名理由：房地产有多热，建筑设计师就有多热。更何况，他们的衡量标准不是工作量，而是创意。国内高级建筑设计师的年薪在 30 万～100 万元人民币之间，那些因为一项设计而改变城市的设计师的年薪则不可计也。

4. 高级技师　不限

提名理由：哪所大学能培养出高水平的汽车修理工？培养出一个高技术的蓝领会比一个在写字楼里从事案头工作的白领更有价值，因为他们并非理想中工作的主流，高级技师已经成为稀缺资源。

5. 公务员

提名理由：100 万人争考公务员的场面已经很能说明问题了，一个来自清华大学的应届生说：前几年，几乎所有同学都一窝蜂考托出国，现在大家都忙着备战公务员考试。公务员的工资可能不吸引人，但“有钱难买我得闲”。

6. 职业经理人　不限

提名理由：职业经理人，这个游戏只适合有才能、有野心的人玩。这个职业使你有权调配手中资源和千军万马，有可观的收入，有受人尊重的理由，有实现价值的平台。

7. 人力资源总监　咨询业

提名理由：21 世纪最贵的是什么？人才？非也！找人才的人。千里马易得，千里马经难求。人力资源部门的位置正在上升成为组织管理者的重要战略合作伙伴。

8. 投资经理　金融

提名理由：首先，只有极少一部分人才能成为投资经理；其次，优秀的投资经理永远是被钱追着跑；最后，生产工具只有一副头脑而已。投资经理目前的人才缺口为 3 万～5 万，未来三年的需求量将成倍增长。

9. 咨询业项目经理　咨询业

提名理由：未来几年的咨询行业必然会以高于两位数的速度高速增长，需求无可估量。而他们本身的要求非常高：集专业能力和管理能力于一身。资深的咨询顾问年薪可达 10 万元以上，高级项目经理的年薪则在 30 万 ~50 万元以上。

10. 律　师

提名理由：随着我国法治建设进程的不断推进，律师这个行当的社会需求越来越多，而律师的收入也高居职业排行前列。这类职业年薪收入在 10 万 ~100 万元之间浮动。一句话，供给多，需求更多。

（资料来源：http：//www.ccw.com.cn/work2/culture/shengya/htm2006/20061127_225788.htm）

3. 首要地位

由于一个人拥有多重身份（如一个瘫痪在床但又腰缠万贯的残疾富翁），而这些身份又往往被人为区分为或高或低的等级（身患残疾往往在大众眼中意味着较低的身份等级，而腰缠万贯又被赋予较高的社会地位），因此当综合一个人的多重身份去界定一个人的社会地位时就面临着难题。在这些多重身份中，通常那个关键性的身份备受人们关注，于是承认这种关键性的身份比其他身份更为重要，用首要地位来界定一个人的身份地位就被公认了。首要地位即决定某人总的社会地位的关键性身份，比如残疾富翁尽管瘫痪在床，但仍载负着作为一名富人的较高的主要身份。主席、富翁、流浪汉、歌星等都体现着首要地位。首要地位不能与优势身份混为一谈（很多人往往会犯这样的迷糊）。优势身份是指某些有助于获得更多社会资源的身份，比如男性、明星家族、白人等。例如，很多工作单位在招聘中明显倾向于选择男性，男性身份就是一种优势身份了。当然，首要地位和优势身份在某些时候是可以重合的。如 Lucas 作为“星三代”，明星家族后代既是他的首要地位，又是他的优势身份。

1.2　社会角色及要素

2013 年 1 月 31 日在国内上映的电影《云图》格局宏大，结构编排巧妙，由六个看似独立、实则有着千丝万缕神秘关联的故事组成，而每一个故事中都有“黑珍珠”哈莉·贝瑞的身影。她在片中分别饰演了古代黑人女奴、近代著名作曲家的白人妻子、现代时期的记者、派对上的印度宾客、未来时空的韩国男医生和后末日时期的先知这六个角色。两个最为重要的角色分别是现代时期试图揭露核阴谋的勇敢女记者，以及后末日时期保护遗失文明的先知。这两个角色身份不同，情怀却一脉相承。现代女记者为揭露核阴谋九死一生，最后揭发真相惩治邪恶势力；后末日时期的先知是先进文明的人类幸存者，因寄居部落而与扎克里（汤姆·汉克斯饰）相识，并在危急关头拯救了扎克里的性命，也使他重新了解人生。哈莉·贝瑞对这些角色的诠释是成功的，加上出神入化的化装技巧，不说的话有时人们根本就没想到是她。

1. 角色与角色集

我们每个人在社会中都会占有一定的身份地位，而这些身份地位的体现需要的是不同角色的扮演。角色是对群体或社会中具有某一特定身份的人的行为期待。对一个教师，我们会期望他传道授业解惑；对一个警察，我们会期望他铲奸除恶；对一个医生，我们会期望他救死扶伤。社会为人们扮演的不同角色分配不同的“剧本”，领会每一个角色所分配的不同的行为期待是我们一生持续不断的工作。简言之，每个人都要学会扮演与自己身份相联系的角色，就如哈莉·贝瑞扮演的“年迈的韩国男医生”一样，所有人都认为这是一位牙齿腐烂了的韩国老年男性，而不是影星哈莉·贝瑞。

当然，与一个人某一身份相伴随的并不仅仅就是某个单一角色，在一种身份中可能会隐含有多重对个人的角色期待，这些相联系的角色往往就构成一个角色集。比如对一个医生，我们期待着他能拿起手术刀救死扶伤，但他可能还需要在手术前与病患家属进行交流沟通，协商制订最佳救治方案，还需要为所带的实习医生讲解示范，需要在医院的专题会议上汇报情况，需要参加全国性的医学研讨会，需要定期在医学杂志上发表论文，等等。这些是与医生这一身份相联系的角色集，均是我们对医生这一身份的角色期待。

2. 角色期待与角色表现

社会对处在某一社会位置上的角色都有一定的要求，为他们规定了行为规范和要求，这就是社会对角色的期望，称之为角色期待。角色期待的内容，是在社会生活的长期发展中形成的，它规范和约束了角色扮演者的行为，以保证社会生活的进行。每个人只有按角色期待行事，才能保证对社会的适应，他的行为才会得到社会的认可和称赞。角色表现是指一个人实际扮演某一角色的方式。如果一个人不能完全领会自身的角色，或者因为个人原因拒绝按照社会对角色的期望去扮演，角色期待与角色表现之间就会出现一些差距和冲突，就会产生对社会的不适应，其行为便难以得到社会的认可和称赞。例如，一位刚从大学毕业走上工作岗位的年轻教师还没有从学生的角色转变过来，课余时间总是和学生在一起玩闹。最初一些学生还觉得这位教师平易近人，但后来很多学生则认为他没个教师样，很不尊重他，而他的同事也觉得他的举止不符合教师的身份，这使他很苦恼。显然，角色期待并不像法则规范那样强制人们执行，但它在一定社会群体中约定俗成并由公众舆论来监督执行，角色表现只有与角色期待尽量相吻合，才会受到公众舆论的赞许，而行为者也才会心安理得。

角色期待的内容并不是固定不变的，随着时代的变化，人们对某个角色的看法也会发生变化。丈夫曾是“一家之主”，而今则“夫妻平等”；教师曾经是“最有知识的人”，而今逐渐转变为“传递知识的人”。由于角色期待具有时代性，因此不能将其绝对化，而要从发展的角度去看待角色期待，调节自己的角色表现。例如，教师作为传递知识的人必须具有大量的知识，要给学生一碗水，教师自己要喝进一桶水，这应该成为教师的信条，而不是固称自己为最有知识的人，靠着一点知识不懂装懂，糊弄学生。

1.3 社会角色扮演

我们每个人都在扮演着许多不同的角色。例如，你既是一名成功的职业女性，又是一个嗷嗷待哺的孩子的母亲；既是执教队的篮球教练，又是正好属于这个队某一孩子的父亲；既是一名严厉的军官，又是与士兵并肩作战的战士。当众多的角色聚集于一身时，就很容易导致角色冲突。

1. 角色冲突与角色紧张

角色冲突是当一个人扮演一个角色或同时扮演几个不同的角色时，由于不能胜任，造成不合时宜而发生的矛盾和冲突。这里我们以医生为例。医生作为从事“专门职业”的人员，接受这种职业团体特殊的伦理规范的制约，忠诚于患者是医生职业伦理的核心。其一，忠诚包括诚实的义务，但医患关系中的具体角色常常要求医生有善意的欺骗。因为有时如实地通知病情，特别是死亡预后的通知，会造成病患不安，破坏病患希望，减缓医疗效果和导致病人自杀等。况且某些病患，特别是重病且濒临死亡的病患，其实并不想知道关于自身状况的实情。其二，忠诚包括为患者保密的义务，但医患中的社会角色常常要求为了公共利益或其他利益而放弃保密。如果不相信医生会保密，病人就不愿意对医生提供资讯或让医生做完整的检验，而没有这些资讯，医生就不能做出正确的判断及建议。实际上，保密是忠诚的具体化。但保密有时会与他人、社会的利益相冲突，如患者携带了艾滋病毒，此时，医生一方面要考虑到病人的利益和要求，为之保密，以免其遭到歧视和排挤；另一方面，医生的职业终究与一般以营利为目的的商业活动不同，他提供的服务与公众利益息息相关，对于从事医生、律师及牧师等职业的人来说，最根本的价值是为公众服务的精神。因此，他在履行对患者的忠诚义务的同时，还要忠于公共利益。为了公共利益，医生就有可能放弃对患者的保密义务，这两者就发生了冲突。其三，忠诚包括医生信守承诺的义务，但医生有时会面对冲突的情形。如父母带小孩就医，医疗人员应对病人、小孩负忠实义务，亦应对契约的相对人父母负忠实义务，此两义务间有可能发生冲突。

角色冲突包括两种情形：角色间的冲突和角色内的冲突。前者比如，在一个家庭里，父母子女、兄弟姐妹、叔侄妯娌，这些角色之间有可能发生冲突。后者比如，一个中年男子，他既是母亲的儿子，又是妻子的丈夫，当母亲和妻子发生矛盾时，他是站在母亲一边还是维护妻子呢？两头为难的他所承担的两种角色就发生冲突了。处于角色冲突状态的人就像被来自于不同方向的力量同时牵引着，来自不同角色的不同期待会给个人带来一定的压力，从而引发角色紧张。角色紧张的程度取决于角色冲突和个人适应能力及正确处理角色关系的能力。如果角色冲突程度较大，或个人适应能力差，无法协调处理角色关系，就很容易出现心理健康问题。

2. 角色调整与自我认同

当角色冲突发生时，就需要人们能及时进行角色调整。角色调整可以遵循这样几个原则：第一，在特定情境中，从属角色应服从主导角色或以主导角色为主。例如，应邀参加一个聚会，主办人喜欢并且习惯来宾称他为“小陈”或“陈哥”，那么作为来宾中的一员，即使不愿意或者不习惯这样的称谓，也要尊重主办人，按他的想法去做。第二，根据社会主流价值观，权衡不同角色的价值合理性程度。例如，我们是社会主义国家，党和人民都以爱国、爱社会主义为社会主流价值观，我们既可以通过自身努力维护社会主义，也可以作为社会主义中平凡的一员。第三，规避损害公共利益的角色。例如，坚决杜绝为了一时之快，在社区公路上放置障碍物，造成交通事故的行为。角色调整可以是使个人的日常行为符合角色的要求，必要时还可以尝试着放弃某一角色。我们最不提倡的方式是将自己一分为二，即“在此处我是这样的，在别处又是那样的”，这样往往很容易使个人出现角色分裂，引发心理上的问题。

角色调整归根结底是为了最大限度地获得对自我的认同。一个教师努力调整自己的行为向“良师益友”的方向靠近，满足学生、家长、社会对自己教师的角色期待，他最终得到的是自我满足，获得自我实现。但有时人们为了使自己与主要的生活角色更加相配进行角色调整，其调整力度之大，导致完全丧失了自我。例如，一个在事业上有追求、非常优秀的妇女，为了满足丈夫对家庭妇女的要求，放弃了自己喜爱的工作、社交圈、户外活动，整天在家洗洗涮涮，准备亲人的一日三餐，慢慢丧失了对工作的激情，忘却了对事业的追求。这种情况无疑是不利的，角色调整幅度如果过大过激，反而使人丧失了对自我的认同，问题也就随之而来了。这需要我们不时警醒自己。比如这位女性调整自己的角色为家庭主妇，如果在调整的同时还是尽量去维护自己的社交圈，参加自己喜爱的户外活动，关注工作领域的最新信息，那她仍然可以获得对自我的认同。

2 社会群体

种姓是个宗教概念，它产生于现在的印度教的前身婆罗门教，但它后来的影响所及又远远超出了印度教徒。种姓把印度教徒分为四个等级，这四个等级的顺序是：婆罗门、刹帝利、吠舍和首陀罗。在四大种姓之外，还有一个连最低种姓首陀罗都不如的人群，叫贱民。贱民在印度也叫“不可接触者”，仅从这一称呼，就可看出贱民的低贱。据前两年的资料介绍，全印度贱民有七八千万人，几乎占到印度人口总数的十分之一。这是一支多么大的队伍啊！我们说种姓制度的可怕，还不仅仅在于它的高低贵贱等级森严，而且在于每种种姓的婚姻、职业、饮食的严格规定，世世代代、子子孙孙都不可改变。我国有句俗话叫作“龙生龙，凤生凤，老鼠生儿打地洞”。在种姓制度那里，真正是龙永远生龙，老鼠永远生老鼠，老鼠也永远只能打地洞。种姓制度实行严格的“内婚制”，即只能在同一种姓或次种姓内部发生婚姻关系。按照种姓制度规定，较高种姓的男子，可以娶较低种姓的女子为妻，这叫“顺婚”，反之，便叫“逆婚”，“逆婚”则是万万不行的。为此，印度不知有多少少男少女爱的权利被种姓制度断送了。前两年报纸上就曾报道，印度南部一个村庄，一个较高种姓的女子爱上了一个较低种姓的男子，结果全村人，包括这对青年的亲生父母，一致决定把这对不幸的青年处以死刑。种姓制度在职业上的限制也很多。每个种姓都有自己传统的职业，这也是不能改变的，是世代相传的。婆罗门的宗教典籍里明确记载：婆罗门“平静、自制、苦行、纯洁，容忍、诚实、博学”；刹帝利“有英雄本色，威武、坚毅、临阵勇敢、慷慨、有将才”；吠舍的本分就是“务农、放牧和经商”；至于首陀罗，就只能“劳动及对他人的服务”。凡是与宗教有关的职业，都被认为是神圣的、高贵的，当然就只能由婆罗门来担任。凡是人体排出的，都被认为是不干净的、不圣洁的，而与此有关的职业自然也是不干净的。诸如理发、扫地、修鞋、洗衣服等这些低贱的活儿，就只能由低贱种姓及贱民来干了。

（资料来源：邱允盛．不可思议的印度种姓［J］．环球花雨，2001 年试刊号）

在这段文字中，也许细心的你已经能透过印度的种姓制度初步认识不同群体的形成、它的结构及运作了。人类是天生的社会性动物，生活在不同类型和规模的社会群体中。下面我们的任务就是对社会群体的相关知识进行详细探讨。

2.1　群体的性质

从字面意义上说，群体就是指各类人群的联合体。但这个概念过于宽泛、一般性了。大学毕业生、公交车乘客、因火灾聚到一起的人群均是人群联合体，但要说它们是社会群体就有待商榷了。

1. 群体概念

群体是指通过一定的社会关系结合起来进行共同活动而产生相互作用的集体。群体规模可以比较大，如几十人组成的班集体；也可以比较小，如经常一起上街购物的两位邻居。群体的人员之间一般有较经常的接触和互动，从而能够相互影响。社会成员构成一个群体，应具备以下三个基本特征：

第一，群体成员需以一定纽带联系起来。如以血缘为纽带组成了氏族和家庭，以地缘为纽带组成了邻里群体，以业缘为纽带组成了职业群体。在这样的纽带联系中成员需彼此认识，相互交往，共享某种社会结构，而不仅仅是共同具有某种社会特征。共同具有某种社会特征，如女性或男性、高中毕业生或大学毕业生，只能把这样的集合体叫作社会类属。只有当社会类属中的成员产生共同的兴趣和目标时，社会群体才可能真正形成，如“大学毕业生”这一社会类属因为钓鱼岛事件组成一个抗日爱国同盟群体。

第二，成员之间有共同目标和持续的相互交往。公共汽车里的乘客、电影院里的观众不能称为群体，仅能被称作集合，因为他们是偶然和临时性地聚集在一起，缺乏持续的相互交往。集合中的人们虽然会有一些基本的集体意识，如在电影院不能大声喧哗、不吸烟、不站起来影响他人观影，但彼此之间没有任何共同的目标和期望，更几乎没有什么社会互动。

第三，群体成员有共同的群体意识和规范。群体成员在接触和互动过程中，通过心理和行为的相互影响与学习，会产生一些共同的信念、态度和规范，它们对个人的行为将产生潜移默化的影响，群体规范和压力会促使成员自觉或不自觉地与群体的期待保持一致。即使是那些个人主义色彩很重、独立性很强的人，也无法摆脱群体的影响。比如，作为滑雪俱乐部的成员，所有人都会有购买滑雪服、滑雪鞋和其他滑雪用品的意识。

2. 群体的形成

荀子曰：“人，力不若牛，走不若马，而牛马为用，何也？曰：人能群，彼不能群也。”

曰："人之生也，不能无群。"这是对群体形成最朴素的解释。心理学家研究发现，以下五种因素经常影响群体的形成：

第一，共同目的。心理学家米德尔·布鲁克（P. N. Middle Brook，1980）提出，在人们意识到不能单独完成一项工作，或者是通过多个人的共同努力可以更顺利完成一项工作时，就倾向于组成群体。群动，是群体形成的直接原因。例如，单个的篮球运动员是无法赢得一场比赛的，他必须加入篮球队与其他队员一起努力。

第二，隶属需要。所谓隶属需要指个人认同于他人或群体的行为方式，并以相同方式以获得安全感的需要。生活中每一个人都需要有一个对自己进行评判的参照基点，否则就难于自我确认，就不能有足够的安全感。因此，人需要将自己归于一个自己认同的群体，这就是隶属需要。心理学家沙赫特（S. Schachter，1959）进行的一项著名研究很好地证明了以上的理论，即一个人安全感越是缺乏，他的隶属集群需要也越强烈。沙赫特用不同的实验操作引发被试不同的恐惧水平，然后考察恐惧水平与人们希望与别人在一起的要求是否有关。研究的结果证明了原初的假设：恐惧水平越高，合群倾向也越强。

第三，共同兴趣。兴趣的一致是现实生活中群体形成的重要原因之一。兴趣不同，直接导致了人们在群体归属上的分化。心理学家蒂博特的研究证明，一个群体的吸引力，直接同其所开展的活动是否具有吸引力有关。活动越是可以激发人们的兴趣，越易于吸引人们参与群体的活动。像滑雪俱乐部、读书会等就是基于共同兴趣形成的群体。

第四，压力情境。大量社会心理学研究结果显示，高压力的情境会直接促进人们形成群体或加入群体。前述沙赫特的研究已经证明了这一点，其他心理学家对现实生活展开的研究也证实了这一结论。心理学家夸伦泰利等人研究发现，灾祸的受害者会自动与邻里和朋友组成群体去寻找庇护或救援受害者。佩皮通等人的研究则表明，高恐惧诱发情境会明显增加个人参与群体的倾向。很显然，当人们的安全感受到威胁时，组成群体或加入群体，是人们获得足够安全感支持的最佳途径。

第五，群体的工具作用。人们加入某一群体有时是为了达到某种功利目的，或实现与群体无关的期待。此时，人们加入群体成了实现其他目的的手段。心理学家罗斯（I. Rost，1952）研究发现，工会成员们报告，工会成员身份的意义在于得到高薪和更大的工作保障。威勒曼等人的研究则揭示，女大学生参加联谊会的一个重要原因，是试图通过这种身份增加自己学校的声誉。其他研究者对不同生活领域所做的大量研究，也得出了同样的结论。

3. 群体的类型

（1）初级群体和次级群体。依据群体成员间关系的亲密程度，社会群体可以划分为初级群体和次级群体。初级群体，又称首届群体或基本群体，是指由面对面互动所形成的、具有亲密的人际关系和浓厚的感情色彩的社会群体。最典型也是最重要的初级群体是家庭。家庭是人类最早和最基本的社会群体形式，它对人类社会的发展起着十分重要的作用。无论是社会成员的社会化过程，还是作为最基本的社会群体形式，人类社会生活都无法脱离家庭的影响。家庭是社会的细胞，从家庭扩散到类似家庭纽带关系的一些群体，邻里、朋友、亲属、兄弟会、姐妹会、运动队等都可以看作初级群体。初级群体具有多方面的功能，它在个人成长和社会发展过程中起着重要的作用：第一，社会化功能。社会成员在从一个自然人转变成被社会所接受的社会人的过程中需要家庭、同辈群体和邻里等初级群体的影响。家庭是成员社会化的最重要的场所，个人的大部分时间是在家庭中度过的，成员在家庭生活中树立最基本的价值观，形成为人处世的基本态度。同龄群体和邻里对个人的影响也是不可忽视的。第二，情感功能。初级群体中成员对群体活动的参与程度比较高，在直接的人际互动中建立起较亲密的人际关系，成员在初级群体中能够获得多方面的情感满足，这种情感功能是次级群体无法取代的。随着现代化程度的提高，初级群体成员的关系开始松懈，成员普遍感到孤独、失落，很难找到可以推心置腹、倾吐衷肠的朋友。初级群体情感功能的减弱必然会带来成员的情感危机。第三，社会控制功能。初级群体为社会成员提供了基本的价值观和行为规范，是社会稳定的基础。另外，初级群体还通过非正式的社会控制手段影响成员，使其在行动中自觉遵守社会规范。对违反社会规范的行为，初级群体会通过劝解、说明或指责等方式促使成员改正。但初级群体某些时候也会对人们产生负面影响：第一，可能压抑个性的形成和个人积极性的发挥，限制个人的社会发展。第二，正规组织中初级群体的存在，有可能干扰正式组织关系，破坏组织结构，妨碍组织效率的提高和组织目标的实现。次级群体，又叫次属群体或间接群体，它指的是其成员为了某种特定的目标集合在一起，通过明确的规章制度结成正规关系的社会群体。群体成员间的感情联系相对不如初级群体，面对面的互动有限。典型的次级群体是各类社会组织，如公司、政府机构、学校等。次级群体的规模可大可小，较小的次级群体，如一个科室、班组。当然，在较大的次级群体中，也会出现一些较小的初级群体，如军队中的战友群、工厂中的工友小集团以及学校里的“哥们”群体等。

（2）正式群体和非正式群体。根据群体的组织化、正规化程度，社会群体可分为正式群体和非正式群体。正式群体是指有明确的组织目标、正式的组织结构，成员有着具体的角色规定的群体，如一个单位的基层党组织，大学里的教研室，工厂里的新产品开发小组均属于正式群体。正式群体的组织化、正规化程度高，其成员间的互动采取制度化、规范化的方式。非正式群体是指人们在交往过程中，由于共同的兴趣、爱好和看法而自发形成的群体。非正式群体可以是在正式群体之内，也可以是在正式群体之外，或是跨几个群体，其成员的联系和交往比较松散、自由，像棋友、课外学习小组、老乡会均属于非正式群体。

（3）内群体和外群体。按成员对群体的心理归属差异，社会群体可分为内群体和外群体。这对概念是美国社会学家萨姆纳于 1906 年提出来的。内群体指的是个人可被看作是其中一员的任何社会群体。外群体指的是个人不属于其中的任何社会群体。实际上，特定的外群体通常是根据某一个具体的内群体来鉴定的。内群体和外群体的概念明确地区分了我们和他们的界限。这种内外有别的观念不仅内化在群体成员的心里，而且有时通过外在的形式加以突出和强调，如一个群体有自己的名称、符号标志，或特殊的服饰、礼仪或习俗等。使用内群体和外群体概念时，主要用来说明个人对于内群体的肯定和忠诚、对于外群体的排斥和疏远的态度。内群体和外群体常常相互隔离，甚至处于对立的地位。当彼此有严重的利益冲突时，比较容易导致抵制、争斗，甚至是侵略等行为。

（4）所属群体和参照群体。依据成员的身份归属，社会群体可分为所属群体和参照群体。所属群体指的是成员身份所属的群体，它规定着成员的身份及其日常活动。参照群体是指某些人或群体被当成自己的参照对象，作为自己模仿、学习的榜样。参照群体一般是与所属群体同类的群体，比如某个人在布置、装修自己的住宅时，可能以邻居或仰慕的某位熟人的家居布置作为参照和效仿对象。

（5）血缘群体、地缘群体、业缘群体与趣缘群体。根据群体内人际关系发生的缘由及其性质，社会群体可分为血缘群体、地缘群体、业缘群体与趣缘群体。群体中的成员是以血缘或生理联系而形成的群体叫作血缘群体，包括家庭、家族、氏族、部落、部族等具体的形式。群体中的成员基于空间或地理位置关系而形成的群体叫作地缘群体，包括邻里、老乡、民族社区等具体形式，这种群体的出现晚于血缘群体。群体中的成员是以劳动与职业间的联系而形成的群体叫作业缘群体，这类群体的出现是生产力日益发展、社会分工越来越细、阶级社会逐步产生的结果。趣缘群体是人们因兴趣爱好相同而结成的社会群体，它既是社会发展的产物，也是人们追求精神生活的结果，存在于各个年龄段的社会成员中。

2.2 群体的结构

火车上的乘客、乘坐电梯的人们也许起初只是一些陌生者的集合，但当火车上的乘客们开始一起齐心协力救助一个心脏病突发倒地的老人，当乘坐的电梯突然出现故障，被困的人一起互相勉励时，他们就开始形成统一的规范、角色系统。在紧张救助的时候还在一旁谈笑风生会受到其他人的鄙视唾弃，在狭窄的电梯被困时抽烟会被大家喝止，有从医经验的乘客会担当主要的救治者，其他在旁的人会主动成为递水、擦汗、与病人家属联系这样的协助者。可以说，只要给人们足够的相处时间，几乎总会有群体结构的产生。稳定的群体结构可以解决每个人都要面临的问题：我应当在其他人面前如何表现自己？不同的个性特征和天赋也能让每个人尽快找到自己在群体结构中的位置。支配欲强、有创新意识、有胆魄的人往往成为领导者角色，而善服从、听令则行的人往往成为被领导者。

《街角社会》是作者威廉·富特·怀特用了三年半时间对波士顿市的一个意大利人贫民区——科纳维尔进行实地研究的成果，是他以被研究群体——“街角帮”一员的身份，置身于观察对象的环境和活动中所做出的翔实而生动的记述。之前的研究一直把贫民区当作问题区看待，认为这里从来都是无序的、松散无组织的状态。然而，《街角社会》透过把贫民区作为一个有组织的社会系统的社区来看待的视角，成功地揭示了贫民区内的非正式组织的内部结构以及活动方式等。

《街角社会》让人读来兴趣盎然的原因之一或许是作者以人物为线索，将复杂的内容连缀起来。多克领头的街角青年与奇克领导下的意大利俱乐部代表了当地社会中的很大一部分人，同时，他们又都是科纳维尔的“小人物”。为了了解他们，必须发现哪些是“大人物”，并知道他们如何起作用。在科纳维尔，这些大人物是非法团伙的成员和政治家。我们首先会问，是什么使一个人变成了大人物？他用什么方法得以统治这些小人物？托尼·卡塔尔多为控制科纳维尔社交和体育俱乐部而进行的一番努力十分具有代表性。托尼虽然在俱乐部里的时间很少，但他通过偶尔来看一看和经济上的恩惠而保持了他的地位，在俱乐部接近土崩瓦解的一次打击中，他留了下来。当他被叫去解决家具之争时，地位得到加强。我们可以看出，只有当俱乐部里的情况发展影响他的利益时，他才在那里频繁露面。他利用的是自己在科纳维尔高人一等的地位，使得他可以在街角青年的主要活动领域发起行动。在俱乐部以外，街角青年是无法对托尼产生任何大的影响的。领导地位的变更不是通过底层的叛变，而是通过结构中最上层人们之间关系的变化进行的。至于如何统治那些“小人物”，由于群体的成分稳定，其成员又缺少社会保障，所以形成了群体内部非常高的社会相互作用率。这种相互作用中，产生了一种相互义务，这也是群体内凝聚力的基础。如果他要使自己在精神上感到幸福，就必须保持他的相互作用方式。“小人物们”需要使他的活动按照习惯的渠道进行，否则就会心烦意乱。只有当领袖出现时，成员们才感到这个帮真正聚在一起了。当然，当形势需要领袖行动时，他就会行动。领袖一般会更加敏锐，以维持整个帮派的平衡。

我们大致知道，科纳维尔的政治组织和非法团伙的头目们是彼此合作的。但是，这种合作是什么性质的？它的基础是什么？又是怎样建立起来的呢？《街角社会》中第二编“非法团伙成员和政治家”提到过一次“历史性的会议”。这次会议的主要议题是科纳维尔的彩票业受一位非法团伙头目的控制，官员和商业伙伴可以从中获得一定的好处。如果这次会议达到了目的，即消灭竞争和暴力，那么，警察局的任务就简单多了。而彩票公司的首脑们最重要的功能之一就是与政治家和警方的高级官员建立和保持密切的关系。对于他们来说，与律师事务所拉上“关系”尤其重要，警方的负责人对于他们的生意的经营好坏，显然也是个关键人物。与政界的联系也很重要，因为通过这种联系可以对各执法机构施加影响。即使不能直接“收买”，也可以对任命他的人施加压力。在非法彩票业中，专门有一个职位以为代理人提供警方的保护为责，即二老板。警长并不直接拿钱，也没有必要与警察局所有成员都拉上关系。遇到坚决想要取缔非法活动的官员时，非法团伙成员会对政界人士和警方的上级官员施加压力，把该人调到别的地方去。把警方请来，以挤走竞争者的情况也越来越多。在一般情况下，非法团伙的活动都尽可能平和地进行，这对于团伙成员和警察都有好处。当非法团伙成员在他与警方的关系不十分牢固的地区时，会遇到比较严重的麻烦，因为他的老板无法贿赂所有代理人有可能接触到的警察。这种时候，非法团伙成员就仍然必须对付那些不肯遵守“商业准则”的贪得无厌的警官造成的麻烦。虽然对警方行贿是必要的，但是他们对非法团伙活动的宽容并不完全取决于贿赂，还受私人关系、社会各方面看法等的影响。总体说来，警察部门在这里的首要功能不是执法，而是对非法活动加以管理。但这不意味着警察部门和非法活动组织之间串通一气并就一种共同的政策达成一致。他们之间的关系并不是总体性的，而是建立在这两个群体中的个人之间。街角青年之间、非法团伙与政治家们之间的协作机制就这么脱离了无组织的外表，而趋于明朗化。事实证明，科纳维尔也是一个有高度组织状态的、完整的社会结构的社区。

（资料来源：http：//wenku. baidu. com/view/94997a8d84868762caaed5e3. html）

《街角社会》中对于科纳维尔的描述为我们揭示了一个群体结构的组成：一定人员形成的群体规模，如多克领头的街角青年与奇克领导下的意大利俱乐部；不同的群体角色分配，如"大人物"托尼·卡塔尔多，"小人物"多克与奇克；精准地告诉这些帮伙成员在大多数情景下如何行动的群体规范，如在一般情况下，非法团伙的活动都尽可能低调小心地进行，这对于团伙成员和警察都有好处。当非法团伙成员在他与警方的关系不十分牢固的地区时，会遇到比较严重的麻烦，因为他的老板无法贿赂所有代理人有可能接触到的警察。这种时候，非法团伙成员就必须对付那些不肯遵守"商业准则"的贪得无厌的警官造成的麻烦。

1. 群体规模

群体规模是指组成一个群体的人数多少。群体规模应视群体任务的性质而定。任何群体都应有其最佳人数，也应有其上限和下限。群体人数与人均效率的关系是，往往获得最佳工作效率的群体规模有一个最佳值，当群体规模是这个最佳值时，人均效率最高。另外，群体规模越大，群体凝聚力就越小，因为群体规模越大，群体成员之间进行相互作用就越难。各种研究也证实了这一点。随着群体规模的增大，群体成员之间的互动变得更困难，群体保持共同目标的能力也相应减弱。毫不奇怪，随着群体规模的增大，群体内部产生小集团的可能性便相应增大。群体内部产生小集团通常会降低群体的整体凝聚力。群体规模本身还受群体任务性质的影响，一般复杂的任务需要更多的人去完成。有关群体规模的研究得出这样的结论：成员为奇数的群体比成员为偶数的群体更受欢迎，并且5人或7人群体是比较理想的群体规模。

2. 群体角色

《街角社会》中多克领头的街角青年有着严格的等级观念：处于帮派等级顶部的是该帮派的头儿，即多克，多克下面有3个直接助手，在这3个助手下面则是9个左右的成员。这三个等级之间的关系，受头儿对其成员有优先权这样一种坚定信念所支配。由此可见，任何社会结构中都会有着不同的群体角色。有关角色扮演的一些知识前面我们已有所阐述，在此不再重复。群体角色可以如街角青年一样在严格界定的条件下产生，也可以很自然地出现。前面说到如果旅途中一位老人突发心脏病，车上的乘客有从医经验的可能会自动成为医生的角色，有人可能会成为医生的助手，有人会成为维持秩序者，有的人可能会成为发出紧急求救信号的信息传达者。那么，一个人进入新的角色容易吗？对此，斯坦福大学心理学家菲利普·齐默巴多（Philip Zimbardo）和他的同事进行的一项津巴多监狱模拟实验，成功地证明了个体学习一种新角色是多么的迅速。参加这次实验的学生都是经过严格挑选的神智正常、情感稳定的人，但是他们通过大众传播媒介和自己的个人经历，如在家庭（父母与孩子）、在学校（老师和学生）以及在其他情境中体会到有权和无权关系，了解到关于犯人和看守角色的刻板印象，迅速地进入与他们内在人格特点迥异的假设角色当中："看守"对"犯人"做出虐待的事情，即使他们明知这只是一次实验，而"犯人"也迅速认可了"看守"的权威地位。在整个实验过程中——甚至在受虐待的日子里，没有一个犯人站起来说："不许这样，我和你一样是学生，这只不过是一次实验而已。"

3. 群体规范

群体由众多个体以一定方式维系而组成。群体一旦形成，就需要一定的行为准则来统一其成员的信念、价值观和行为，以保障群体目标的实现和群体活动的一致性，这种约束群体成员的准则就是群体规范。它指定了群体成员行为的规则，同时也是群体成员间相互期望的行为的基础。

群体规范是群体的一个重要特征。任何一个群体，从松散的一般朋友聚会，到有严密组织的正式团体，从大型的群体如国家民族，到二三个人的小集团，无不有其独特的规范。群体规范既可以表现为明确规定的准则条文，也可以是自发形成、不成文的准则规范。群体规范在群体成员的共同活动中一旦形成，便是一种公认的社会力量，它赋予个体行为和外界事物以一定的意义，使之明白依据一定的价值标准，应该做什么，不应该做什么。当它内化为个体的心理尺度和自觉行动的内部观念时，实际上就完成了一个个体社会化的进程，可见群体规范是影响个体社会化的关键因素。对群体规范形成的研究，最早的应属 1935 年美国社会心理学家 M. 谢里夫的实验。谢里夫以哥伦比亚大学、纽约大学一些学生为被试，要求他们单个的或以二三人的群体参加实验。房间是全黑的，透过前方的金属箱的小孔可以看到一个小光点。他对被试说：当房间全黑下来时，我就给一个信号，先说预备，然后给你们一个光点；过了短暂的时间以后，光点开始运动，你们一看光点运动就按这个键；几秒钟之后，光点消失，然后告诉我光点运动的距离，要使你的判断尽可能地准确。谢里夫的实验发现每人一旦形成知觉模式，就始终认为光点是按那个距离来回运动，人们在没有其他信息的情况下，会建立自己的标准。当一个被试形成了自己的标准并面对他人不一致的标准时，谢里夫发现个体通过相互的影响而确立了一个标准，同时群体中形成的这一标准是相当牢固的，然后每个个体都调整自己的标准去适应群体标准，并不恢复到群体测试之前各人所具有的水平，而是聚集于群体标准的附近。因此，看来群体建立的标准比个人在这一特殊情境里的知觉更有力量。从谢里夫的实验不难看出，群体规范的形成是受模仿、暗示、顺从等因素影响的。因为群体在讨论时，一个人会受到其他人意见的暗示，而影响自己的判断；或者少数人在大多数意见的压力下，为了避免自己被孤立而受到其他成员的另眼相看，而产生顺从、模仿他人，实现他人的行为和意见，从而形成统一的看法。正是这种一致性的意见，保障着群体活动的共同性。

2.3　群体的运作

探讨群体的运作过程需要我们着重理解群体决策和群体依从。群体决策是为充分发挥集体的智慧，由多人共同参与决策分析并制定决策的整体过程。在我国，各级人民代表的选举就是一个群体决策问题。在市场经济体制下，广大消费者对某类商品的选购也是群体决策问题。此外，如投资项目招标、专业职称评定、文体竞赛排名以及军事参谋团决策等等，都是群体决策问题的范例。一个群体决策问题包含两大要素：一个是供选择的对象，称为供选方案，如选举中的候选人、购物中的品牌货物或文体竞赛中的选手；另一个是参与决策的成员，即决策者或称决策个体，如选举中的选民、购物中的顾客或文体竞赛中的评判员。当然，任意一个群体决策问题均应有不少于两个供选方案和不少于两位决策个体。群体决策问题是：决策个体各自提供对供选方案的偏好，并依据某一规则汇集成群体偏好，据此对所有的供选方案进行群体偏好排序或从中选优。群体决策大致可分为三个阶段：第一，确认群体在这个阶段所面临问题的性质和问题产生的原因，给出满意的解决这些问题的标准；第二，找出可供选择的解决办法；第三，分析可选择的方法，通过群体讨论，比较并权衡各种办法的利弊，做出有可能获得最佳结果的决策。

那么，是什么东西导致群体做出某种决策呢？这就涉及群体依从。依从作为社会规范的一种接受水平，一般指行为主体对别人或团体提出的某种行为要求的依据或必要性缺乏认识，甚至有抵触的认识和情绪时，既不违背，也不反抗，仍然遵照执行的一种遵从现象。由于依从行为本身是主体在一定情境中对群体影响的一种反应，因而必然会受一系列群体特性（情境特征）的影响。一系列有影响的研究发现，依从行为受群体的一致性、规模、内聚性与专长等因素的影响［阿希（S. E. Asch），1951；弗里德曼（J. L. Freedman），1966］。依从压力明显会影响到群体决策，群体成员倾向于通过确定对现实的共同观点来减少情景的模糊性，即使有时候知道自己的观点是正确的，但仍然被依从的需要所压倒。因此，为通过群体影响来促进个人对社会规范的接受，做出正确的群体决策，应利用好各种因素，组织良好的群体，引发更多的积极依从行为。

3　社会网络

关系网，一个中国人绝对不陌生的词汇。《红楼梦》第五回有一副对联：“世事洞明皆学问，人情练达即文章。”通晓人情世故都是学问，能应付自如就是文章，一针见血地表明了中国人情社会的生存真谛。在竞争越来越激烈的今天，人们在面临幼儿入学、小升初、高考录取、毕业就业、职务升迁等现实难题的时候，总会首先想到的就是“关系”。拥有“关系”，干什么事似乎都能胸有成竹、如鱼得水。社会网络就是一张错综复杂的关系网，成员之间进行社会交往，共享某种认同感和团结感，甚至有某些共同的目标和期望。这与社会群体有着某种相似性，但两者又有着一定的区别。相对而言，群体成员的同质性更强，群体更具凝聚力，而社会网络联系则较具有局限性与松散性；个体所属的群体往往是有限的，个体所属的网络则是多重的，如同学网络、朋友网络、亲属网络等。

3.1　社会交往

社会交往，简称“社交”，是指在一定的历史条件下，人与人之间相互往来，进行物质、精神交流的社会活动。社会网络的形成是以社会交往为前提的。但能否把你与他人的一般性的社会交往转化为牢固的社会关系网络，这需要你掌握一定的社交技巧。不要抱怨说你没有有利的社会交往场合和事件，社交的关键不在于场合和事件，而在于抓住机会认识新的朋友，并且为建立关系网络奠定基础。不妨经常问自己三个问题：你想跟哪些人交往？在哪儿有机会碰到这些人？碰到了之后可以如何去行动？前两个问题好解答。应该跟哪种类型的人交往这取决于你自己，从事不同行业的不同的人将受益于不同的关系网。在何种场合与人交往是不受限定的，但是在某些特定环境下建立实质交往的几率将增大，你应该主动调查并做出详细计划，收集此类场合的信息，调查每个场合经常会出现哪种类型的人，以及他们是否有助于你，如何有助于你。如果某社交场合的确有助于你，将这个场合放进你的列表，并试图加入这个社交圈子。有过多次亲历现场实地考察的经验之后，你就能如鱼得水地应付各种情况。两三个月后，你的列表里应该有六到八种社交活动，它们将成为你社交生活的主要舞台。定期参加这些活动，使之成为惯例。第三个问题是最难解答也是你最需要为之努力的，这涉及掌握一定社交技巧。下面为你推荐一些简单实用的社交技巧：

1. 保持社交心态

保持一种乐于交往的心态，无论男女老少，向他们积极推荐你自己。没有人会预知哪些人将来会成为你社会网络中的重要一员，所以不要放过任何一次交往的机会。

2. 寻找有利的社交点

使自己处于有利的社交点，即最可能与人建立关系的点。在飞机或剧院与人邻位而坐，在繁忙热闹的餐厅里共进晚餐，参加筹划指导委员会、非营利机构的座谈会以及其他组织，这些都可以视为寻找有利的社交点。交往时应注意聆听别人说话，表现出真诚的态度，留出足够的私人空间。

3. 聆　听

仔细聆听，听的时间得是交谈时间的两倍。多询问一些私人层面的问题，交谈时态度诚恳。关注对方的话题，并表现出你对他的谈话很感兴趣。

4. 随身携带个人材料

你很客气地请求交换名片，而对方告诉你没带，你将作何感想？是否觉得他很没礼貌？所以你也应该避免相同的错误，时刻谨记携带个人材料。如果情况允许，你可以使用更能展现自己的个人材料替代名片，但一定要携带以下两种材料之一：名片或个人小册子。制作精良的名片能有效地向别人推荐自己，而个人小册子的效果更佳。确认每份材料上都能找到你的联系方式。

表现出对交往的兴趣。每个人都需要社会交往，需要朋友圈子，他们跟你一样有兴趣结识新朋友。认识新朋友，特别是认识那些处于你社会网络重要位置的新朋友时，一定要表现出想进一步交往的兴趣，比如共进午餐，交换名片，切磋兴趣爱好，等等。

5. 乐　观

微笑和欢快的情绪将能表现出你的乐观精神。

3.2 网络特性

“重要的是你认识谁，而不是你知道什么”，这句话可以说言简意赅地揭示了社会网络的重要性。一个再怎么独立自主的人，他的学习、工作和生活都不可能不受到家庭网络、朋友网络或同事网络的影响。除了一些自然而然结成的关系网络，如家庭网络、亲戚网络、邻居网络等，为了别人能够喜欢并有助于自己的发展，我们还会有意识地与“合适”的人交往，建立自己的关系网络。这需要我们时刻思考这样一些问题：我们所亲近的人有哪些？这些人住在哪里？我们因为什么与他们建立关系？彼此之间怎样保持联系？通过梳理我们会恍然大悟，我们与他人有着种种联结，虽然这些联结有的松散，有的非常紧密，但正是这些联结让我们在这个世界上不会孤单。身处不同的社会网络中，我们需要了解它所具有的特性。

1. 密　度

社会网络的第一个特性就是密度。所谓密度，是指网络中个人关联的程度。这种联结可以是非常松散的，也可以是非常紧密的，密度也就从松散到稠密。假设你是 A，你有四个朋友，分别是 B、C、D、E，这四个人不仅是你的朋友，而且他们彼此之间也相识，个别之间还是好朋友，那说明你有一个非常稠密的朋友网络。相反，即使你拥有这四个朋友已很多年，但这四个人彼此之间都不认识，那么，你的朋友网络是松散的。

2. 多重性

社会网络的第二个特性是多重关系卷入的程度。我们与他人的交往可能仅仅是简单的单向交往，如走进超市购物，你与售货员之间的交往；也可能是多重关系的交往，如在家庭网络中，你作为儿女与父母的交往、作为父母与子女的交往以及作为配偶与丈夫（或妻子）的交往是交织在一起的。通常而言，拥有较大社会网络的人，同时也拥有更多的多重关系。一方面，学历越高的人、年轻人、工作性质比较灵活开放的人更有可能拥有多重交往关系；另一方面，个性活泼开朗、幽默风趣、积极主动交往的人也更有可能拥有多重交往关系。

3. 强弱关系

社会网络的第三个特性是社会联系的强弱关系。所谓强关系，是指人们在其中投入更多时间、更多情感，并且彼此更为亲密，也更为频繁地提供互惠性服务的关系。我们与家庭成员、最亲近的朋友、同事、邻居一般建立的就是强关系，当我们碰到困难需要旁人协助时，我们往往最先想到的是与自己有强关系的人。事实上，我们经常也是这样做的，与我们有亲密联系的人常常最先接到我们的求助信号。所谓弱关系，是指那种自我卷入不多甚至没有卷入的关系，比如接触不多的同事、在公司的聚会上偶然结识的朋友的朋友，我们与他们建立的多是弱关系。

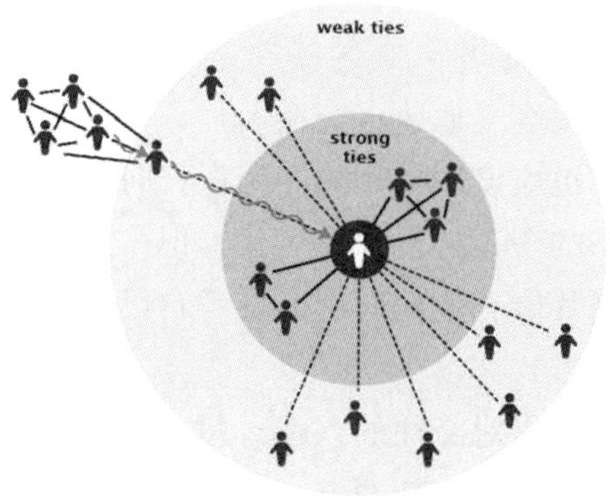

大多数的人在社会中拥有更多的弱关系网络。研究发现，尽管人们更有可能消费并分享经常互动的密友发布的信息（例如讨论前一天晚上聚会的照片），但绝大多数信息都来自他们并不经常接触的人，这些远距离联系人更有可能分享新颖的信息。经济社会学家马克·格兰诺维特（Mark Granovetter）是首批使用社交网络来理解信息传播模式，并将这一方法推广开来的人之一。他在 1973 年发表的论文《弱关系的力量》（*The Strength of Weak Ties*）中惊喜地发现，相对于密友而言，人们更有可能从联系不频繁的人那里获取求职信息，并找到工作。假设一个人有 100 个弱关系好友和 10 个强关系好友。假设你分享强关系好友发布的信息的概率很高，大概为 50%，但弱关系则低得多，仅为 15%。因此，由强关系和弱关系传播的信息数量分别为 $10 \times 0.50 = 5$ 和 $100 \times 0.15 = 15$。所以总体而言，人们最终从弱关系好友那里分享了更多的信息。这一数学运算的结果再次证明：人们的多数联系人都是弱关系好友，如果使用关系强度的经验分布及其相应的概率进行同样的运算，就会发现弱关系贡献了多数信息传播。这提示我们，不仅要注意自己拥有的“强关系”，还不能忽略“弱关系”的建立和保持。

3.3　社会资本

社会资本是资本的一种形式，是指为实现工具性或情感性的目的，透过社会网络来动员的资源或能力的总和。区别于物质资本和人力资本，前者如在一个组织中，提供工具给工人，后者如提供培训给工人，这些对于组织绩效都有正面影响。社会资本在于通过提高组织成员之间的互动和信任，或利用组织成员与外界的联系，为组织获得有用的机会和信息，进而影响组织绩效，但它对组织绩效的影响是两面性的。社会资本如同刀子一样，如果没有握住刀柄，而是握住了刀刃，这样不仅丧失了攻击力，还会给自身带来伤害。很多研究发现，高的内部社会资本，在某种条件下，会使得组织更加保守，对外来创新、新思想形成阻力，形成山头主义等。而高的外部社会资本，也可能使组织的隐秘信息流失。因此，社会资本与组织绩效之间并不呈线性相关。

1. 社会资本的类型

社会资本可能因社会互动网络的紧密而呈现不同的层次，Gittell 与 Vidal（1998）将社会资本划分为“结合型社会资本”与“桥接型社会资本”，这样的区分方式与格兰诺维特的网络“强连接”与“弱连接”理论有相似之处。近来，关注到不同层级之个体、社群或公共机构之间的互动，学者们便将这种跨越层级界限的关系归纳为所谓的“连接型社会资本”（Halpern, 2005）。综合而言，因个人或团体之间网络的强弱以及不同层级间的互动关系不同，可将社会资本归纳为三种类型：

第一，结合型社会资本。是指网络关系较为紧密者之同质者间的连接，其具有较强烈的认同感以及共同的目标，例如家庭成员、好朋友与邻居等，它能够促进成员间的承诺与互惠，并强化团体内部的连接。

第二，桥接型社会资本。主要是指网络关系较为疏远，但彼此拥有共同利益者所形成的连接，例如同事或社区团体等，是一种水平的连接机制，有助于外部资源的连接与资讯的畅通，能够促进相对异质之人群或团体间的联系与互动。

第三，连接型社会资本。是指不同社会层级的个人或团体之间的关系，例如国家或大社会等，属于垂直性的连接机制，能够协助人们、团体或社区超越既有层次之限制，透过与不同层级之间的连接，从正式体制中获得讯息和资源。

2. 社会资本与社会网络

有研究者认为，社会资本是从嵌入于社会网络的资源中获得的，它植根于社会网络和社会关系中。这在一定程度上揭示了社会资本与社会网络之间的关系。一些相关的研究也证明了这点。熊瑞梅关于台湾地区性别、个人网络与社会资本关系的研究表明，性别对于个人情感性和工具性网络结构特征具有独特的影响力。台湾女性偏好亲属网络资源和强联系的网络成员。男性的工具性网络密度较低，女性的情感性网络密度较高。不论男女，已婚者的网络规模都有所缩小，但是女性的网络规模变化最大，她们结婚以后增加亲属成员联系，大量减少同学朋友等非亲属联系。台湾女性强调强联系的个人支持网络，有利于促进社会整合，却不利于工具性的社会资本积累。赵延东（2002）通过对武汉市下岗职工再就业过程的分析，研究了社会资本与人力资本在社会转型时期的作用及其变化趋势。调查表明，70% 的下岗职工在再就业过程中使用了社会网络途径。社会资本的突出作用主要表现在劳动力市场尚未建立的阶段：拥有丰富社会资本的下岗职工获得再就业的机会较大，且更可能得到质量较好的工作。随着劳动力市场的逐步建立和完善，社会资本的重要性也不断下降，主要体现在使用社会网络的下岗职工获得了收入较低、声望较差的工作，这可能与该弱势群体的社会资本总量贫乏，且多集中于亲属、朋友的狭隘范围有关。总之，社会资本在下岗职工再就业过程中的效用受到制度背景的制约。王春光（2000）通过对聚居在巴黎和北京的温州人的长期观察发现，社会网络不仅是温州人传递流动信息的媒介，而且是他们流动得以实现的重要机制。社会网络成为移居外地的温州人生存和发展的社会资本：他们依赖族人和同辈，建立起自己的社会网络，为进入移居地以及以后的生存和发展奠定了基础。族亲、朋友和乡邻成为温州人社会网络的重要来源，为他们流动和迁移、就业和融资以及情感沟通提供了支持。移居以后的温州人在建构和使用社会网络方面发生了适应当地社会和环境的变化，主要体现在亲属关系的范围有所扩展和社会网络的地域覆盖面被极大地拓宽，这种倾向在北京的温州人中间特别明显。

就像一枚硬币具有正反两面一样，社会资本既存在有利于拥有者获得成功以及整合、激励经济和社会发展的正功效，也存在损害个体继续发展和分化、阻碍经济和社会发展的负功效。具体体现为：社会网络的密度影响着总体社会资本的构建。因为社会资本也是造成社会不平等的条件，某些个人或团体拥有的社会网络密度过大，必然带来社会关系的不平衡，进而造成竞争不平等，削弱了制度的开放度。同样，一旦局部社会网络密度过高，过于封闭，就可能阻碍更大的共同体的有效行动，遏止原共同体中个人或制度希图突破共同体界限的努力。

4　社会互动

当我们在超市买完东西时我们会自觉来到收银台，掏出腰包准备结账，收银员会清点东西准备收钱并找零。假如没有足够的钱，我们会觉得很尴尬，并采取措施，如让收银员把东西放在一旁，自己到隔壁银行取一些钱并马上赶回来结账，或者把一些暂时不用的东西从购物篮里拿出来，以便荷包里的钱足够支付。在这个例子中，我们以及收银员不断地根据自己身处何地以及与谁交往而调整自己的行为，我们能意识到别人对我们行为的期待（收银员希望我们顺利结账）以及我们对别人行为的期待（收银员能接受我们的两种处理方式）。这种彼此之间以相互的或交换的方式对别人采取行动，或者对别人的行动做出回应的过程，就是社会互动的产生。

4.1　概念解读

社会互动，即社会相互作用，是指在一定的社会关系背景下，人与人、人与群体、群体与群体等在心理、行为上相互影响、相互作用的动态过程。我们几乎总是被卷入各种各样的社会互动中。可以说，社会互动以这样或那样的形式，构成了人类存在的主要部分。

1. 互动的产生

社会互动的含义已经隐含互动的产生应具备的几个基本要素：第一，行动者。行动者是社会互动的主体，这种主体既可以是个人，也可以是群体。第二，行动者的相互作用。如果行动者之间不发生相互影响、相互作用，则不可能有互动行为的发生。第三，目标与规范。社会互动有明确的目的性，而不管这种目的是理性的还是感性的，是功利性的还是价值性的；行动者在互动过程中，必须遵从一定的社会规范，否则，不利于互动双方目标的实现，也不利于使互动持久化。第四，特定的情境。社会互动都是在特定的情境下进行的，离开特定的情境，特定的社会互动也不可能顺利进行。

2. 互动的目的

我们总是意识到别人对我们如何行事的期望（即使有时候只是潜意识），所以与他人的互动均带有一定的目的性，虽然这些目的绝大部分时候是无意识的、非功利的。在熟悉的情境中，如与家人、亲戚、邻居、熟悉的同事等的日常交往中，彼此之间的互动行为往往较随便，按社会习俗行事即可，这种互动可以满足个人关爱、温情、安全感、归属感等情感需要，遵循各尽所能，各取所需的规则，当一人有需要时，其他人会尽力补足。在绝大部分的工作情境中，如交易、谈判、会议、上课等，彼此之间有特定目标，明确分工，有一点行为限制，在这种互动中所形成的关系是达成目的的工具，不预期有长期交往和情感关系。当然，大多数的互动居于两者之间，个人与亲戚、一般朋友、邻居、同学、同事、同乡等的关系，往往既有情感成分，又有工具成分，形成混合性关系。关系可以转化，有时为一定目的，把情感关系或工具关系变混合性关系也是常有的事。

4.2　表现形式

从学者们的研究看，社会互动的主要形式有交换、合作、竞争、冲突和强制。正是在这一系列的语言和非语言的互动中，人们不断学习由社会建构并由大家共享的象征意义，通过角色借用，理解他人的想法，在符号互动中完成交流，共建意义系统。在互动中，意见得以分享，感情得以产生共鸣，从而也影响到文化的建构和变迁。

1. 交　换

社会交换是一种互动双方自愿地用各自拥有的多余资源（代价）换取其他必需资源（酬赏）的互动方式。交换是一种十分普遍的互动方式，正如布劳所说："邻居们交换恩惠；儿童们交换玩具；同事们交换帮助；熟人们交换礼貌；政治家交换让步；讨论者交换观点；家庭主妇们交换烹饪诀窍。"交换作为一种互动方式具有下列特点：第一，交换双方必须拥有不同的资源。人们之所以要进行交换是因为自身所拥有的资源无法满足自己多方面的需要，因此每个人都在寻找那些拥有自己缺乏但又必需的资源的个人或单位。第二，交换的双方是自愿的。真正的交换应不含任何强制性的因素。它应基于一种契约关系，是双方自愿发生的一种转移资源的互动行为。第三，交换行为具有广泛性。与其他互动方式相比，交换更为普遍。当然，我们并不赞成把所有的互动行为都归结为交换的观点。那种把整个人类行为都视为"一种至少是在两个人之间进行的交换活动"的观点是不对的。实际上，交换行为既不同于以武力为后盾的掠夺行为，也不同于不以酬赏为目的互助行为，更不同于为实现共同目标而进行的合作行为。只有那种在平等互利的基础上进行不同资源转换的行为才是交换。

2. 合　作

合作是互动双方为了达到共同目的而在行动上相互配合的社会互动方式。合作是两人以上的相互配合的活动，一个人无所谓合作。当然合作并不只限于两个人，参与合作的可以是一群人或几个社会单位。合作的各方必须有共同的目的，这是合作的基础。人们之所以要进行合作，就是因为单靠个人的力量无法实现某种目标，必须靠集体的力量才能达到目标，取得某种社会资源。

自从有了人类社会就有了合作的行为。各种社会单位建立的根本目的就是合作，只有通过社会单位的合作行为，人类才能最有效地取得满足各个层次需要的社会资源。合作发生的最初原因大约有两个：一方面是联合起来获得生存必需的生活资料，另一方面是为了对付野兽或别的部落的侵袭而联合起来保卫自己。随着社会分工的发展，合作变得更重要了。分工使不同职业和不同地区的人们之间的依赖性增强了，以至不与他人合作就无法生存下去。

3. 竞　争

竞争是与合作相对立的一个范畴。社会竞争源于社会资源的稀缺性。竞争是指互动双方争夺共同目标的一种互动方式。社会竞争的发生必须具备三个基本条件：一是必须有一个共同的目标，这个目标可以是物质的，也可以是精神的。二是双方必须争夺同一个对象。如果两个或两个以上的个人或社会单位争夺的对象不同，那么他们之间是不会发生竞争的。三是双方中一方获得成功，即足以剥夺另一方成功的机会，不可能双方都取得成功。为了在竞争中获胜，人们往往会采取各种各样的方法。这些方法的运用一方面对社会的发展具有积极的推动作用，另一方面也可能损耗、抵消不同的社会力量，带来一些社会问题。

4. 冲　突

在存在着社会关系的任何地方都存在着冲突，人类社会既有合作、互助等和谐的一面，也有矛盾对抗的一面。社会冲突的根本原因是对资源的争夺。人的需求是无止境的，而满足人的生理需要和社会需要的资源又是有限的，资源的稀缺性不可避免地会导致争夺。人们为了满足自己的需要，必须进行相互的合作，于是便有了社会群体、社会组织、国家、世界体系等大大小小的社会单位。但是所有这些社会单位的秩序都是建立在对资源的不平等分配的基础上的。因此，所有社会单位在它建立的时候就已存在着对抗和矛盾了。换言之，社会单位中的合作是一种对抗中的合作，其和谐也是一种隐藏着矛盾的和谐。当然，资源分配的不平等并不直接引起冲突；资源不平等引起的首先是对抗，对抗发展到一定阶段，当条件具备时才会发生冲突。

5. 强　制

强制是社会互动的一种形式，在这种形式中互动的一方被迫按照另一方的某些要求行事。强制的核心是一种力量对另一种力量的统治或制约。因此，强制意味着互动双方力量的不平衡，一方的力量明显高于另一方。在强制性互动中，所借助的力量既可以是物质方面的，如武力、军队、法庭、监狱等；也可以是精神方面的，如处分、批评以及社会舆论等各种各样的社会压力。强制作为一种社会现象广泛地存在于多种社会关系当中。

4.3　理论透视

德国社会学家齐美尔（Simmel）早在1908年所著的《社会学》一书中曾使用“社会互动”一词。德国社会学家马克思·韦伯也是较早就强调“互动”的社会学家之一。稍后，在美国形成了相关的系统理论，主要代表人物有G. H. 米德、H. G. 布鲁默、C. H. 库利等人。他们的基本观点是：人的自我意识来源于社会互动，在社会互动中学习和使用语言符号，通过角色扮演和他人对自己扮演角色的反馈，逐步形成自我意识。社会是一个舞台，全体社会成员是在这个舞台上按照特定规则扮演不同角色的演员。社会互动的重要特征就是“印象管理”或“自我呈现”。社会互动理论的核心内容是互动方法。以方法不同为标准，理论界形成了符号互动论、拟剧论、社会交换论、常人方法论和参照群体论等几种主要观点。

1. 符号互动论

符号互动理论以美国心理学家米德和库利为代表，其认为符号是社会互动的媒介，互动是通过符号进行的，是一种“符号运动”。例如，甲向乙发出一个刺激，即传来一个符号，乙据此作出反应；反过来，乙的反应对甲来说也是一个刺激，即构成一个符号，甲据此也对乙作出反应，这就是符号交互作用。人的行为具有意义，要理解此意义必须设身处地，站到对方立场上加以阐释。有时此意义会随着情境的变化而变化，这就需要互动各方通过不断协商来达成共识以重塑其意义。他人对我是明镜，从别人对自己的评价和态度中认识自己，可以提高自身素质，进而决定行为选择和行动方向。

2. 拟剧论（也称印象管理理论）

拟剧理论是一种用表演和比喻说明日常生活中人的互动的理论，其代表人物是美国社会学家戈夫曼。他认为社会是一个舞台，每个人都在其中扮演一定角色，他们之所以努力表演，目的是想给别人留下深刻印象，通过美好印象的塑造以使自己在互动中占据优势，对他人行为进行有效控制，从而使对方理解自己的行为并做出预期反应。从本质上说，该理论强调变通，即在不同场合应变换不同角色，从而适应互动环境的变化。例如，在夫妻因为家务而唠叨甚至争吵时，如果有客人敲门进来，夫妻会停止争吵，向客人显示出和睦的样子。一个成功的社会成员就是要知道在什么场合应该怎么做，判断场合并用适当的方式去行动。

3. 社会交换论

社会交换理论由美国社会学家霍曼斯等人建构，其认为互动实际是奖赏与惩罚的交换运用。若使某人继续某一行为即应对行为加以奖赏，让他认识到此行为对他是有意义和有价值的，从而推动其自愿把这一行为实施下去；若不想其做某事，就不要给予奖励或进行惩罚，那么行为人就能意识到自己的行为存在问题，就不会再做出类似的行为。这种奖惩机制对互动效果有着深刻影响，应恰当运用，否则会适得其反。

4. 常人方法论（又称本土方法论）

常人方法论是由美国社会学家加芬克尔创立的，旨在研究人们在日常生活互动中使用方法的理论。其假设在现实生活中社会成员依据一定的规则和程序进行互动，这些日常生活中不成文的、大家公认的互动规则是一切社会生活的基础。加芬克尔通过研究发现，人与人的互动是以一定背景知识和常规为基础的，如果忽视了这种内隐规则，互动就无法进行，进而也不能实现预期目的。所以，从此意义上说，各方主体能达成对所认定“规则”的共识是有效开展互动的前提。

5. 参照群体论

参照群体论由美国社会学家海曼首创，后来诸多学者在此基础上又加以发展，最终形成了一个内容丰富、效果显著的理论。其最大贡献就在于提出了一种间接互动观点，即非面对面人际接触，而以参照群体（即榜样）的价值和规范作为塑造自我价值观和行为准则的依据。这一理论强调榜样的规范和比较作用，旨在通过模范和典型的强大感染力来引导人们的行为。

4.4 集合行为

集合行为又称“集体行为”或“大众行为”，是指不受现有社会规范控制的人数众多的自发的无组织行为。集合行为一词是由美国社会学家帕克提出的。他的解释是：一种共同的、集体冲动影响下的个人行为。人们参加一种集体行为，表示对某种行为有一个共同的态度，或类似的行动，是由于他们在相互交往时发生了集中于某些事物的倾向性，才逐渐产生一些共同的态度和行为。

1. 集合行为的特征

集合行为一般是指相对非组织起来的、时间上短暂的群众行为，它与有组织的群体行为有着相似之处，都是指人们在一起的活动。但集体行为比有组织的群体行为更为自发，也更为短暂，并且很少能够被预料到。而人们在有组织的群体行为中的行为则有较强的规律性，有明确的目的性，有较正规的组织形式。具体来说，集合行为具有以下特征：

一是自发性。参加集合行为的人都是自愿的，整个集合行为在人群聚集场合中情绪会相互感染，易一哄而起。

二是狂热性。集合行为中的成员情绪缺乏理智，往往采取奔跑、呼叫等感情冲动的非常规方式。

三是无组织性。集合行为是无组织、无领导的行为，混乱而没有秩序，没有明确的目的。

四是短暂性。集合行为持续时间短、聚散快，其目的主要是应付突发性事件。

2. 集合行为的产生

周四晚上的选修课，是全校的集体课程，报这选修课的班里只有我一个人，我不擅长跟别人攀谈，一直也不认识几个人。在上周计算机上机课上，坐在我左边的女生不会开机，我没说什么，只是帮她把电脑打开了，她也没说什么。过没几分钟，她开始问我制作网页怎么做，我就给她讲了。之后，我右边的女生也开始问我问题。后来，左边的左边的那个男生也问我。这时候，没有宣传，大家都开始有问题就会问我。这个例子中，集合行为开始产生。

集合行为是一种非常态的群体行为，集合行为中的传播是非常态的群体传播，它是一种自发的反常现象。集合行为的发生与信息传播有直接的关系，只不过信息的传播受特殊传播机制的制约，表现出非理性的特点。总的来说，产生集合行为有以下几个有一定顺序和相互联系的条件：第一，环境条件。一类是物质条件，如群众聚集的公共场所等，另一类是必要的社会条件。第二，结构性压力。指经济萧条、自然灾害、失业等社会因素对社会一部分人产生的心理压力，部分社会成员企图摆脱这些压力是产生集合行为的原因。第三，诱发因素。第四，宣传鼓动者。宣传鼓动者通过传播信息和传递压力感的工作可以使旁观者经过鼓动而成为实际参加者。第五，普遍情绪的产生。经过宣传鼓动作用，参加集合行为的人会产生一种普遍情绪，如愤怒、悲伤、失望、兴奋、恐慌等。普遍情绪的产生是集合行为准备阶段的结束和行为即将发生的标志。普遍情绪的另一个作用就是将结构性压力归于什么原因，不同的归因将导致不同的集合行为。第六，社会控制能力。控制能力包括政府的政治、军事、法律机器，也包括报纸、电台、广播电视等舆论工具。如果社会控制能力较强，可以阻止集合行为发生，如果无能为力，集合行为就会产生。集合行为是一种大规模的无组织行为，对于现存社会生活秩序具有明显的破坏作用。但在社会变革过程中，对于冲破陈旧的、探索建立新型的社会关系和规范，集体行为又具有积极作用。

3. 几种有关现象

（1）群体暗示与群体感染。群体暗示是指通过间接的示意而非直接的说服来使人接受某种观点或从事某种行为的说服技巧。群体感染是指某种观点、情绪或行为在群体暗示机制的作用下在群体中迅速蔓延开来的过程。集合行为中，人们失去理性判断力，因而群体暗示和群体感染机制在集合行为中表现得非常明显。

（2）群体模仿。群体模仿是关于集合行为中传播机制的另一种理论。法国社会心理学家 J. G. 塔尔德认为社会上的一切事物除了发明就是模仿，而“模仿是最基本的社会现象”。模仿又可分为无意识模仿和有意识模仿，前者是个人在不自觉状态下对他人行为的反射性仿效，而后者则是出于一定动机或目的的自觉仿效。人在社会化过程中的学习就是一种自觉的或有意识的模仿。集合行为中的模仿则不同，多为无理智的、条件反射性的模仿。这是因为在集合行为中，用常规的方法很难应付眼前的突然或灾难事件，人们只能基于本能对事件做出反应，而最简单省力的反应就是直接模仿周围人的行为，于是便出现了相互模仿的现象。心理学认为，这种模仿是出于人的防卫本能，在高度不确定的突发事件中，每个人都认为与在场的多数人保持一致是最安全的选择。但事实上这种无理性的相互模仿可能导致最不安全的结果。2008 年 5 月 12 日，中国四川汶川发生 8 级强震，造成近七万人遇难，受灾人数超过四百万，官方估计此次汶川大地震遇难总人数将超过八万人。此次地震中，陕西南部的汉中、略阳等地是受地震影响较为强烈的地区。地震之后的一个多月内余震依然不断，人心惶惶，人群间不断闹着“余震向陕西、甘肃转移”“广东将发生地震”“陇南将有 7 ~ 8 级地震”“中午 12 点至下午 2 点会有余震”等形式各异的流言，人群中的恐慌已经遍及各处。人们不止一次地听信这些流言，随即一窝蜂地奔出城、睡车里、住帐篷，在学校听见有人喊“地震啦!”同学、老师都不假思索神经质地冲出教学楼，或者直接跳下高台床，不少人因此而受伤，在办公室工作的人们亦然，甚至有的人慌乱之中跳楼造成死亡。

（3）流言。流言是一种信源不明、无法得到确认的消息或言论，通常发生在社会环境具有较高的不确定性，而正规的传播渠道（如大众传媒等）不畅通或功能减弱的时期。流言可分为非紧急事态下的流言和紧急事态下的流言，集合行为中的流言属于紧急事态下的流言。它的特点有三个：第一，流言信息的快速增殖。如一个人通过手机短信传给其周围 N 个人，信息迅速大面积传播开。第二，流言信息的奇异回流现象。因为找不到源头，人们不必为信息的准确性负责任，于是信息的内容很容易被任意添油加醋、改造变形，一条流言短信经过数个人传递之后又重新回到发布者手机里，但经过加工改造的流言已经改变了模样，甚至连发布者自己都不认识了。这是个恶性循环机制。第三，流言中伴随着大量的谣言。谣言是指有意凭空捏造的消息或信息。集合行为中难免有别有用心者会利用和煽动人群的情绪，以达到他们的某种目的。谣言的传播是非常危险的，应加以防范。

课后思考：

1. 结合所学知识，试分析自己所从事的职业在哪些方面与角色的社会期待相契合或冲突，冲突的方面如何改进。

2. 查阅相关资料，简述新时期职业女性的角色冲突及应对策略。

3. 辨析题：只要人群的聚集就是社会群体。

4. 列举你所在部门中某一非正式群体，分析其存在的原因及其功能，就管理者如何正确认识和对待非正式群体谈谈你的看法。

5. 结合个人经历，谈谈当今社会社会交往过程的注意事项。

6. 查阅相关资料，简要分析社会互动对个人及社会形成的意义。

第 5 章　社会组织

人是自然的目的；没有任何东西像他们在宇宙的每一个地方非常容易使自己有条有理；……他自己动手，从自身中创造出整个社会组织和暂时的环境。

——［美］拉尔夫·沃尔多·爱默生（Ralph Waldo Emerson）

◇ 章首引语

1948 年，加利福尼亚州的帕萨迪纳市，几乎没有人注意到 Maurice 和 Richard Mc－Donald 兄弟俩新餐馆的开张。然而，这家小餐厅不仅改变了餐饮业的发展，而且引入一种为无数行业所效仿的新型组织模式。

Mc Donald 兄弟俩后来被称为“快餐”兄弟，“快餐”的基本经营理念是：向人们快速低价地提供食物。兄弟俩培训其雇员从事高度专业化的工作：当一个人烤汉堡的同时，其他人则“包装”汉堡包、炸薯条、拌奶昔，把食物送到顾客面前，整个过程如同一条装配流水线。

慢慢地，Mc Donald 兄弟俩有钱了，他们开了几家类似的餐厅，其中一家位于圣伯纳迪诺。1954 年，Ray Kroc，一位多头搅拌器的经销商，路过并拜访了那家餐厅。

Kroc 对兄弟俩餐厅经营系统的运作效率很感兴趣，他看中整个连锁快餐的潜力。三个人达成了合作协议。1961 年，面对销售额的快速增长，Kroc 买下了 Mc Donald 兄弟俩（已经回去经营他们最初的餐厅）的专利经营权，并书写了有史以来最成功的传奇之一。1962 年，公司卖出第十亿个汉堡后，不再统计销售数量。今天，超过 3 万家的麦当劳餐厅为全球 118 个国家的 5 000 万人口提供日常餐饮服务。

麦当劳的成功不仅仅是汉堡包和薯条普及的证明，同时引导公司经营的组织原则也逐渐统治了美国以及其他地区的社会生活。

（资料来源：http：//baike. baidu. com/view/4676. htm？ fromId＝302843）

本章我们来认识社会组织，从家庭、邻里以及小型商业组织的范围扩展开，从初级社会群体到正式的组织，从正式组织到非正式组织，我们的社会依赖于各类正式组织的企业和其他科层组织的有效运作，才能产生经济效益，形成稳定的社会秩序。本章学习的主要目的在于理解社会生活这种规模的扩大，并体会这对我们个体而言意味着什么，以及在社会这个大舞台产生的各类社会学问题。

1 组 织

每一个人从出生到死亡，将会参与到无穷无尽的组织中，个体通过组织得到满足并成长，而组织借助个体的力量不断发展。高度组织化是现代社会的基本特征，作为社会管理和社会服务的提供者，社会组织在各国建设中扮演着很重要的角色。什么是社会组织？可谓仁者见仁，智者见智。广义上论，社会组织是指人们从事共同活动的所有群体形式，包括氏族、家庭、秘密团体、政府、军队和学校等。这是从宏观上给出的较宽泛的定义，不便于我们理解现实中形态多样、类型复杂的社会组织。狭义上说，它是指人类的组织形式中的一部分，是人们为了特定目的而组建的稳定的合作形式，如企业、政府、学校、医院、社会团体等。

1.1 社会组织特征

社会组织也简称“组织”。在生活中，我们对组织的概念并不陌生，人们常说“有困难找组织”，这里的组织主要是指政党、团组织、机关单位等。按照功能主义的观念，社会组织是追求同一目标的成员相互协助以实现共同目标的社会群体。当追求明确的、经常性的目标的个体发现单靠个人的力量不能达到目标而需要进行经常性、有规律的合作时，社会组织就产生了。因为社会组织能实现“1 +1 > 2”的效果，所以理性主义学派认为社会组织是人们为了减少经常性合作的风险性或不确定性而进行的选择。其实我们也知道，人们组织起来的目的是为了更有效地实现组织的目标，故组织是一种社会经济体。同时，组织也不仅仅是因为人们追求同一目标的产物，有时组织还是某些拥有权力、占有生产资料的人为了达到某种目的而将人们集合起来的方式。比如企业的发展、壮大需要足够多的员工。社会组织是与初次社会群体不同的另一类社会群体，其主要特征如下：

1. 社会组织组建目的明确

社会群体是两个及以上互相交往的人，彼此之间用“我们”来代替，并具备一定程度的归属感。朋友、家庭、俱乐部、运动团队等都属于一般的社会群体。我们每个人都同时参与许多社会群体，一些群体高度组织化且相对稳定，如政党类政治性组织。另一些则是流动的且暂时的，如班级。社会群体十分重要，对我们个体的生活影响较大，它能给我们提供社会身份，帮助我们理解其他群体或个人的行为。在人类社会早期阶段，人们共同活动的群体形式最初是以原始群、血缘家庭和家族以及村社等为主。人类社会进入工业社会以后，完成特定目标和承担特定功能的社会组织的大发展，成为近代社会发展的必然趋势。虽然社会组织可以由初级群体或非正式群体演化而来，但是当它称为社会组织之时，已经和诸如家庭、氏族、邻里等初级群体高度分离。社会组织是人们有目的、有意识地组织起来的群体，实现组织目标是群体成员的共同目标。人类群体因自然形成和有意识组合而分成两种，初级社会群体有一定程度的自然形成的特征，而社会组织却是人们为了达到某种目标而有意组建的。

2. 组织内部形成明确的分工体系

分工是在社会发展一定阶段上产生的，人类社会起初的分工很简单，后来由于天赋、需要、偶然性等出现了自发或自然分工。现代社会为了提高管理的专业化程度和工作效率，把组织任务、目标分成各个层次、各个部门以及个人的任务和目标，并明确各个层次、各个部门乃至个人应该做的工作以及完成工作的手段、方式和方法。所谓分工，就是将为实现共有目的的工程分解为相互异质、相互补充的几种作业。以分工为基础的协作，用迪尔凯姆的话说，不是因类似而产生联系，而是异质物之间的联系。因此，它不是在同类意识和共鸣原则的基础上形成的社会关系，而是在意识到自己的作业如果独立进行便是没有意义的，也就是意识到功能上的相互依存的必要性的基础上形成的社会关系。比如某公司内部主要职能部门有管理发展部、人力资源部、财务管理部、证券投资部、市场营销部、总务部、总工办、软件部、智能配料部、成型机部、采购部、供应部、橡胶机械部、质量安全管理部、检测设备部等，各部门各司其职，分工明确。而在初级群体内部，成员之间也有或多或少的分工，但分工没有以制度化的形式固定下来，通常是随机且不断变化的。例如夫妻之间对家务的承担，虽然有约定俗成，但很少经久不变。

3. 组织成员之间的关系比较正式

初级社会群体的最重要的特征是成员之间关系的亲密性，这是由成员之间普遍存在的血缘、地缘关系所决定的。初级群体通常是情感的黏合剂，当我们情绪不佳或自私的时候，初级群体通常是理解我们的，会忍受并且鼓励我们。他们对我们的社会身份有强烈的影响，因为我们之间会频繁地交往很多年，通常是一辈子。社会组织则是人们为了达到某种目标而有意组建的，共同目标的实现是组织的最终目的，且成员主要不是由有血缘、地缘关系的人组成。社会组织是一种利益群体，他们之间主要是业缘关系，是以共同利益的获取为基础，并进行利益划分的合作关系，因此其相处关系比较正式。如果某一天你需要向人倾诉你的倒霉运气时，通常你不会向你的同事、大学老师倾诉。所以成员之间的关系纽带是利益而不是感情，其关系远不如初级社会群体亲密。

4. 社会组织成员的可替代性较强

初级群体由血缘、地缘关系决定，比如家庭中的角色是不可能被替代的。社会组织是一种事业群体，成员之间只是事业上的合作关系，不像初级社会群体那样成员之间有多方面的互相依赖，所以其成员的流动性、可替代性强。你上小学、中学时可能有一些朋友，但同学之间的交往通常不太频繁而且很正式。如果毕业了，你们可能就很少经常在一起，可能你又会有新的同学成为朋友。另外只要某人能履行工作职责，做好本职工作，都可以成为社会组织的一员。某公司人力资源部总监，可能会因现任人员的能力、健康问题或者现任人员离职而被替代。这与初级社会群体，特别是家庭成员较强的固定性是不同的。

1.2 社会组织结构

结构是指事物内部各部分之间相对稳定的关系。社会组织结构是指社会组织各构成部分之间所确定的、相对稳定的关系形式。它主要指一个社会组织由哪些部分组成，各组成部分在组织整体中所处的地位以及它们在组织运行中的比较稳定的相互关系。社会组织是一个分工合作的体系，全体成员为了实现组织目标，在管理工作中进行分工协作。内部的纵向和横向分工形成了承担不同职能的部门，这些部门围绕着实现组织目标形成了相对稳定的互动模式，相互联结的这些互动模式就构成了社会组织的整体结构。通常情况下组织结构必须随着组织的战略调整而调整。

1. 组织的正式结构

社会组织的正式结构是为了实现组织的目标所设置的，并由组织规章正式规定的各层次、各职能部门之间的稳定的关系模式。组织的正式结构具体表现为不同层次、各部门之间的分工合作关系。当组织进行部门之间的分工时就形成了基本的职能结构，它一般可以用组织图来表示：这种组织图从纵向的权力结构和横向的职能分工的角度将组织结构表现出来。当分工延伸至更基层的部门，乃至具体的员工时就形成了整体结构。

组织的正式结构反映的是各部门之间、组织成员之间的正式关系即工作关系，是为了有效地达到组织目标而慎重地安排的结构。所以组织的正式结构具有理性的色彩。通常，组织的正式结构包含了权力结构的职能结构体系，即层级之间、部门之间、成员之间的相互关系和行为的合规则性。

2. 组织的非正式结构

组织的非正式结构式指未经明确规定而从事组织成员的活动及相互作用中自发产生的具有灵活性的关系模式。它是在组织正式分工之外存在的，由组织中的非正式关系（如老乡会）所确立的结构。由非正式关系连接而成的群体成为非正式群体。

非正式关系通常在两个背景下发生：一是在正式关系中，人们不可能做到完全的非人格化。事实上，在每一个组织成员之间都存在着情感吸引、厌恶、偏见等。随着时间的延长，工作中的上下级关系也不再是正式的社会关系，而出现许多新的变化。二是在组织中经常接触的个人有可能基于相互同情、钦佩、兴趣等而在他们的正式关系中加入某些非正式的行为模式。

3. 管理层次和管理幅度

在分析组织结构时，需要认识管理层次和管理幅度的概念，因为管理层次和管理幅度共同确定了某一组织的具体结构。随着生产力的进一步发展，劳动的方式逐渐从个体向群体发展，工作的完成需要分工协作时，便出现了管理者与被管理者。随着组织规模的扩大，管理者与被管理者间的关系日趋复杂，便出现了管理层次。管理层次，即在职权链中所设置的管理职位的级数。

现代心理学研究定量证明：对于大多数人来说，同时思考两个以上的问题时，思维效率将大大降低。随着生产力的发展、组织关系的复杂，领导者个人有限的能力和精力不得不限制领导者直接管理的下属的数目，即管理幅度，具体为一领导机关或管理人员能够直接有效地管理和控制的下属人员或单位的数目。对组织结构而言，管理层次是从纵向的角度来划分组织结构，而管理幅度是从横向的角度进行划分。一般情况下，管理层次与管理幅度一旦确定，组织结构便形成。

4. 我国当前社会组织结构的特点

我国正处于社会转型期，社会组织的结构状况必然会受到社会转变的影响。改革开放以前，我国社会组织结构的特点是：党政不分和党政合一，它是建立在条块分割（不同部门之间及不同地区之间的分割）基础上的高度中央集权体制。这种一元模式强调政府全面的管理社会，是一种刚性结构，通常处于一种高度整合的状态。改革开放以后，经济发展迅速，体制改革迫在眉睫，适应发展的需求，经济组织与政府功能在组织结构上开始分离。社会转型促成组织结构分化、转变。其特点是：

其一，我国组织结构普遍受初级关系畸形发展的影响，非正式结构冲击和干扰正式结构。旧体制逐渐失去功能，新型结构还没有最后确立，人们对市场规则、商品经济的认识还比较模糊。

其二，我国组织的正式结构大体上还属于自给自足的封闭型单位制结构，在建构上追求大而全、小而全，结构分化程度过低，需要一个组织结构建构观念、形式的转变。

其三，我国长期的产品经济环境下，无论是社会组织的内部关系，还是各个社会组织之间的关系，主要是纵向行政控制结构，缺乏建立在功能互补基础上的横向联系。

5. 组织结构调整的任务

组织结构的变化在整体社会结构变革方面起决定性作用，可以在以下几个方面做相应的调整：

第一，关注非正式结构及影响，控制其消极功能，尽快建立符合市场规则，实行公务员制度以及考核上岗制度，保证组织内部两种结构都有利于组织目标的实现。

第二，以功能分化为导向促进组织结构的分化，形成多元开放式结构，加强管理的整合功能。

第三，以功能互补为基础，以市场为中介，打破条块分割的行政控制结构，在组织内部和组织之间建立横向联系网络，充分发挥市场调节对资源合理配置的作用，坚持效率原则。

1.3　社会组织功能

虽然中国传统文化中尊崇“君子不党”，“结社”与“营私、苟利”经常相连，受“暴民政治”思想影响，对于政治、宗教和军事性质的结盟严厉控制。但是以形形色色的自助组织和自娱组织为代表的社团很早就出现了，敦煌文书也有关于社邑的详细记载。会、社发达是传统中国社会的特征之一，政治型的会社有朋党，经济型的有和会、义助会、善会、行会、善堂和会馆等，军事性的有民团、团练等，文化性的有诗社、学社、书院和讲学会等，另外宗教类社团也比较发达。事实上政治、宗教和军事性质的结盟也确实使中国长期处于“暴君政治”和“暴民政治”的交替中。形形色色的社会组织，其功能表现在各行各业。

我们知道，社会管理是社会存在和发展的前提。而社会由谁来管理？这有一个历史演变的过程。这个过程的总趋势呈现由一元管理主体向多元管理主体的发展。现实说明，市场经济给人们带来自由权利的同时，也必然表现出其固有的缺陷：盲目和无序。为了克服这一缺陷，必须在市场之外寻求一种代表全社会利益、代表市场中各种不同利益主体利益的力量来规范市场的运行，以促进市场有序发展。

市场不是万能的，市场有其固有的缺陷，即市场失灵。市场的原则是竞争，但竞争又终将导致垄断，垄断则使竞争失灵；市场主体活动的目的是赢利，这就使市场难以提供不赢利的公共服务；市场本身不可能对经济实施宏观调控，这便使周期性的经济危机不可避免。这时就需要社会力量的介入，这种力量除了政府之外，还有各种社会组织。正是这些力量的介入，才使“公平与效率、活力与秩序、经济与社会环境、私人产品与公共产品、准公共产品的总量与结构达到和谐与均衡”。

1. 资源整合

所谓整合是指调整对象中不同构成要素之间的关系，使之有序化、统一化、整体化的过程。具体表现在组织的各种规章制度（包括有形的、无形的）对组织成员的约束，从而使组织成员的活动互相配合、步调一致。通过组织整合，一方面可以使组织成员的活动由无序状态变为有序状态，另一方面可以把分散的个体联合为一个新的强大的集体，把有限的个体力量变为强大的集体合力。这种合力不是 $1+1=2$，而是 $1+1>2$。显然组织整合功能的有效发挥有利于组织目标的实现。

2. 利益协调

社会组织是基于一定的利益需要而产生的，不同的组织是人们利益分化的结果。组织利益与个人利益息息相关，正所谓“一荣俱荣，一损俱损”。维护利益功能的有效发挥能充分调动组织成员的积极性、主动性和创造性，提高组织的凝聚力，增强组织成员的向心力，从而顺利高效地实现组织目标。

组织内部各职能部门、各组织成员尽管都要服从组织的统一要求，但是，由于他们各自的目标、需要、利益等方面得以实现或满足的程度和方式存在着事实上的差异。因此，组织成员之间或组织的各职能部门之间必然存在一些矛盾和冲突。这就需要组织充分发挥协调功能，调节和化解各种冲突和矛盾以保持组织成员的密切合作，这是组织目标得以实现的必要条件。社会组织能够在一定程度上弥补市场竞争带来的社会不公平。有竞争就会有淘汰，就会有人利益受损，也就产生了社会公平问题。社会组织在维护公平正义、反映诉求、化解矛盾、协商沟通、扶贫济弱等方面的优势，使它在维护社会公平中发挥着“减震器”的作用。它们可以通过慈善组织、志愿团体保障失业者、贫困者、弱势群体的基本生活，缓解社会矛盾，减少贫富不均，弥补市场缺陷。最后，社会组织可以促使市场机制不断完善，在我国，市场失灵在某种程度上是由市场机制不完善带来的。市场经济的发展需要借助大量的社会组织来调节市场体系下的利益分配机制，维护市场体系中不同利益团体的利益。如各种商会、行业协会、仲裁机构在市场经济的发展中扮演着“裁判”的角色，成为降低市场交易成本的重要机制，从而降低市场失灵的可能性。

3. 目标实现

组织目标是组织存在的最根本意义，组织目标的实现要依靠组织成员的统一力量，而这种统一力量的形成，需要组织整合和协调功能的有效发挥作为基础，以利益功能为动力，从而才能使组织达标功能得以充分发挥。各种社会组织都是社会大系统的一分子，因此，达标功能就既包括实现组织自身目标，同时也包括实现社会大目标这两个任务。当然，以上述及的四种功能并不是相互割裂的，而是作为一个系统发挥其作用的。值得注意的是组织功能的正常发挥，要以健全的组织构成要素为基础。因此，加强组织自身建设，是充分发挥组织功能的基本前提。

2 社 区

公元前 6 世纪，希腊克里斯提尼从雅典的寡头政治集团手中夺取了权力，并在公元前 508 年至前 507 年给人们带来了一种新的体制。他用 10 个新的地区部落代替传统的 4 个血缘部落，这些新部落就是城邦的选举区，被称为“蒂姆”，这便是“民主”一词的来源（deme 同 democracy）。外来的自由民成为他们居住的“蒂姆”的市民，投票者在不断增多。一位开明的掌权者通过先将权力集中然后再分散的方式发起了创建社区的行动，使个人拥有了一个新的身份和机会去参与新的典礼和仪式，增强了他们的归属感。这便是社区的雏形。在现实生活中，人们总是在一定的地域空间内与他人共同生存与发展，从社会学的角度来理解这便是社区。

2.1 社区类型

1881 年，滕尼斯首次将德文 Gemeinschafi（一般译为共同体、团体、集体、公社、社区等）一词用于社会学。继而将 Gemeinschaft 一词同 Gesellschaff（一般译为社会）进行对比分析，用来说明社会变迁的趋势和两种不同的社会团体。滕尼斯认为，社区（或共同体）是指那些由具有共同习俗和价值取向的人口组成的，彼此关系亲密、出入相友、守望相助的富有人情味的团体。社会则是由不同习俗、价值观念，靠契约关系维持，彼此有分工的异质性人口所组成的。人们在社区里与同伙一起，从出生之时起就休戚与共、同甘共苦。人们走进社会，如同走进异国他乡。[①] 在当时西方社会的大背景下，“社区”一词的出现折射出 19 世纪后期西方社会在工业化、城市化、现代化迅速发展的过程中，社会关系趋于复杂，人际关系趋于冷漠的社会现象。滕尼斯描述的社区具有亲密无间的人际关系，是传统的社会里关系密切的社会团体，他以此与现代社会作对比，并不强调社区的地域性，而是反映出一种对传统社区精神的呼唤和向传统的欧洲乡村社区模式复归的愿望。

西方有关社区的研究相对成熟，我国是在借鉴西方研究的基础上引进的社区概念。

---

① ［德］斐迪南·滕尼斯．共同体与社会［M］．林荣远，译．北京：商务印书馆，1999.

所谓社区，就是居住在同一地域中人们的生活共同体，并在一定地域内发生各种社会关系和社会生活，有特定的生活方式，并具有成员归属感的人群所组成的一个相对独立的社会实体，如居民委员会。可通过以下构成要素强化对社区概念的理解，社区必须包括：①以一定社会关系为基础组织起来、共同进行活动的人群；②一定的地域；③一定的生产和生活设施；④一定的管理机构；⑤具有一定特色的文化习俗；⑥居民具有一定的社区意识。因此社区兼有人群与地域两大要素，并同时具备一定的凝聚人心的功能。根据社会生产力发展水平的高低，同时兼顾时间因素。

1. 按功能分类

社区是人们从事社会生活的共同体，它不但满足着社区居民的生活需要，而且以自己有特点的活动在社会大系统中扮演着重要角色。从社会分工、社会分化的角度来看，社区具有不同的功能。按照功能差异或社区主要活动的特点来划分，社区可以分为经济型社区、行政型社区、文化型社区、宗教型社区等。同时，上述社区又可以其活动特征做更具体的分类，如经济社区可以分为工业型社区、农业型社区、商业型社区等；文化型社区可进一步分为文化教育型社区、民间文化型社区等。这种社区的分类目的不在于指出该地区主要活动的特点，而在于指出社区成员的共同活动的背景和基础，如商业型社区与文化型社区有不同的特点，其内部活动机制也有不同。

2. 按规模分类

规模是社区分类的重要角度，因人口规模及密度、地域之广狭对人们共同生活和相互认同的程度有直接影响。一般说来，地广人稀难以形成真正的社区，社区成员难以形成共同生存和发展的互动关系。在人口规模及密度较大的地域空间内可以形成不同的社区，按照人口与地域两个特征可以把社区分为巨型社区、中型社区和微型社区。巨型社区如一个城市，中型社区如小城镇，微型社区如一个自然村落、居民小区。实际上，如果从社区的所有标准来看，诸如大、中、小城市之类的居住区并不成为社区，因为其中缺乏成员之间的比较深入的交往，也缺乏共同的价值观念和亲和力，而那些规模适度的居民社区更具有社区的特征。

3. 按形成方式分类

社区有自然形成的，也有人为规定的。自然形成的社区可以叫自然社区，它是由于人们聚地而居、共同生活，而从内部自然而然地产生出的人们的共同认识，并形成人们对居住地的归属感和认同感的社区。例如很多自然村、城市中某种历史悠久的生活群落即是自然社区。在这种社区中，社区的特点比明显。人为规定的社区一般是政府基于管理的需要而划定的，可以成为法定社区。在这种社区中，社区居民的规模、社区的边界是由管理者根据多种原因划定的。在这一基础上，社区居民通过共同活动形成了具有一定认同感和归属感的生活共同体，具有某种程度的社区特征，如城市中的居民委员会。一般来说，法定社区边界十分清楚，社区中自上而下的权力关系作用较强，而居民的社区意识、归属感相对较弱。

2.2 社区生活的变迁

第二次世界大战结束后，人们面临的是被战争摧毁的世界，一方面是重建家园的艰巨任务，另一方面各种资源严重不足，一系列社会问题如贫穷、疾病、失业、经济发展缓慢日益突出，社会矛盾不断加剧。仅靠政府的力量或市场经济的调节来解决这些问题显然是不现实的。作为一种制度上的弥补措施——提倡居民参与、社区自助的社区发展理论应运而生。并且，殖民地国家要求独立的呼声越来越高，而英法等国同样受到战争的重创，他们也同意将发展社区的非官方政策作为准许殖民地人民自治的铺垫。社区发展的内容十分广泛，发展经济、促进民主参与、改善社区居民生活、提高社区居民生活水平是社区发展的核心内容。20 世纪 50 年代初期，联合国开始在不发达国家和地区倡导社区发展运动。虽然社区的分类有很多种，但与我们生活最紧密、最贴近的便是居民社区。居民社区可分为以下两类：

1. 传统社区

前工业社会时期，由具有共同价值取向的同质人口组成的关系密切、出入相友、守望相助、富有人情味的社会关系和社会利益共同体，是以城市旧城区的老街坊为主，有较长历史，其社区建筑形式和社区空间构成比较有地方特色和传统特色层。社区内社会结构较为紧密，居民之间形成了复杂的社会纽带，邻里人际互动较强。此阶段社区是自然形成，依靠具有共同利益、共同目标的血缘和地缘关系以及亲属、邻里、朋友关系等自然的社会习俗与民俗习惯相互联结。但很快，这种传统社区阶段伴随着工业化、城市化、市场化的发展进程逐步消退。

2. 现代社区或发达社区

从 20 世纪 90 年代开始，以培育社区精神，促进社区全面、协调发展为目标。该阶段的主要特征是社区建设由政府等主管机构和部门同社区内的民间团体、合作组织、互助组织等通力合作，逐步调动全体居民参与社区建设。城市乃至整个社会都是由数个或大或小的社区所组成。任何一个社区就是一个规模不等的具体的小城市社会，是整个大城市大社会不同程度上的缩影。伴随社会的进步，城市社区的发展始终没有放慢脚步。各种以城市社区为基础的区域板块不断滋生，所走的路线也更趋于多方位。特别是以板块形式出现的城市社区在构建全新居住模式的同时，更提高了市民生活品质。

2.3　虚拟社区

开心网火了一阵子，微博又火了，人人网干脆上市了。最近几年以 SNS 为代表的网络社区轮番推动互联网加速发展，结合智能终端和移动互联网发展，冷静一看，互联网已经进入全新的时代，社区也被时代赋予了新的含义。

虚拟社区是随着互联网的兴起而发展起来的。技术进步使越来越多的人突破了时空的限制，通过互联网所形成的虚拟网络寻求人际、社交和职业上的需要，使得建立基于网络的虚拟社区成为可能。据调查，虚拟社区的雏形始于 19 世纪 70 年代的 BBS。虚拟社区又称为在线社区或电子社区，作为社区在虚拟世界的对应物，虚拟社区为有着相同爱好、经历或专业相近、业务相关的网络用户提供了一个聚会的场所，方便他们相互交流和分享经验。从营销的角度，可以把虚拟社区粗略地理解为，在网上围绕着一个大家共同感兴趣的话题相互交流的人群，这些人对社区有认同感并在参加社区活动时有一定的感情投入。

在英文中，“virtual”除了有“虚拟的”之意，还有“实际上起作用的、实质上的”含义。事实上，虚拟社区也具有实在社区的要素，比如有一定的活动区域（如网站BBS/聊天室、网上论坛、网上沙龙等）；有一定数量固定的人群（网民）；人与人之间有着频繁的互动（如聊天、发跟帖、咨询与求助、发表言论等）。现实社区的各种活动也可以在虚拟社区进行，如网上教育、网上就业、电子商务、网上婚恋等。

1. 虚拟社区的特征

虚拟社区不同于传统社区最明显的特征表现在：①虚拟性。虚拟社区成员一般都是采用匿名虚拟的身份，隐瞒自己在现实生活中的社会特征，而不愿透露自己的真实身份。虚拟社区成员在虚拟社区中扮演着与现实生活中不同的角色，甚至是相反的角色。虚拟性是虚拟社区的本质特征，凡缺乏虚拟性的社区都不是虚拟社区。②兴趣导向明显。大部分社区成员都是以兴趣为中心的松散聚合，有相同或相似兴趣爱好的成员自发地参与社区讨论，付出一定量的时间和精力在社区中与其他成员不断地交流互动，逐步形成一个稳定的群体，但人们的兴趣会随着时间的推移而发生改变，社区要留住用户必须让社区保持鲜活，不断发掘用户的兴趣点和需求。③非地域性。这里的非地域性有两层意思。一是社区成员的来源是跨地域的，他们可以来自世界各地；二是他们聚集在某个网络空间进行交流，不受地理空间的限制。④非时间性。虚拟社区中的文本交流方式克服了传统社区交流受时空限制的局限性。任何地点的人在任何时间都可以聚集在网络空间，围绕共同感兴趣的话题进行不间断的交流，如论坛、QQ群、微信圈等。而且，交流可通过交流形式的文本不断延续下去。⑤开放性。任何对虚拟社区某个主题感兴趣的人都可以自愿加入社区，不受任何限制，不同国家和地区、不同文化背景和不同信仰的人都可以自由加入或者退出虚拟社区。

2. 虚拟社区的发展动因

虚拟社区首先是互联网技术不断发展的产物，尤其是Web2.0技术的推进，使得“用户生成内容”成为可能，这是虚拟社区得以产生的基本条件。同时，网民对自身独立性，权利和义务的意识促使他们打破沉默，开始积极地参与社会事务，并主动地与他人分享自己的观点和看法，从而为虚拟社区的发展变化带来了鲜活的动力。另外，正是在我国社会民主不断进步这样一个环境下，人们言论自由的权利得以重视和保证，网民们的言论才得以顺利、广泛地传播。所以虚拟社区的产生与发展是网络技术、网民主体意识、社会民主进步共同的结果。

（1）网络技术的发展为虚拟社区的发展提供技术基础。

Web2.0技术为虚拟社区的发展带来了持久的动力。Web2.0是相对Web1.0的新一类互联网应用的统称。区别于Web1.0时代用户通过浏览器获取信息，Web2.0则更注重用户的交互作用。用户既是网站内容的浏览者，也是网站内容的制造者。“用户生成内容”的机制使用户成为信息的生产者和传播者，使其主体性得到了充分发挥，并提高了他们之间进行交往的主动性与积极性。而用户之间的交往互动正是虚拟社区产生的条件和发展的根本动力。

网络多媒体技术为用户的交往互动提供了丰富的载体。虚拟社区用户之间的交往行为主要是以信息交流为主的一种活动。在传统的BBS时期，虚拟社区用户之间主要是以文本的形式传递信息。而随着技术的发展，图形、图像、视频、音频、动画等多媒体技术的运用，信息表达的形式逐渐丰富，信息内容也被不断充实，呈现出立体化的形态，用户之间的交往走向多维化，交往空间更加充分、自由。

4G技术的发展，使手机成为虚拟社区的新使用平台。4G是第四代移动通信技术的简称，集3G与WLAN于一体并能够快速传输数据、高质量音频、视频和图像等。4G网络可以为手机上网提供高速数据业务。目前，我国的手机用户数量已突破了14亿，居于世界第一。4G的发展还在持续扩大手机网民的规模，从而进一步地拓宽虚拟社区的使用平台，提高虚拟社区的使用率。而手机移动的特征，又能够使人们时刻“生活”在虚拟社区中。

（2）网民的主体意识是虚拟社区产生和发展的必要条件。

主体意识指人对自身作为对象性活动主体的本质、地位和价值的自觉认识，以及由此形成的能动认识支配和改造客观世界及自身活动的实践理念。网民的主体意识是指网民在使用虚拟社区过程中对其自身主体性、主动性以及主人翁角色的意识。

第一，参与意识。虚拟社区更重要的意义在于为人们提供了一个平等、开放、自由的公共话语空间，于是人们参与政治、经济、社会事务的需求开始变得强烈。在虚拟社区中用户不仅仅围绕日常生活中的琐事进行信息交流，而且对一些公共社会问题也积极地发表意见，并试图通过舆论力量影响问题的解决。如“孙志刚事件”“宝马案”“华南虎事件”等，都是在网民的主动参与和深度剖析下，形成强大的网络舆论，最终影响了事件的发展进程。

第二，自我意识。在传统媒体时代，由于信息传播结构的不对称，人们大多时候处于被动接收信息的状态，相比大众传媒的强势，普通民众处于弱势地位。而虚拟社区中，尤其是Web2.0的“用户生成内容”机制，则为网民们提供了一个平等的交往平台，并赋予了网民们完全的自主性，而且虚拟社区还为他们表达个性需求、展现个性提供了可能。通过主动地传播信息来实现自我价值成了人们的追求。

第三，权利意识。人是权利和义务的统一体。权利意识，是指人们意识到自己有各种经济权利、政治权利、社会权利，并能明确地懂得权利的正当性与可行性，在法定范围内主动追求和行使自己的权利，勇敢地捍卫自己的权利。在传统媒体时代，人们的声音很容易被大众传媒的强势声音所湮没和覆盖。虚拟社区则为人们传达内心声音、寻求支持提供了简易的平台。人们通过虚拟社区对自己的权利进行维护，并对侵犯他人合法权利的事件表现出强烈的否定态度。正是在人们权利意识的支配下，虚拟社区的公共价值和社会价值更加凸显。

3　社会分层

1912年4月10日，“泰坦尼克号”远洋客轮开始了她穿越北大西洋直至纽约的处女航。这艘高级客轮运载了2300名乘客，有不少享受奢华的头等舱乘客。贫穷的乘客拥挤在底层的甲板上，向着他们看来可能给他们带来幸福生活的美国行进。

“泰坦尼克号”撞上冰山，船身被撕开，在25分钟的冲撞过程中，人们纷纷涌向救生艇。凌晨两点，“泰坦尼克号”完全沉没。上千名无助的乘客和船员紧紧地贴在甲板上，在那些置身于救生艇中的人们的默默注视下，随着“泰坦尼克号”在寒冷的大西洋中消失并度过了他们生命中的最后时刻。

（资料来源：http：//baike. baidu. com/view/9329. htm？subLemmaId）

“泰坦尼克号”的沉没使得1600人命丧黄泉。从社会学的角度来看待这一事件，我们将发现某些类别的乘客相对于其他乘客生还的机会多很多。如那个时代有关性别的观念，即妇女和儿童允许优先上救生艇，结果死亡者80%是男性。60%的持有头等舱船票的乘客获救，因为他们处在最上层的甲板上，能及时听到警报，易于获得救生艇。36%的二等舱乘客生还，24%的三等舱乘客生还。所以在“泰坦尼克号”上，社会层次所体现的不仅仅是好的铺位、好的环境，而且事关生死。

3.1 社会地位与等级

正如“泰坦尼克号”甲板上，一个人的社会地位与社会等级不仅仅体现在对资源等的获取，甚至是生与死。那么我们来认识下什么是社会地位与等级，生活在同一世界的人们，为什么会因权力、金钱等被划分为不同等级呢？在中国和西方，古代社会中的“阶级”，就是指社会上存在的身份等级。在中国的古典文献中，“阶级”既指官位俸禄的等级，也指社会伦理制度“礼”规定的等级秩序。《新书·阶级》曰：“故古者圣王制为列等，内有公卿大夫士，外有公侯伯子男……等级分明。”《三国志·吴志·顾谭传》曰：“臣闻有国有家者，必明嫡庶之端，异尊卑之礼，使高下之差，阶级逾邈。”为官者与为民者等级不同，甚至同父者还有嫡出与庶出的地位差异。没有官位的老百姓，在古代被通称“庶民”。“士”介于“大夫”和“庶民”之间，有的是食俸禄的“食邑”的官，有的是自食其力的“食田”的民。

在西方过去有文字的各个历史时代，社会等级制度也是普遍存在的，可以看到由各种社会地位构成的多级的阶梯。在古罗马，有贵族、骑士、平民、奴隶；在中世纪，有封建领主、陪臣、行会师傅、帮工、农奴，而且在每一个阶级内部又有各种独特的等级。

社会是有一定结构的，而社会结构通过社会阶层分化表征出来，即社会分为若干社会阶层，对一个特定的社会来说，其中每一个社会成员都隶属于不同的社会阶层。但是这些阶层之间由于各种不同因素导致每个阶层的人员在资源占有、社会权力以及声望等方面并非处于平等的地位，也就是说社会分层结果中存在地位高低之分。在一个社会结构相对稳定的社会中，分层化的事实使得社会地位的不同，表征了个人隶属的阶层之不同，而社会地位的变动则表明个体在社会阶层之间的转移。社会分层是根据人对社会中有价值的资源比如财产、声望和地位等的可获得性而做出的层级划分。所有的社会都是分层的，差异仅在于开放与封闭程度。

一个典型的封闭的分层系统即印度的种姓制度。种姓制度以婆罗门为中心，划分出许多以职业为基础的内婚制群体，即种姓。各种姓依所居地区不同而被划分成许多次种姓，这些次种姓内部再依所居聚落不同分成许多聚落种姓，这些聚落种姓最后再分成不同行外婚制的氏族。如此层层相扣，整合成一套散布于整个印度次大陆的社会体系。因此，种姓制度涵盖印度社会绝大多数的群体，并与印度的社会体系、宇宙观、宗教与人际关系息息相关，可说是传统印度最重要的社会制度与规范。

韩国总统大选历史上，2012 年首次出现一位女候选人——韩国前总统朴正熙之女朴槿惠。作为第一位女候选人来角逐总统职位，可以说是体现了韩国社会中女性的地位得到了显著的提高。在很长一段时间内，韩国作为一个父权制国家，在法律和传统中都有界定妇女处于从属地位，这是一件很自然的事情。儒家思想在几个世纪里都宣扬“男尊女卑”的观念。而如今妇女成为家庭主妇的时代已经过去。现在参加工作的韩国妇女已超过该国女性人口总数的一半。而在年青一代当中，很少有人会羡慕家庭妇女的生活。很多从前被认为是男人从事的职业也被韩国女性所从事。韩国出现了女政治家、女将军和女飞行员。而且，变化也不仅仅发生在精英阶层，那些最为普通的职业也成为韩国女性的选择，比如在首尔，你会更为经常地看到女出租车司机。

从韩国妇女参政昭示女性地位的提高中，我们看到社会成员，个人、群体在社会中都有自己所处的位置，这不受自己的主观意志所支配。但在不同的国家、城市对社会地位的界定略有不同。每个社会中，人们都会运用地位（社会成员在社会系统中所处的位置）这个概念来构建他们的生活。譬如，我们会说，与一个刚雇佣的助教相比，大学校长的地位更高。但就社会学的意义而言，校长和教授只是大学校园中的不同身份而已。地位常用来表示社会威望和荣誉的高低程度，也泛指财产、权力和权威的拥有情况。地位作为我们社会认同中的一部分，有助于界定我们与他人的关系，需要用来区别彼此。人们不仅以群体的形式从事着共同的生活，而且人们在不同的社会生活中还处于不同的层次。不论在经济生活还是在政治领域，或者是在社会生活中，我们都可以看到人们的地位是各不相同的。

在任何严格的等级制度中，我们只有确认了对方的社会身份之后，才能进行下一步的社会互动。因此军人的衣着与配饰显示了其职位的高低。同样地，在日常交往中，我们常常通过年龄、衣着是否考究、举止行为是否得体等与个人社会地位息息相关的方面来判断对方。

根据人们获得地位的方式，通常可以将社会地位划分为先赋性地位与自致性地位。前者是指个人与生俱来，或通过后天努力也无法改变的社会地位，比如家庭角色、种族、性别等。例如采用君主立宪制国家的英国，王室的地位是一种先赋性地位。自致性地位是指个人自愿获得的、能够反映其能力与努力的社会地位，往往与所受教育、职业和婚姻状况等有关。比如伦敦奥运运动员、工程师或者犯罪分子等。当然，在现实生活中，个人具体的社会地位通常是先赋性地位与自致性地位的综合体，即人们的先赋性地位会影响其后天获得的地位。通常越是具有不如意的地位（如失业人员、犯罪分子等）的某个人，越有可能来自于贫困家庭，拥有较高地位（如政府官员、高层管理者）的人往往都出生于相对富裕的家庭。

3.2 社会分化及阶级

印度种姓制度又称瓦尔纳制度，是在后期吠陀时代形成的。它是古代世界最典型、最森严的等级制度。四个等级在地位、权利、职业、义务等方面有严格的规定：第一等级婆罗门主要是僧侣贵族，拥有解释宗教经典和祭神的特权。第二等级刹帝利是军事贵族和行政贵族。他们拥有征收各种赋税的特权。第三等级吠舍是雅利安人自由平民阶层。他们从事农、牧、渔、猎等，政治上没有特权，必须以布施和纳税的形式来供养前两个等级。第四等级首陀罗绝大多数是被征服的土著居民，属于非雅利安人，他们从事农、牧、渔、猎等业以及当时被认为低贱的职业。纯粹的种姓制度意味着社会结构的完全封闭，因为一个人的出生就完全决定了这个人将来的全部生活，经由个人努力而实现的社会流动很少或几乎不存在。在这种制度条件下，人们按照严格划分的等级进行生活，向上流动和向下流动都是不可能的。

（资料来源：http：//book. sina. com. cn/2012 －05 －02/1715298068. shtml）

在任何社会中，成员之间、社会各部分之间都不可能是完全相同的，而是存在着这样那样的差别。社会学将事物之间具有相同特点的现象称为同质性，而将事物之间相互不同的现象称为异质性。显然，同质性和异质性都是在一定情况下相对而言的。英国社会学家斯宾塞用进化论的观点看待人类社会的进程，认为人类社会也像生物界一样从简单到复杂、从低级向高级地发展着。他认为，随着社会的发展，社会个体要生存下去就要进行分化，即在社会中承担不同的功能，分化造成了相互依赖，进而造成整合。在社会学中，分化是指事物从同质性向异质性的变化过程。从社会结构的角度来讲，社会分化是指原来承担多种功能的某一社会单位变为承担单一功能的多个单位，以及诸社会单位由地位相同变为地位相异的现象。

社会分化有以下重要特征：功能专门化和地位多样化。所谓功能专门化是指原来的社会单位可以同时承担多种不同的功能，后来变为由不同单位、不同部门分别承担某种功能。比如，在传统社会，家庭作为社会单位承担着生产、教育、保障等多种功能。在现代社会，家庭的上述功能外移，分别由不同的社会机构各自承担某种功能。现代生活中，“家政服务公司”的存在甚至将家庭承担的家务活动也外移。地位多样化是指原来在社会结构中地位相同或相近的社会单位变得越来越不同。比如，在现代化过程中原来的农民有的变为工人、商人，有的依然是农民；原来经济状况相似的家庭出现了贫富差别。比如在城市，一些社会边缘群体也突破体制的限制，开办企业或从事个体商业经营。于是，两个新的社会阶层就从原来的农民、工人阶层中脱颖而出，这就是个体工商户和私营企业主。

1. 社会分化的类型

（1）水平分化和垂直分化。水平分化是指社会成员之间所产生的，在经济、政治和社会地位方面并非不平等的分化，这种分化只是他们在职能上的差别。比如，大学生毕业后有的从事科学研究工作，有的从事行政工作，有的进入经济领域，他们在职业上的分化是水平分化。水平分化一般表现为社会分工和生活的多样化，它使得社会的异质性增强。垂直分化是指社会成员之间所产生的在经济、政治和社会地位方面具有等级意义上的分化，这种分化表现为社会不平等。比如，在公务员系统中，原来的同学有的处于高层，有的处于底层。垂直分化常常蕴含着社会张力。

（2）基于自然因素的分化和基于社会因素的分化。社会分化是具有社会意义的分化，这种分化有的基于人们的自然特征，有的则以社会因素为基础。基于自然因素的社会分化表现为人们对具有不同生物特征的人给予不同的价值评价，从而他们也就具有社会差别。比如性别分化和年龄分化。性别分化在大多数情况下表现为对女性的性别歧视。在原始社会，男女之间的分工是自然分工，私有制造成女性地位的降低。在封建社会，女性地位的低下被各种社会制度所加强。至今歧视女性的现象依然相当普遍，大多数企业在招聘过程中，都倾向于挑选男性。年龄是另一个导致社会分化的基础。在传统社会，老年人的社会地位较高，财产占有权使老年人在社会上处于优势地位。在当代社会，随着社会竞争的加剧，老年人的社会角色常常被贬低、被漠视甚至被歧视，这种现象比比皆是。基于社会因素的分化是指社会对某些具有社会特征的人给予评价，从而使他们处于不同的社会地位。民族和职业是社会分化的两个重要社会基础。当不同民族、种族共处时，可能会发生民族、种族间的不平等，在政治、经济和社会方面可能会有不同的待遇，甚至是民族、种族歧视。职业则是劳动者从事的具体工作种类，它是不同劳动者的社会分工的产物，本来没有高低之分。但是，当社会的权力集团在文化、政治上对不同职业进行评价并产生影响后，就会形成职业的纵向分化。比如农民工在职业上就处于较低的地位等级。

2. 马克思的阶级理论

（1）阶级定义及划分。

列宁系统地阐述了马克思主义的阶级定义，他指出："所谓阶级，就是这样一些大的集团，这些今天在历史上一定社会生产体系中所处的地位不同，对生产资料的关系（这种关系大部分是在法律明文规定了的）不同，在社会劳动组织中所起的作用不同，因而领得自己所支配的那份社会财富的方式和多寡不同。所谓阶级，就是这样一些集团，由于他们在一定社会经济结构中所处的地位不同，其中一个集团能够占有另一个集团的劳动。"马克思对阶级的定义将生产资料的占有作为阶级划分的物质基础，认为生产资料的占有在很大程度上影响着人们在生产中的地位，进而影响着他们对劳动产品的占有。在马克思看来，占有生产资料的集团剥削了非占有者的劳动成果，于是形成剥削阶级和被剥削阶级。这样，划分阶级的标准就是对生产资料的占有的多少，人们在社会劳动组织中的地位和作用（处于指挥地位还是被指挥地位），他们占有劳动所生产的社会财富的方式和多少。马克思主义的分析主要是以工业资本主义社会为基础的，马克思主义认为，由于对生产资料的占有方式不同，资本主义社会分裂为资产阶级和无产阶级两大阶级。

（2）马克思主义的阶级理论的基本内容。

马克思主义的阶级理论有丰富的内容，概要地讲主要包括以下内容：

①阶级是一种社会历史现象。它与生产力发展的一定阶段相联系，它以剩余产品的出现

为前提。阶级的本质是剥削。私有制制造了社会大分工，也造成了社会大分裂。

②阶级是有相同的经济地位和共同利益的社会集团。共同的利益使他们具有共同行动的可能性，阶级成员的共同行动能力取决于两点：一是阶级成员的阶级意识，即阶级成员是否认识到彼此之间的共同利益，他们是否有阶级认同。二是阶级内部的组织化程度，即阶级成员之间的直接或间接联系的紧密程度。组织程度高的阶级有较强的行动能力。

③阶级内部可以划分为不同的阶层。同一阶级的不同阶层在对待问题的态度上有差异，但他们的根本利益是一致的。

④阶级斗争是阶级对立的必然产物。当阶级矛盾不可协调时，就可能爆发社会革命。社会斗争是阶级斗争的最高形式。在私有制条件下，阶级斗争和社会革命是社会结构变迁和社会发展的动力。比如奴隶起义和奴隶暴动；反对封建地主阶级的资产阶级革命；农民革命和农民战争；无产阶级的社会主义革命和无产阶级领导的新民主主义革命。

3.3 社会分层理论

纵观人类社会发展的历史，仍可以发现三种基本的社会分层类型：种姓、等级、阶级。这三种类型都是纯粹的和抽象的理想类型，实际的分层系统从没有以某种类型出现，而只是接近于这些既定的类型，或者是这三种类型的一个混合物。现在，我们来看大家是如何回答社会分层的中心问题的：谁得到了什么和为什么会得到？

1. 马克思的“阶级分层论”

倘若按照上面的三种基本社会分层类型来看，马克思所探讨的主要是“阶级”类型的社会分层理论。马克思认为，“阶级”本身是一种历史现象，阶级的产生是与生产力发展到一定历史阶段相联系的，私有制出现后，社会就分化为不同的阶级。同时，阶级的形成是一个从“自在阶级”走向“自为阶级”的历史过程，而阶级斗争则构成了历史发展的直接动力。因为马克思本人是一位无产阶级革命家，所以，他对工人阶级赋予了特殊的历史使命。在他看来，阶级在根本上是由生产关系所决定的，正是资本主义的生产资料占有制和资方雇佣劳动的生产关系体制，造就了两大对立的社会阶级。并且马克思预测：工人阶级必然要成为推翻资本主义剥削体系的历史主体。因此，他的分层理论所阐释的最基本的社会地位和社会不平等就表现为：阶级地位——资产阶级和物产阶级，阶级不平等——统治阶级和被统治阶级。他所强调的社会资源主要就是指生产资料，并根据是否占有生产资料，社会成员被分为三大基本的地位形式即资产阶级和无产阶级、统治阶级和被统治阶级、剥削阶级和被剥削阶级，前者因为占有生产资料而获得剩余价值，而后者因仅拥有劳动力则只能获得勉强维持其生存的工资。

面对这种极端不平等的资本主义社会体系，马克思认为，资本家与工人之间的利益冲突构成了资本主义社会的主要矛盾以及社会变迁的动力，这最终将会导致资本主义社会的灭亡。然而，当代资本主义社会的发展趋势并非完全如此，马克思所预言的发达资本主义社会的两极分化结构并没有出现，中间阶级没有消除，反而日益增长。这在一定程度上也是马克思对工业社会的高度复杂性的认识不足所致。

正是由于唯物史观和批判视角在马克思理论中的基础性地位，所以马克思的社会分层理论表现出以下几个明显的特征：

第一，片面强调社会分层的负面影响。“批判”的本质在于分析现存社会的矛盾，否定现存世界的合理性。马克思以批判的态度展开对社会分层的分析，发现了“阶级”的存在。而在马克思看来，除非阶级不复存在了，否则阶级调和是不可能的，不同层级之间会处于矛盾冲突的状态。

第二，一维的社会分层尺度。马克思对个人行动、个人意识深层的探究最后都落实在个人所拥有的物质财富的多少上来。在马克思看来，个人物质财富的拥有量，即生产资料占有量的多少就直接决定着社会分层的位置。“剥削阶级”与“被剥削阶级”的产生正是由于对生产资料是否“占有”使然，而“剥削阶级”与“被剥削阶级”这两个概念则是马克思政治理论的核心概念。

第三，动态的社会分层。马克思对社会的分析是从社会发展的过程中生产关系的变化开始的，这种生产关系的变化直接导致了社会分层的变化。因此，马克思从一开始就采用了一种带有历史性的动态的观察角度来论述“阶级”的产生与发展，所以，马克思眼中的“阶级”是伴随着生产力的进步而不断发展和变化的。

马克思的社会分层理论适应了当时时代的需要，确实在某种程度上改变了社会发展的进程，也在一个时期内证实了马克思分层理论在指导社会实践上的前瞻性与正确性。然而，随着社会的发展，马克思所使用的分层理论也显示出了它的不足之处。这主要体现在两个方面：一是马克思认为是否占有生产资料是划分阶级的决定性因素，他这一经济决定论思想使得阶级问题和社会分层现象显得过于简单化和片面化。二是他只采取了一种宏观的观察方向，无法解释微观的社会运动，他认为资本主义社会将只剩下资产阶级和无产阶级这两大对立阶级的论断太过武断了，也没有考虑到中间阶级存在的问题。

2. 韦伯的“阶层分层论”

韦伯主张从经济、政治和社会三项标准来进行社会分层，即经济标准、政治标准和社会标准。所谓经济标准，又称财富标准，是指社会成员在市场中的机会，即个人能够占有商品或劳务的能力；所谓政治标准，又称权力标准，即个人或群体对他人行动施行控制和影响的能力；所谓社会标准，即声望标准，指个人在其所处的社会环境中得到的声誉或尊敬，它取决于个人的身份、受教育水平、生活方式等。韦伯认为，这三项标准是相互联系的，有时甚至是相互重叠的，但它们又可以各自独立。韦伯主张将这三种标准综合起来进行分层。不过，值得注意的是，韦伯并非一般地讨论社会分层，而是在讨论共同体内部的权力分配时，区分了三种共同体形式，即阶级、身份群体和政党。韦伯认为，人们频繁地在这三种共同体里生活。其中，阶级是由经济决定的，并主要根据“市场状态”来划分；身份群体则是由“社会评价”所制约的声望决定的，并根据人们消费商品的原则——这些原则反映了某种特殊的“生活方式”——来进行分层的；政党则由权力来决定，主要寻求一种统治职能。由此可以看出，阶级的真正故土在经济制度里，身份群体的真正故土在社会制度里，政党的真正故土则是在权力领域里。不过，对韦伯而言，身份群体则是更具有实质性意义的共同体。因为身份群体是由那些分享着共同的生活方式和行为模式，而且具有类似声望地位的人所组成，他们之间更能够形成具有实质性互动意义的社会关系。对于身份群体的理解，生活机会的概念尤为关键。正是因为生活机会的不同，从而形成了不同的地位差异。

3. 涂尔干的“分工分层论”

在社会分层的传统理论研究中，通常将马克思和韦伯视为两种基本的分层理论范式的代表，而对于涂尔干的分层思想则有所忽视。第二次世界大战之后，马克思主义与韦伯主义的两种分层观之间的对立转化成功能分层论与冲突分层论之间的对立，涂尔干的分层思想才得以被学界重新认识。同时，随着新马克思主义和新韦伯主义之间的区分界限日渐模糊，以及受后现代主义和后工业主义思潮的影响，以格仑斯基和索内森等为代表，从涂尔干的职业共同体思想出发进而发展出新涂尔干主义。至此，社会分层理论中的涂尔干传统开始日益受到学界的关注，并获得了较大的发展。

从社会分层理论的角度看，涂尔干的分层理论实际上是由两个部分构成的，一部分是功能主义分层理论，另一部分是职业共同体分层思想。以往，我们仅仅重视他的功能主义分层理论，对于后者则有所忽视。不过，这两个部分的分层理论实际上都是以分工为基点进行探讨的。在《社会分工论》一书中，涂尔干指出，分工的最大意义并不在于提高劳动生产效率，而是在于它对社会整体发挥作用，它将整个社会紧密地结合起来，使社会分工成为可能，而且，所有社会都会把一些活动看得比其他的活动重要。一个社会的所有功能都根据它们被重视程度的高低安排成层级。同时，每个人的才能不同，有些人比其他人更有天赋。他相信，如果一个社会要兴旺发达，那么，最有才能的人必须担当最有价值的功能。概而言之，涂尔干的这种功能分层观可以表述为：社会分工为人类社会所必需，由于人的能力是有差异的，因而，分工也必然是有差异的，就需要让适当的人去承担适当的工作，让最有才能者去担负最重要的工作，让弱者去承担较轻的工作，从而形成社会职业角色的适当比例，这应是社会分层的基本原则。不过，功能主义虽然解释了分层的必要性，但对这种分层所带来的社会后果却并没有给予相应地回答。于是，涂尔干在其有关职业群体的理论中将这种功能分层思想进行了进一步地推进，其目的就在于解决分工所形成的社会分化之后果。在涂尔干所生活的法国社会，经济生活中充满了法律和道德的失范现象。在他看来，为了解决这些社会失范问题，就必须建立一个群体，建立规范体系，而要完成这一任务只有靠职业群体。因为，经济生活是十分独特的，每时每日都在发展变化，政治社会和国家的权威都难以顾及，唯有作为个人和国家之间的协作者的职业群体方能承担这一重任，创造出一种以职业群体为基础的“有机团结”的新社会结构，进而实现社会整合。

从以上分析可以看出，涂尔干从分工的角度来探讨社会分层的思想为我们提供了另一种独特的思路，而且这种视角的一个重要特点是，它比较容易缓和矛盾，有利于社会的团结。因为在解释人们地位差异的时候，一个比较温和的说法是“分工的不同”。正是由于分工的不同，人们在社会地位差异上表现为一种职业角色的不同。

4 社会流动

我们所生活的社会是以大量的社会流动为标志的动态社会，所有人都可以通过各种努力进行垂直或水平流动，提高自己所处的社会层次。取得大学学位，寻找报酬高的收入，或者找到经济条件较好的配偶，都将导致向上的社会流动。失学、失业或者离婚、家庭突发灾难等都可能导致向下的社会流动。从宏观来看，社会流动其实很大程度上由社会的变化决定。例如 20 世纪上半叶，工业化扩大了欧美国家的经济规模，提高了生活水平，就连那些不太适应那种潮流的人也跟着发家致富。在我国改革开放初期，部分下海干部走出四季如春的办公室，丢掉手中的铁饭碗，他们排除种种劝说阻挠，义无反顾跳进了瞬息万变、前途未卜的商海中。他们相信，随着改革开放的深入，市场经济中的机遇也随之增多，知识在商海中大有作为。

4.1 社会流动及条件

J. K. 罗琳曾经是一名教师，当她写《哈利·波特与魔法石》的时候，离了婚，靠政府援助生活。这本书在 1997 年出版。2004 年时，罗琳身价达到 10 亿美元。2017 年时，她入选《福布斯》2017 年度全球百位名人榜，同年被英国皇室授予“荣誉勋爵”。现在的罗琳是世界上最富有的女人之一，她甚至比英国女王还要富有得多。

社会流动按社会成员从一种社会地位转移到另一种社会地位为划分标准，可分为上升流动、下降流动和水平流动。在一个既定的社会阶层结构里，如果流动转移的方向是由较低社会地位流动到较高社会地位，称为上升流动，如罗琳。反之，则称为下降流动。这两种流动统称为垂直流动。有些社会成员从一种职业转移到了另一种职业，但其收入、声望、社会地位却基本相同（如大学的讲师调到研究单位任助理研究员），是在同一水平线上流动，则称之为水平流动。一般来说，主要有以下一些因素会引起社会流动：

1. 经济刺激

1978 年改革开放之后，户籍制度不再成为中国人口空间迁移的障碍。随着经济发展加速，市场经济地位逐步确立，农民工开始大规模涌入城市，“民工潮”到达高峰。农民工所经历的社会流动也是从一个社会位置到另一个社会位置的垂直流动。

2. 先赋因素

先赋因素主要包括家庭出身、社会背景、民族、性别等。虽然在现代社会里，家庭出身等这些先天因素的影响比传统社会有所减弱，但是，不可否认，这些因素仍然会对一个人的社会流动产生作用。通常来讲，子女向上流动程度往往会受父母社会地位的影响。

3. 人力资本

在工业化及科技发展为主的劳动力市场中，教育逐渐被视为影响职业地位最重要的变量。一个人的受教育程度越高，意味着他在经济生产活动的专业知识和技能上有更强的竞争力，因此工作成就越高，贡献越大，向上流动的机会就越多。至今为止，高考几乎仍然是作为获取高等教育资质的唯一途径。因此，对于很多家庭而言，获取上升流动的机会来自于高等教育，而获取高等教育的机会来自于高考。这便几乎使得在基础教育阶段考取大学成为唯一的目标。高等教育机会的获得，意味着与农村社会和农业生产脱离。长期以来的“城—乡”二元结构一直制约着农业和农村的发展。当然，农村的青年可以通过进城务工的方式进入城市寻找工作机会，但通过高等教育的方式成为都市白领显然更具有吸引力。

4. 文化资本

文化资本是法国社会学家布蒂厄提出来的，即借助于教育的行动所传递的文化物品。文化资本内容广泛，包括习惯、态度、语言、风格、教育程度、生活方式，以及人际交往、待人处世的方式等。文化资本可以制度化为资格证书、教育文凭等形式。现实生活中，各行各业的入职、晋升均对资格证书、教育文凭有要求。比如大学生就业时，就业单位往往需要其有大学英语四六级证书、计算机等级证书等，而很多单位的薪资晋升、职位对本科文凭、研究生文凭有一定的要求。

5. 社会资本

社会资本亦称社会关系资源，指一个人所拥有的持久的人际关系网络。这个由熟人所组成的关系网，是一种实际的或潜在的资源，关系网中相互熟悉的每一个人都可以调动这种资源。一个人占有的社会资本的数量，是由关系网规模的大小决定的，而且取决于关系网中的每一个人所占有的经济资本、文化资本、象征资本的数量。在现实生活中，“社会关系网”成为一个人事业能否成功的关键。人们所追求的目标往往受到与其他行动者的关系即社会网络的影响。社会流动往往是通过这些社会关系实现的。

4.2 社会流动的类型

当前我国社会阶层分化正趋向于结构化，社会阶层之间的界线日益明晰，社会上层与社会下层之间的社会距离拉大，处于较低位置阶层流动进入社会上层的机会明显减少。但与此同时，短距离社会流动（由中层进入上层和由下层进入中层）的机会在不断增多，另外，新生阶层为人们开辟了一些新的上升流动渠道。一般社会流动按照不同的划分标准可以分为以下几种类型：

1. 以流动的方向为标准，社会流动分为水平流动和垂直流动

水平流动，也叫横向流动，是在同一阶层水平中从一个位置运动到另一位置，或者做横向的运动。这种变动对于当事人获取或占有经济资源、权力、声望的机会没有影响或影响不大。护士小王可能从骨科调到妇产科，但她的收入不会有太多改变，因为这两个职位所承担的责任和所要求的能力很相近。社会学家通常对水平流动不感兴趣，因为它基本不涉及个人在社会阶层、地位等的变化。

垂直流动指的是阶层层级中向上或向下的运动。向上流动是指从较低阶层进入较高阶层的现象，向下流动则相反。垂直流动的基本假设是：在同一社会分层体系中，处于较高层级的人有比较多的获取自己所期望的资源的机会。如果小王想获得更高的薪金，那么她可能会决定接受更多的培训而成为一名医生助理。医生助理在医生的监管下对病人检查、诊断和治

疗。如果小王因为工作事故、不称职等原因被解雇或不能找到其他工作时，她就会经历向下的流动。垂直流动可以是代际的或代内的。垂直流动的向上流动对社会稳定生产的效益要比下降性的流动重要得多。人们从社会上升性流动中看到了希望，会从心理上更多地倾向这个社会结构，而较少与之抗衡。如果在某个阶段，大量社会成员的社会流动呈下降性流动，则预示社会的稳定与和谐会受到威胁。我国职业结构逐渐在向高级化演变，中层职业人员普遍增加，但中高层职业人员的增幅还比较小。

2. 按流动主体的特征划分，社会流动分为群体流动和个人流动

社会流动首先当然表现为个人社会地位的上升或下降，移进或移出。但是如果仅仅研究个人的社会流动并不能使我们认识到社会分层流动的整体趋势。这样，我们必须研究社会团体、社会阶级、社会阶层的社会流动，即群体流动。

在任何社会，一个人的活动或努力是可以造成社会流动的。不过，由于受社会的宏观、微观因素的影响，在不同类型的社会里，社会流动的程度和机会有较大的差异。在封闭型的社会分层体系中，因个人的努力而实现的社会流动的概率是很低的，社会地位的获得在很大程度上是继承来的，与个人的努力没有什么关系。即使有流动也表现为群体型的、整体的。相反，在开放型分层体系中，因个人活动或努力实现社会流动的概率很高。改革开放后，我国因个人努力而实现的流动变得很突出，例如农民创办乡镇企业，自行走上工业化的道路。乡镇企业大军突起，曾经是出乎决策者意料之外的一件大事。但实际上，还在改革开放之前，农民便已经开始自办工业，打破城市对工业的垄断，其间所经历的来自制度的艰难险阻，无论怎么估计都不过分。这一步的结果是，在中国大陆农村形成了一个乡镇企业工人群体，他们来自农民阶层，并且由于制度区隔的缘故，迄今仍保持着农民的身份，但他们的职业身份和地位已经发生了实质性的变化。与此同时，在这次农村工业化浪潮中，还出现了一批从事规模化的农业经营或从事个体私营工商业的专业户、个体工商户和私营企业主。

3. 按流动的参照基点划分，社会流动分为代内流动和代际流动

代内流动是指在一生中在阶层层级中向上或向下流动。如小王从护士助理学习培训成为注册护士，成为医生助理，则她经历了代内流动。处于较低社会位置的社会阶层，较少有机会直接进入优势地位阶层，但有上升流动机会进入中间位置阶层时，会缓解底层社会成员的不满情绪。农业劳动者阶层在某种程度上是一个只出不进并具有高度稳定性的阶层，它的代际继承性最强，上升流动机会最少。20 世纪 80 年代以前，农业劳动者阶层高度稳定，流出率和流入率较低。20 世纪 80 年代开始，这一阶层的流出率逐渐提高，约五分之一的农业劳动者流向其他阶层，主要是流向个体商户阶层、商业服务业员工阶层和产业工人阶层，但与此同时，农业劳动者阶层的流入率仍然较低。20 世纪 90 年代，农业劳动者阶层的流出率和流入率都有较大幅度提高，它不再是不流动比例最高的阶层。

代际流动是指上一代（父母）与下一代（子女）之间的职业地位或阶级阶层位置的变化情况。这是发生在多代之间的阶层变化。如小刘的父母是普通农民，小刘通过刻苦学习、努力奋斗成为一名外科医生，那么他向上流动到中产阶级就是代际流动。沃尔玛的创始人山

姆·沃尔顿是代际流动的典型例子。他曾经一边上高中一边在父亲的店铺里干活，毕业于密苏里大学，借助岳父的借款开了自己的第一家名为本·富兰克林的商店。他死于 1992 年，享年 74 岁，当时已经是世界上第二富有的人，仅次于比尔·盖茨。假设他老年突然失去财产而靠政府救济维持生计，那么他就经历了向下的代内和代际流动。实际上大多数社会流动所跨越的距离比较短，比如一个工人阶级家庭的孩子相比之下较可能向上流动到下层中产阶级而较不可能一跃成为上层。向下流动亦如此，中间阶级的一些人较可能滑入工人阶级而较不可能跌进农民阶级。

4.3 社会流动的原因

社会流动可以区分为复制式社会流动和替代式社会流动。只有从替代式社会流动中，才能产生新的社会分层结构。在社会阶层结构的变动中，社会流动的增强，特别是普遍的向上流动趋势的形成，具有化解社会紧张和社会冲突的重要作用。进城民工的生活境况，总体上可能并不如城市下岗职工，但他们向上流动的趋势，塑造了他们对未来的憧憬。俗话说“流水不腐”，社会流动频率的加快，增加了社会的活力，使每个人的才能都能得到充分的发挥，使各种社会资源的配置更加有效率。这种社会运行机制将使人们建立一种信念，即每个人通过知识学习、技能培养、工作努力和机会选择，都有可能改变自己的生命轨迹，实现自己的理想和抱负。我们把影响社会流动的因素大体归纳为自然、人口、社会三个方面。

1. 自然原因

自然环境的变化是引起社会流动的一个重要原因，由此引起的社会流动多半是空间上的流动，调节着人口和资源的重新分配。突发性的自然灾害，如地震、火山爆发、洪水、干旱以及其他自然灾害等，都会使一定地域内的人口短期内大量外流。自然生态的变化虽然较缓慢，但也会引起一个地方的人口逐渐迁出或迁入。例如中国自汉唐以后，渭水流域的关中地区由于受到西北黄土高原水土流失和风沙侵袭的影响，最终失去了自然环境的优势，从而使人口逐渐向长江三角洲流动。

2. 人口因素

人口是生活在自然环境之中并依靠自然资源（包括土地、动物、植物、矿物和淡水）而生存的。自然资源中较突出的是土地资源，它有一定的承载力。若人口密度超过资源的承载力，势必引起人口向外流动。人口的密度主要由人口的自然增长率造成，而人口的自然增长率并不是直接由资源的多寡所决定的。当一个地区的人口自然增长率过高或过低时，就会产生人口的压力或吸引力，于是出现人口流动。

3. 社会原因

从一定意义上讲，引起社会流动的最根本的原因来自社会。从个别人的流动探究原因是纷繁复杂的，只有从总体上分析流动才能真正把握其社会原因。社会原因概括起来表现为：

（1）价值观。这是引起社会流动的一个重要原因。如地位、声望、财富等是被一定的社会价值观肯定的东西，人们通过不断追逐以期向上流动。当然，不同历史时期社会价值观的具体内容可能略有不同，也会导致人们的流动方向不同。如近几年因大学生就业困难、蓝领工人工资较高等原因，在社会上流传“读书无用”论，某些学校部分学生高考拒考。从社会的大环境来看，这会使人们回避向知识阶层流动。

（2）社会改革与社会革命。这是引起社会发生结构性流动的原因。社会改革调整了政治经济制度和产业结构，是一场深刻的社会变迁，必然引起人口在空间和职业阶层间的流动。中国从 1978 年改革开放以来，改革政策导向所发生的大规模的社会流动便是佐证。从旧的社会制度到新的社会制度的根本变革，是社会发展中的突变。在阶级社会里，就是先进阶级用暴力推翻没落阶级的反动统治，用先进的社会制度取代腐朽的社会制度的斗争。马克思说“革命是历史的火车头”，社会革命类似整个社会结构“重新洗牌”，从根本上改变了社会的阶级关系。阶级关系发生大调整时，各阶级的成员必然出现上升或下降流动。

（3）由发明创造引起的科学技术的进步和生产力的发展。前两种原因都是由此派生的。前者引起的社会流动是个别的、局部的或暂时的，没有社会生产力的发展，那些原因都不可能出现。归根结底，社会流动的根源是社会生产力的发展。传统社会生产力发展缓慢，社会结构简单，社会流动稀少；伴随着工业革命进入工业社会，生产力逐渐发展，促进产业结构分化，为人们提供了充足的流动空间。一个生产力水平不断提高的社会，向上流动的比率也会提高；反之，就出现众人向下流动的局面。随着社会生产力的提高，社会结构日趋复杂，进入一个流动相对开放的时代，很多人都可以通过努力实现个人的社会流动。当然，社会阶层在一定程度上也会受家庭背景、人脉关系等的影响。相比较而言，在中国古代社会流动甚少。不过垂直流动和人口的横向流动还是存在的，接受教育、参加科举是庶民向上流动的一条重要途径。

课后思考：

1. 都说“市场主体均是理性经济人”，结合社会组织的特征，分析竞争性营利组织、公共部门组织特征的特殊性。

2. 结合实际谈谈如何正确理解管理层次与管理幅度的关系。

3. 查阅相关资料，任选其一，分析文化组织、军事组织、宗教组织的社会功能。

4. 以“虚拟社区给人们生活带来的变化”为题，写一段 500 字以上的体会。

5. 结合所学社会分层的相关知识，就大学校园分层现象谈谈你的看法。（字数要求：300 字以上）

6. 查阅相关资料，试对影响社会流动的因素进行分析。

7. 合理的社会流动促进社会良性运行的协调作用表现在哪些方面？

第6章 社会制度

父亲子女兄弟姊妹等称谓，并不是简单的荣誉称号，而是一种负有完全确定的异常郑重的相互义务的称呼，这些义务的总和便构成这些民族的社会制度的实质部分。

——［德］弗里德里希·冯·恩格斯（Friedrich Von Engels）

◈ 章首引语

2010年3月份，随着苹果公司在美国市场提起对HTC的诉讼，两家公司开始了漫长的对打与争吵。一年后HTC开始发起反击，并于2011年8月份在特拉华州对苹果提起诉讼，申请在美国禁售苹果部分产品。2011年12月20日，美国法院判决HTC侵犯苹果专利，并颁布了对HTC进入美国市场的禁令，导致HTC的多款重要产品推迟了在美国市场上市的日期，使得HTC在北美市场的销售策略被打乱。当时，HTC的CEO周永明曾向外界表示，“HTC将最终会赢得这场战争”。此后，苹果又先后多次发起过对HTC的专利诉讼。苹果通过专利多次打乱HTC在北美的市场布局，虽然ITC多次裁定HTC并未侵犯苹果的专利，但苹果通过ITC的诉讼拖延了HTC明星产品OneX在美国的上市时间，进而影响HTC在美国本土的推进。也有不少行业专家认为，HTC之所以驶离发展的“快车道”，很大原因是因为苹果的专利诉讼。

2012年11月11日，苹果在其官方博客上宣布，苹果已与HTC就专利纠纷达成和解协议，并签署了为期十年的专利授权协议。三年来笼罩在HTC头上的专利阴云终于散开，令HTC摆脱了近两年来桎梏自身发展的困扰，成为HTC发展的转折。HTC可以继续专注自身的创新发展，推出更好的产品和体验。受这个好消息的影响，HTC以241.50元新台币的股价高开后，便一直封住6.86%的涨停板，与两周前194元新台币的收盘价相比，该股已经反弹24.5%。

在目前市场上，HTC是全球手机产业唯一一家在Android和Windows Phone领域都有较强影响力的品牌。正如HTC执行长周永明先生表示：“HTC对于和苹果达成和解感到高兴，HTC 可以更专注于创新而非诉讼。”HTC 中国区总裁任伟光也透过微博发表观点表示，“我们可以轻装前进往前走了，把应付诉讼的精力，都可以全放在创新和研发了”。欣喜之情，可见一斑。苹果公司首席执行官蒂姆·库克（Tim Cook）也在声明中称，“我们很高兴与 HTC 达成和解”。

（资料来源：北京日报，2012－11－12）

以营利为目的的企业，面对纷繁复杂的市场环境，在追求利益最大化的过程中存在冲突在所难免。但要想在市场中立于不败之地，合作共赢永远大于恶性竞争。那么是什么促使企业能够主动寻求双赢，使处于竞争对立面的微观企业能够表现出一定的竞争秩序，使以营利为目的的企业能够相处融洽？答案就是社会行为规范和以此为基础的社会制度。

1　社会制度

1.1　社会制度及特征

纵然社会制度，看不见，摸不着，是一抽象的概念，但它拥有组织化的目标，拥有一致规范和价值观，正是这些规范和价值观有效地指导社会中的组织和人们的行为。尽管没有两家银行完全相似，但有一系列经济类的各项规则制约和影响着银行的行为，使得各银行在一定的规则体系内稳定运作。虽然没有哪两所学校完全一样，但教育类制度规范着学校的发展方向，使得学校这一机构反映了教育制度对学校应该做什么的广泛共识。

虽然在任何时代都有成文或不成文的社会制度，但社会学对它的研究却始于社会学家 H. 斯宾塞。他在 1862 年所著《第一原理》一书中用社会制度一词来描述履行社会功能的机构，强调社会制度的实体方面。结构功能主义认为，社会制度是用来安排人们的活动，满足诸如秩序、信仰、生产等社会需要而设立的一套习俗、民俗、行为模式，如法律制度、家庭制度等。也就是说，制度是满足社会有机体的功能需要的。这里我们将社会制度定义为：为了满足人类基本的社会需要，在各个社会中具有普遍性，在相当一个历史条件下确立的社会关系以及与此相联系的社会行为和社会活动。它是由一组相关的社会规范构成的，也是相对持久的社会关系的定型化。

社会制度是一个内涵丰富、作用广泛的范畴。一般来说，社会制度可分为三个层次：一是总体社会制度，或曰社会形态。这是对社会制度的宏观考察，如原始公社制度、封建制度、资本主义制度和社会主义制度等。二是一个社会不同领域的制度。这是对社会制度的中观考察，如政治制度、经济制度、家庭制度等。中观制度又可进行细化分类，如政治制度可分为政府政策、法律法规等；经济制度可分为贸易制度、分配制度等；文化制度可分为教育制度、新闻出版制度等。三是具体的行为准则。这是从微观层次考察社会制度，如学生行为守则、职业群体的行为规范等。

我们发现在现代社会中，人为设计的制度越来越多。但是制度一旦长期存在，都有广泛的社会实践做基础。同时，社会制度真正落到实处发挥作用，也需要人民群众的参与与遵守，而这些参与并不完全是被动的。我们都知道，若制度仅仅存在而不践行，则形同虚设。各类社会制度主要具有以下一些共同特征：

1. 普遍性

诸如家庭、经济、政治、教育、宗教等人类社会的主要制度，作为系统化的行为规范广泛存在于人们的社会生活之中，换言之，制度是整个社会具有秩序的基础和保障。18 世纪末至 19 世纪末，“人是经济人”的理论假设占统治地位，以泰勒为代表的 X 理论学派认为“员工天生不喜欢工作，必须采取强制措施或惩罚办法迫使他们实现组织目标，员工只要有可能就会逃避责任，安于现状”。我们看出人很多时候是复杂的，甚至有复杂且多变的想法，那么为了形成一定的管理秩序，形成人们都认可的合作方式和规则是必需的，这便是管理学界一度推崇的“用制度管人远比人管人更直接更有效”。在长期的社会生活中，人们通过实践、犯错、纠错而形成某种情况下比较合理的行为方式，这些行为方式又在社会生活实践中不断被固化而成为一种制度，所以制度也是历史的沉淀。当然，没有任何一种制度是每个人都认为合理并高度拥护的，但形成的固定化制度会约束这些人在特殊情况下必须接受某种制度。

人们为了使共同生活具有秩序，创造了各种制度。一般来说，有人群共同生活的地方就会形成各类正式或非正式的社会制度。比如，我们生活中的各个领域都存在社会制度，从经济活动到政治活动、从教育到科研、从家庭到社区等。正是有了这些自觉或不自觉形成的社会制度，人们的行动才能得到有效指导，人们的关系才能得到调节，社会才能长时间保持稳定。

2. 相对稳定性

尽管社会制度会随着社会发展以及时空条件的不同而变化，但它又是相对稳定的规范体系，而不是经常处于变化之中。当某些行为方式和规范被认为有效、合理而被多次重复和广泛运用时，它们就开始制度化了。而一旦这些规范被认可形成制度，它们就会在较长时间内发挥作用，这便是社会制度的相对稳定性。

社会制度的相对稳定性来自于规范的体系化。当相互联系的规范系统地发挥作用之后，局部情况的变异难以使整个制度发生变化。也就是说，制度一经形成，便具有历史惯性，特别是社会制度的各种规范内化到群体成员思想意识中，成为他们的习惯性行为时，便产生历史文化的积淀效应，即便在制度失去生命力的相当长时间内，仍然延续着对人们行为的约束。比如经济制度在指导商品和服务的生产、分配、消费上在相当长一段时间内将保持相对稳定性，因为它是生产者、消费的行为方式或规范制度化后的结果。

一种社会制度是在特定的社会情景中的互动方式、利益关系的规范中形成的，它不以时间流逝和空间转换为转移。在任何时候，只要这种社会情景出现，该社会制度便会发挥作用。然而社会制度的稳定性也是相对的，实际上，社会制度也会随着社会生活的变迁、生产力的不断发展或多或少发生变化。

3. 复合性

任何一种社会制度都是不能单独存在的，必须与其他不同层次的制度相配合，形成一套行之有效的制度体系。比如家庭制度是一个由一系列制度组成的行之有效的体系，其中包括婚姻制度、生育制度、继承制度等。每一种制度都表现了它对家庭存在的一定功能，它们相互配合，构成家庭关系和行为的准则与规范。需要引起重视的是，这些不同层次的准则和规范，既是由社会制定和认可的，也是人类长期生活中糅合不同文化特点而逐渐形成的。

4. 集体约束性

特定领域的社会制度总是需要该领域的群体成员共同遵循，其结果便形成集体行为，这种集体行为将对个体成员产生约束力。个人的习惯和行为方式在一定程度上就需要与制度、规范保持一致性。若个人的行为违背了制度的规定，必然会受到集体成员的反对乃至惩罚。因此制度的这种集体约束力是通过大多数人共同遵循，并对违背行为进行惩戒来保证对制度的高度认可的。

1.2 社会制度的构成及功能

社会制度是在特定的社会活动领域中所创设和形成的一整套持续而稳定的规范体系，它是社会行动所发生的重要结构框架。

1. 社会制度的构成

一般来说，社会制度的基本成分是规范体系，而价值系统、维护制度的权威、社会制度的实际承载体系等也与之密不可分。

（1）规范体系。

行为规范是一定社会中指导人们行为的准则，无论成文和不成文的规范，它们是人们在长期的生活实践中选择、积累起来的经验，并得到共同认可，是人们认为合理的东西。社会规范是人类社会生活中必不可少的要素。任何人类个体，其行为都具有一定的随意性，因为社会个体是一种社会性存在物，都有着各自的利益、价值观和行为目标。所以，个体与群体及社会的利益和目标通常会有冲突的时候。这种情况下，就需要社会规范对个体加以调节，以保证群体及社会的共同目标。如法律的基本构件是规则，它是由某一政权正式颁布，并受到国家权力机构支持的一系列重要规则。法律总是通过强制力去仲裁和调整不同社会生活领域中的利益冲突，违反法律的人，所受的惩罚都十分明确和严格。另外，社会习俗也属于规范体系的构件，它是人们在多次的往复时间中所积累和形成的。人们对某种习俗、习惯的遵守往往也是一个主动自觉的或不知不觉的过程，很少有人会对习惯进行深入的思考。

（2）价值系统。

价值系统是制度的理论基础，即某一社会制度存在的理由和价值。任何社会制度都是为了实现某一社会目标而存在的，都有其存在的理由。这些理由和目标对规范社会成员的行为方式、社会的健康发展都是有利的，只有这样，这种规范体系才可能被认可并实施。人们常说“十年树木，百年树人”“教育是立国之本”“教育是为国家的政治、经济和社会发展服务”，这些都是教育制度存在并发展的目标和理由，成为教育规章制度的制定和实施的指导思想。在社会主义不断发展的过程中，逐渐形成了社会主义核心价值体系。它是社会主义的方向盘，尤为重要。它包括马克思主义、以爱国主义为核心的民族精神、以改革创新为核心的时代精神、中国特色社会主义理论体系和社会主义荣辱观等，这样的核心价值体系为我国坚持社会主义道路奠定了理论基础。

（3）权威与地位结构。

任何社会制度的运转都需要依靠一定的权威来维系。权威即对权力的一种自愿的服从和支持。人们对权力安排的服从可能有被迫的成分，但是对权威的安排的服从则属于认同。反对者可能不得不服从权力做出的安排，但是服从不等于认同。权威就被认为是一种正当的权力。这里的权威则指社会规范和准则所支持的对他人施加影响的权力。权威的大小，取决于人们的服从程度。权威的存在，表明该种社会制度所具有的合法性为此社会领域中的人群所普遍认可。权威一方面基于某种社会秩序的规范和准则，另一方面，它监督着人们对某种社会制度的遵守，从而维护社会的运转和持续。

（4）社会机构与设施。

社会制度的运转总是要凭借一定的条件与媒介的，也就是必须借助一定的辅助物，这就是机构和设施。社会机构与设施是社会制度得以运行的物质手段，它包括实用的物资设备和象征性的器物。机构和设施都是根据社会制度运转的需要而设立的，如教育制度运转就必须有教育行政管理等机构，有学校、图书馆等设施和设备；政治制度的运转也必须由相关行政机关等机构来维系；而生产资料、生产场所、产品交易场所等都是经济制度设施系统的重要组成部分。所以，机构和设施是社会制度运转的空间和场所，类似于舞台的道具和布景。

2. 社会制度的功能

不同层次的社会制度产生不同的功能，其影响和制约的范围也不相同。一般说来，社会制度具有如下功能：

（1）行为导向功能。

从社会化的角度来说，社会制度通过权利和义务系统确定个人的地位和角色，为人们提供思想和行为模式，使其较快地适应社会生活，对人们的行为具有导向作用。社会制度是人们根据长期生活的经验进行选择的结果，所以一旦形成社会制度，都具有现实合理性，从而能够指导人们的行为。为了共同活动而形成的规范和制度，要求参与共同活动的成员以自己的行动去与别人配合，从而实现共同活动的目标，这就是个人利益对群体利益的服从。这种导向作用是通过对错误行为的纠正、人的社会化来实现的。同时，社会制度的导向功能并不能够保证所有成员都会模范地实践某种制度规范，而主要是引导人们行动的合理方向。

（2）社会整合功能。

从功能主义的角度出发，社会整合是社会制度的基本功能。在功能主义看来，整合是社会作为整体的基本要求。社会制度的整合功能是以制度规范之间的良好配合、协调为基础的。一个成熟的社会制度是人们长期共同生活实践的结果，人们共同认可的规范一旦固定下来，就找到了缓解冲突的办法，在社会制度的规范体系内达到较高的协调性。当这种社会制度在社会中发挥作用时，就能协调社会行为，调适人际关系，发挥社会组织的正常功能，清除社会运行的障碍，建立社会正常的秩序。当然，当一种社会制度不够成熟的时候，它的整合功能也将受到影响。社会制度的不成熟主要表现在价值系统的模糊甚至其内部也存在矛盾、冲突以及规范和实际存在较大的差距。在这种情况下，社会制度便很难有效地发挥整合功能。

（3）传递与创造文化的功能。

社会制度是文化的重要组成部分，社会制度通过保存与传递人类的发明、创造、思想、信仰、风俗、习惯等文化，使之世代沿袭，并在空间上得到普及。特别是作为生活经验的制度可以通过不同世代的共同生活而传递下去，成为后一代不需探索、试错而获得的间接经验。社会的世代交替表现出某种程度的稳定性，一般情况下，当社会发生一定程度的变化而非急剧变化时，就不会出现文化上的“断裂”。当然，这并不是说，新的时代不能进行制度创新，制度的变化总是发生在环境、时代变化之后的。同时，制度促进文化的累积与继承，推动人们创造新的文化，制度的普遍实施、被高度认可和稳定性使其文化传递功能得以实现。

1.3　基本社会制度

一个社会有各种不同的社会制度，这些制度彼此相互关联。比如经济通过税收为政治部门、教育和需要经济资助的家庭提供收入。教育培训儿童和成人，使他们获取基本和特殊的技能以高效地参与经济。家庭给孩子们灌输积极的价值观，教育机构强化这些观念。如果没有经济提供支持，家庭和学校都无法生存。同时经济需要的劳动力是由家庭教育、学校培训进入劳动力市场的。所以一些社会制度是普遍存在的，因为它们保证了社会成员都参与其中。基本的社会制度主要有如下几种：

1. 家庭制度

家庭的构成和存在并非任意的、随心所欲的，而是具有一定的规范和准则。家庭是一种社会制度。家庭制度是社会制度的有机组成部分，具有社会制度的共性。作为社会制度组成部分的家庭制度，是建立在一定经济基础之上的上层建筑，是作为具有上层建筑的共性而体现一定社会利益的家庭制度，是婚姻家庭的自然属性与社会属性的有机结合。作为上层建筑的家庭制度，是一定社会中占统治地位的婚姻家庭形态的集中表现。它是社会的基石，被认为是一切制度中最普遍、最基本的制度之一，很少有哪种制度能得到比家庭制度更多的认可。

2. 经济制度

经济在社会中扮演着协调组织社会的发展以及对产品和服务的生产、分配和消费的功能，这必然要求有一系列的规范、制度来约束经济的参与者，即经济制度。而一定社会的经济制度是由社会生产力发展的状况所决定的。由于经济制度就是生产关系，所以，生产力决定生产关系，有什么样的生产力，或者说生产力状况如何，就决定或要求有什么样的生产关系；同时，生产力的发展变化决定着生产关系的发展变化。另外，生产关系对于生产力也有反作用。经济制度构成一个社会的经济基础，它决定其政治制度和社会意识形态，并受到政治法律制度的保护。先进的社会经济制度会推动生产力的发展和社会的进步；落后的社会经济制度会阻碍生产力的发展和社会的进步。在不改变旧的经济制度，生产力就不能发展时，必然会爆发社会革命。社会革命的结果是推翻旧的经济制度，建立新的经济制度。随着经济制度的变革，政治、法律、文化、思想等属于上层建筑领域的东西也会发生变革。

3. 政治制度

在特定社会中，统治阶级通过组织政权以实现其政治统治的原则和方式。从更为宽泛的角度看，政治制度是指社会政治领域中要求政治实体遵行的各类准则或规范，政治制度是随着人类社会政治现象的出现而产生的，是人类出于维护共同体的安全和利益，维持一定的公共秩序和分配方式的目的，对各种政治关系所做的一系列规定。它包括一个国家的阶级本质，国家政权的组织形式和管理形式，国家结构形式和公民在国家生活中的地位。狭义主要指政体，即政权的组织形式。

4. 教育制度

教育制度作为一种制度形成并发展起来，是近代资本主义国家的机器大生产的产生和发展、科学技术的进步的产物。即一个国家或地区各级各类教育机构与组织体系有机构成的总体及其正常运行所需的种种规范、规则或规定的总和。它包含有学前教育机构、学校教育机构、业余教育机构、社会教育机构等，还包括各机构间的组织关系、各机构的任务、组织管理等，它的设立主体是国家，是国家教育方针制度化的体现。教育制度是一个社会赖以传授知识和文化遗产以及影响个人社会活动和智力增长的正式机构与组织的总格局。教育制度是教育机构与组织体系赖以存在和运行的一整套规则，如各种各样的教育法律、规则和条例等。

5. 宗教制度

宗教制度是历史长期发展的产物。在原始社会时，宗教是人们在家庭中从事的活动，它和家庭制度以及社区组织结合在一起，在社会生活的各个方面发挥作用。随着时间的推移，宗教活动逐渐从人类其他活动中独立出来，形成专门组织并具有自己独特的社会功能。为了适应宗教信仰的需要，社会上出现了专门的神职人员。他们根据使徒们的传授，综合当时流传的神话故事，构造出各种各样的教义经典与信仰体系，对各种宗教仪式、职业神职人员的人际关系也做了相应的规定，逐渐形成了宗教制度。宗教制度即人类有组织的信仰及相应的群体活动的规范体系。它是人们慑于未知的超自然力量，幻想摆脱现世的痛苦，以求达到自我平衡与精神安慰而形成的文化结构或行为模式。

2 家　庭

对于家庭的含义，有许多不同的说法，比如《康熙字典》所录《说文》对家的解释为："豕居指圈曰家，故从宀从豕，后人借为室家之意。"而"庭"则指"厅堂"，为"正房前的空地"。马克思、恩格斯从经济学的角度界定家庭，认为："每日都在重新生产自己生命的人们开始生产另外一些人，即增值。这就是夫妻之间的关系，父母和子女之间的关系，也就是家庭。”心理学家弗洛伊德从心理学的角度将家庭界定为：“肉体生活同社会机体生活之间的联系环节。”《中国大百科全书·社会学卷》对家庭的定义为：“家庭是由婚姻、血缘或收养关系所组成的社会组织的基本单位。”

有的人从家庭生活的内容来定义，如美国社会学家 W. 古德认为家庭大多数包含下列五种情况：“至少有两个不同性别的成年人住在一起；他们之间存在着某种分工；他们进行许多经济与社会交换；他们共享许多事物，如吃饭、居住等；成年人与其子女间有着亲子关系，父母对孩子拥有某种权威，但同时也对孩子负有保护、合作与抚育的义务，孩子之间存在着兄弟姐妹的关系，相互保护并相互帮助。”① 家庭有广义和狭义之分，狭义是指一夫一妻制构成的单元；广义则泛指人类进化的不同阶段上的各种家庭利益集团，即家族。从社会设置来说，家庭是最基本的社会设置之一，是人类最基本、最重要的一种制度和群体形式。从功能来说，家庭是儿童社会化、供养老人、性满足、经济合作，普遍意义上人类亲密关系的基本单位。从关系来说，家庭是由具有婚姻、血缘和收养关系的人们长期居住的共同群体。

2.1　社会中的家庭

Rosa Yniguez 生长在墨西哥哈利斯科一个有 7 个孩子的家庭。在这个城市，人们以生育许多孩子为荣。Rosa 记得曾经拜访过他父母的一位朋友，在他们家的卧室里有一座钟，这座钟的 12 个数字表面贴的是他们 12 个孩子的照片。

如今，Rosa 已经快 40 岁了，现居住在美国。当回忆起童年的时候，她说：“我知道，在墨西哥许多家庭有 6 个、8 个、10 个孩子，有时候更多。现在我来到美国发展，而这对生许多孩子来说是不可能的。”由于期望保留她的工作，让家庭能够过上更好的生活，她决定最多生 3 个孩子。

拉丁美州裔之所以成为美国分布最广泛的民族，在于他们的高出生率和庞大的家庭。但是如今越来越多的拉丁美洲裔决定和 Rosa 一样选择生更少的孩子。

家庭伴随人类很长时间了，男女经过婚嫁之后，便算“成家”。家庭是每个人成长和赖以生存的地方，是人们身体和心灵最好的休憩之地，是多数人情感的最终归宿。但各种原因使得家庭的结构、特征正在发生变化，比如妇女越来越多地走进职场，既承担职场角色，又承担家庭角色。

家庭是社会组织结构的最基本单元，也是大多数人参与社会实践的必要条件。首先，家庭担负着人口的生产和再生产、儿童的社会化、提供基本生活保障和安全感等重要功能，是稳定社会的重要力量；其次，家庭的存在使得社会组织、社会管理和社会控制的成本与难度大大降低，是高效的社会组织化单位；再次，家庭还是文化传承的重要途径和进步的动力。

1. 家庭是自然关系和社会关系的统一

家庭区别于其他社会组织的特征之一，即它由男女两性通过婚姻构成，并以婚姻为

---

① 彭怀真．婚姻与家庭［M］．台北：巨流图书公司，1996：169.

依据。

家庭是以两性结合为基础，并且是男女两性依一定的法律、伦理和风俗的规定而建立起来的两性关系，为一定的社会制度所确认，从而成为婚姻关系。一方面，家庭中的男女两性关系是一种自然关系，是男女两性的生理结合。另一方面，家庭中男女两性关系也是一种社会关系，是以生理结合为自然基础的社会结合。苏联学者谢苗诺夫认为："婚姻关系包含性关系，但绝不归结于此。婚姻是两性关系的一定社会组织，它必须以结婚双方负有一定的为社会所承认的权利和义务为前提。"婚姻是为一定的社会条件下的道德法律所承认的两性结合，自人类摆脱血亲杂交的两性关系以来，风俗、伦理和法律便成为维护两性关系的规范化、制度化的主要手段。因此，家庭既是自然的结合，又是社会的结合。

2. 家庭是一个历史范畴

家庭这类社会组织，并不是从来就有、一成不变的，和其他社会组织一样，家庭是人类社会发展到一定历史阶段的产物。家庭的职能、性质、形态和结构都随着生产方式的变化而变化，同时又影响着一定生产方式的发展。家庭有不同的形态，各种形态都打上不同时代的记号。如果说人类依次经历过蒙昧时代、野蛮时代、文明时代三个时代，那么血婚、伙婚等群婚制家庭与蒙昧时代相适应，而偶婚制家庭产生于蒙昧时代与野蛮时代交替的时期，一夫一妻制家庭则出现在野蛮时期的中高级阶段，标志着文明时代的到来。当然，一夫一妻制家庭也会随着社会制度的进化而发展。所以任何一种家庭形态的产生和发展都是以社会生产力的发展为基础的。

3. 家庭是一种社会制度

家庭的构成和存在并非任意的、随心所欲的，而是具有一定的规范和准则。家庭是一种社会制度，是社会的基石。包括婚姻制度在内的家庭制度被认为是一切制度中最普遍、最基本的制度之一。这种制度的根本目的是为了社会的稳定，不仅仅是对男女感情的约束，更是一个社会责任、法律责任、道德责任和情感责任的综合体。婚姻自由仅仅是赋予男女之间的一种权利，但这种权利不应被夸大和误解，否则，婚姻制度存在的必要性就丧失了。婚姻自由的另一层含义在于区别封建传统婚姻对成年人自由权利的限制。今天，法律面前人人平等已经成为共识，而成年人作为完全民事主体的法律认知是被公认的。

2.2 家庭结构

家庭结构是我们分析和理解家庭问题时经常采用的一个角度。简单地说，家庭结构就是指家庭的构成情况，它是由全体家庭成员相互作用和相互联系所组成的稳定的整体性关系模式和维系机制。对于"家庭结构"的认识，人们有不同的理解。有人认为"家庭结构是家庭的表现形式"，又有人认为"家庭结构是家庭成员的组合形式"，也有人认为"家庭结构是由代际结构与人口结构所组成的"。我们这里所讲的家庭结构，是在婚姻关系和血缘关系的基础上形成的共同生活关系的统一体，既包括代际结构，也包括人口结构，是两者的结合形式。

（1）按家庭的规模分类，可将家庭分为大家庭、小家庭和单身家庭三种类型。至于多少成员算大家庭、多少成员算小家庭，一直没有统一的标准和界限，只是在比较中确定家庭的大小。单身家庭可以看作是变异家庭的一种，即只有一个人的家庭，如鳏夫独居、寡妇独居、离婚独居、孤儿或未婚独居的家庭。严格来说，一个人组成的家庭不能算作家庭，但在家庭统计中常常把这种情况也归为一种家庭类型。

（2）按家庭中的代际数量和亲属关系的特征分类，可将家庭分为夫妻家庭、核心家庭、主干家庭和联合家庭。夫妻家庭是指只有夫妻二人组成的家庭，包括夫妻自愿不育的丁克家庭、生育有子女但子女不在身边共同生活的空巢家庭以及尚未生育的未育夫妻家庭等。这类家庭以夫妻二人的感情生活为中心，对感情的要求较高，向其他家庭转变的可能性较大。核心家庭是指由一对父母和未婚子女组成的家庭。核心家庭结构比夫妻家庭复杂一些，不仅仅以夫妻二人的感情生活为中心，还包括和子女之间的相处。帕森斯归纳出一个社会学命题：随着社会的现代化进程，核心家庭在各种结构形式的家庭中的比例呈现上升趋势。核心家庭已成为现代社会占主流的家庭结构形式。主干家庭是指由两代或两代以上夫妻组成、每代最多不超过一对夫妻且中间无断代的家庭，如父母和已婚子女（或者再加其他亲属）组成的家庭。主干家庭的结构和相应的家庭关系要比核心家庭复杂得多。联合家庭是指由一对父母和多对已婚子女（或者再加其他亲属）组成的家庭。联合家庭曾经是中国人的梦想，人们常常用“子孙满堂”来表述长辈的成功与幸福。有人指出，中国传统社会以大家庭为主，这其实是一种误解。人们确实是以大家庭为理想，但并未普遍存在过所谓的大家庭。事实上，所谓的大家庭主要存在于世族门阀之中，而这样的家庭毕竟是少数；绝大多数庶民是以核心家庭或者主干家庭为主的小家庭，扩大家庭式的大家庭并不存在。这是对传统家庭的理解，现代的家庭模式已经远远超出简单的三分法，并正向更加多元的方向发展。

2.3　婚姻状态

1874 年，法国作家雨果在《九三年》一书中借主人公之口阐述了未来理想社会男女关系的平等模式。法兰西大革命期间，两个为着推翻君主制度，建立理想共和国而并肩战斗的战友，在牢里进行最后的对话。这两个人一个是因人道的理由放走敌人而被判处死刑的郭文，一个是代表革命政府判郭文死刑的审判官西穆尔。临刑前，西穆尔怀着极其复杂的心情来看望老友郭文，在最后的时刻，他们讨论理想中的共和国模样：

郭文：“那么女人呢，你怎样安排女人？”

西穆尔：“没有变动，仍然是男人的女仆。”

郭文：“好。可是有一个条件。”

西穆尔：“什么条件？”

郭文：“就是男人要做女人的男仆。”

“你这样想吗？”西穆尔叫起来，“男仆！不可能。男人是主人。我只承认一种君主制度，就是家庭里的君主制度。男人在他自己的家里就是一个国王。”

"好。可是有一个条件。"郭文说。

西穆尔："什么条件？"

郭文："就是女人在家里是一个王后。"

西穆尔："这就是说，你想使男人和女人的地位——"

郭文："平等。"

西穆尔："平等！你这样想吗？男人和女人是不同的。"

郭文："我说的是平等，我没有说相同。"

第二天，当太阳升起的时候，这个主张在理想的共和国中男女平等的革命者郭文倒在断头台上，同一时刻，痛苦不已的审判官西穆尔对着自己的胸膛开了一枪。

然而，100 多年以后，以法律的形式，它在许多国家被实现了。雨果的思想依然光芒闪烁，尤其是那句"我说的是平等，我没有说相同"是多么深刻。因为这是婚姻存在并维系的基础。

（资料来源：王周生．南方日报，2004－03－08）

在人类历史长河中，婚姻并不是自始存在和永恒不变的，它是人类社会发展到一定阶段的产物。婚姻是什么，不同时代的学者能够得出不同的结论。在罗马帝国时期，《查士丁尼法学阶梯》认为，"婚姻是一男一女永续共同生活为目的之结合"。婚姻以当事人共同利益为主。婚姻是夫妻双方彼此自愿的结合，也可因离婚而解除。马克思认为，婚姻是一种特殊的社会关系，其本质属性是社会性。"形成和支配婚姻这种人类两性结合形式的本质力量，是社会力量。"我国著名社会学家费孝通先生在论及婚姻的意义时指出："婚姻是人为的仪式，用以结合男女为夫妇，在社会承认之下，约定以永久共处的方式来共同担负抚育子女的责任。"

婚姻是指男女双方依照习俗、法律的规定，结为夫妻关系的一种社会制度，是两性结合的社会形式。它不仅具有生理的自然属性，同时还具有受社会制度约束与管理的社会属性。在我们的生活中，还没有什么能比婚姻更能令人大喜大悲的。乐观的人认为，婚姻为家庭、个人提供了发展的可能性，婚姻让家庭更温馨；悲观的人认为，婚姻是一种束缚，是一种冒险。所以很多人将婚姻视为"围城"，既有诱惑，又想逃离。甚至有人抱怨，我们的婚姻确实出于爱情，但婚后却没有沐浴在爱河之中，反而感到倦怠。那么人们为什么要结婚，又如何使婚姻生活能充满爱的活力，使家庭固若金汤。婚姻对人类社会具有特殊的意义，它不仅直接影响到每一社会成员的生存质量、生活质量及生命质量，而且关系到整个社会能否健康协调与可持续地发展。

1. 结　婚

家庭的基础和根据是婚姻，家庭从婚姻开始，婚姻是家庭成立的标志。虽然结婚就是泛指夫妻关系的确立过程，但是如果考虑到不同社会中婚姻的含义不同，对结婚自然也存在不同的理解方式。结婚至少包括两个层面的含义：法律层面和习俗层面的结婚。法律层面的结婚是指男女双方按照法律的规定确立夫妻关系的过程，而习俗层面的婚姻则是指男女双方按照传统的社会习俗确立婚姻关系的过程。这两个层面的结婚可以重合，也可以不重合。

我们都知道，法律对婚姻的制度的规定是近代社会才有，而在过去，婚姻基本上是由民间习惯来进行调节的。在我国，虽然现代的国家法律对婚姻进行了严格的立法干预，但却难以完全取代习俗的作用。特别在农村地区，时至今日仍然常见农村地区男女结婚时不到国家相关机构登记，而是按照当地的社会习俗进行结婚仪式来确立婚姻关系的。

2. 离　婚

我国有关离婚的规定衍生于礼制。在辛亥革命之前，离婚主要采取休妻、义绝和离异三种形式。为了维护封建神权、族权、父权和夫权统治与稳定家族秩序的需要，古代离婚制度实行禁止妇女单方面离婚的规定，同时也对男方的休妻行为做了相应的限制。出于“家丑不可外扬”的考虑，加之男方具有纳妾的权利，许多家庭保持名存实亡的婚姻关系，使得当时的离婚率较低。

辛亥革命之后至新中国成立之前，受到西方文化的冲击，我国虽然已经出现了以双方自愿离婚和判决离婚为主的近代婚姻制度，但基本上还是承袭传统的封建主义内涵，已婚妇女的离婚权利得不到保障。而现代人的观念认为，夫妻之间的婚姻关系是一种契约关系。既然是一种契约关系，就可以通过法律的途径解除婚姻关系。从社会学角度来看，离婚被认为是“社会所承认的夫妇关系，在事实的层面上永远的破碎”。从这个层面上看，就存在实质离婚和形式离婚。实质离婚即婚姻生活中的夫妻双方没有真实地以对方为配偶的情感，彼此关系冷淡，仅仅只是维持夫妻的名义；形式离婚即夫妻双方根据法定程序将已存在的婚姻关系加以解除的法律行为。

3 政　治

3.1 权　力

法国前总统夏尔·戴高乐曾说道：“我得出一个结论，政治这个问题太严肃，不能交给政治家来打理。”我们都应该将政治作为一个严肃问题来看待，因为它有可能降低或者提升我们的生活质量。权力作为一种特殊现象，给人类社会带来巨大的利益和辉煌，带来了人类所创造的高度的物质的、精神的文明，这是权力带来的结果，所以文明选择了权力。古往今来存在很多人都不可避免地去羡慕权力的现象，向往拥有权力行为，同时，权力也曾经给人类造成了深重的灾难，历史上有多少暴君、统治者给人类发展带来巨大的阻力和灾难。

我们很多人只要一讨论政治问题就会马上陷入无休止的激烈争论中。在生活中，绝大多数人都对政治问题感兴趣，都关注世界政治、国内政治，说到底就是关注权力问题。政治指个人和群体寻求和行使权力、权威的社会过程，是上层建筑中各种权力主体维护自身利益的特定行为以及由此结成的特定关系。社会上小混混找小学生的麻烦、政府平息一场抗议等都是体现权力的例子。社会学认为，权力是指产生某种特定事件的能力或潜力；许多心理学家视权力为人们行动和互相作用中一个重要的基本的动机；还有人认为，权力就是一种与理解的预测行为特别有联系的动机。这些定义均没有揭示权力的真正本质。人为了更好地生存与发展，必须有效地建立各种社会关系，并充分地利用各种价值资源，这就需要人对自己的价值资源和他人的价值资源进行有效的影响和制约，这就是权力的根本目的。总之，权力的本质就是主体影响和制约自己或其他主体价值资源的能力。

1. 权力源于阶级斗争

阶级斗争理论是马克思、恩格斯于 1848 年在《共产党宣言》里提出来的，后经列宁、毛泽东等人不断发展完善。马克思等没有直接指出国家权力来源于阶级斗争，但其有关论述及进行阶级斗争的实践体现了这一观念。该理论认为：国家是社会经济发展到一定历史阶段的产物。恩格斯指出，国家并不是从来就有的，历史上曾经有不需要国家和不知国家为何物的时期，国家只是经济发展到一定阶段使社会分裂为阶级时，才成为必要并因此而产生的。国家不是从外部强加给社会的某种神秘力量，既不是神意的体现，也不是权力的让渡。“国家是社会在一定发展阶段上的产物”，它表示“经济利益互相冲突的阶级，不致在无谓的斗争中把自己和社会消灭，就需要有一种表面上驾于社会之上的力量，这种力量应当缓和冲突，把冲突保持在‘秩序’的范围以内。这种从社会中产生但又自居于社会之上并且日益同社会相异化的力量，就是国家。”

2. 权力主体

权力主体是占有或行使权力的个人或团体。权力主体主要指国家，即作为统治阶级工具的政府。此外还包括政党、政治社团以及政治个人。在现代社会，占有权力的主体可能并不行使权力，这主要是由于代表制的形成使得权力的所有者与行使者分离开来。

3. 权力客体

权力客体指接受权力作用的群体或个人，权力主体与客体的关系是相对的。个人或团体在某个范围或行动中表现得强有力，而在另一个范围或行动中就可能相对软弱。在现实政治关系中，无论是在国内政治中还是国际政治中，这种现象都是常见的。即使在同一范围内，随着时间的推移，权力主体与权力客体的位置也是可能会互换的。

4. 权力的作用方式

权力的结构与政治主题的结构有着密切的联系，因此，权力的作用方式建构在权力结构与权力主体的结构之上。

第一，权力作用的方向和方式。权力有一个指向问题，即权力运作轨道。而权力作用无论采取什么方式，都充实或支撑着这一轨道。否则，权力的指向性就是抽象的。

第二，权力运作的时间性。时间是衡量权力作用的坐标。就某种具体的权力来说，如果在一定时间不能为最终的权力客体所接受，这种权力就化为乌有。要保持某种权力的连续性，就要随着时间的推移，不断地对其进行能量补充。资本主义国家定期大选，中国定期的党的代表大会都是补充权力能量的过程。

第三，权力作用的结果。权力作用的结果与权力作用的反射、权力的层次及时间都有密切的联系。权力作用的结果大致有以下几种情况：全部吸收或基本吸收；大部分吸收，少部分反射；少部分吸收，大部分反射；全部或基本上反射。

5. 政府组织形式

政府组织形式即特定的国家采取何种原则和方法去组织旨在治理社会、维护社会秩序的政权机关。组织政权机关，特别是组织中央政权机关的原则和方式，显示着特定国家的国家形式。作为政权组织形式的国家形式，是与国家本质即国体直接相对应的概念，间接地体现着国家统治集团的意志和利益要求。

6. 共和制

国家的最高权力由选举产生，并在有一定任期的国家机关或公职人员手中，而且国家的权力机关和国家元首由选举产生并有一定任期的政权组织形式。共和政体区别于君主政体，而且是作为君主政体的相对面而存在的。共和制按国家政府组织形式可以分为以下五类：

（1）内阁制国家。

内阁制国家是一种内阁总揽国家行政权力并对议会负责的政体形式，与总统制相对。内阁制是以议会为基础而形成的。内阁的成员由内阁的首脑从与其政见相近的议员中挑选，或由参加内阁的各党派协调分配名额产生，然后提请国家元首任命。国家元首只是在名义上代表国家，执行一些礼仪上的活动，并无实际权力。国家的实际权力在内阁，由内阁代表国家元首向议会负责。首相（或总理）是内阁政府首脑，主持内阁会议，总揽政务，拥有任免内阁成员和所有政府高级官员的权力，负责制定和执行国家对内对外的重大方针政策。由于各国的情况不同，宪法赋予首相（或总理）的权力大小也不尽相同。议会内阁制这类政体的国家有意大利、德国、希腊、印度等国家。

（2）总统制国家。

总统制国家。总统制国家以美国为典型，是由总统担任国家元首和政府首脑的资产阶级共和国政府的一种组织形式，由选民分别选举总统和国会，由总统担任国家元首，同时担任政府首脑的制度。美国是最早实行总统制的国家，它实行立法、司法、行政三权分立并互相制衡的制度。总统既是国家元首，又是政府首脑，还兼任武装部队总司令。总统直接组织和领导政府，政府不对国会负责，只对总统个人负责，总统有权接受部长的辞职或解除其职务。内阁由总统指定的官员（通常为各部部长）组成，只是总统的集体顾问。国家的立法机关和行政机关完全分立，权力相互制衡。议员和政府官员不得相互兼任，国会无倒阁权，政府也无解散国会的权力。但国会行使立法权受总统的制约，如美国总统对国会通过的法案可行使否决权，但国会再以 2/3 多数通过，则不经总统批准即可成为法律。当然总统的权力也受国会的制约，如总统对政府高级官员的任命要得到参议院的认可，总统和政府高级官员如违宪犯法，国会可提出弹劾。

半总统制国家。半总统制国家由总统制衍变而来，国家元首（总统）和政府首脑（首相或总理）分设，由不同的人担任，都负实际政治责任；议行混合，国家元首和议会都由人民直接选举，议会中的多数党组阁，推举首相或总理；议会有倒阁权，但不能直接罢免总统。半总统制的代表国家是法国、俄罗斯等。

（3）议会制国家。

这是民主政治制度的一种，也称议会民主制或内阁制，其政府首脑的权力来自议会（或国会）的支持，而这种支持通过两种途径落实：第一是国会改选后的多数议席的支持，第二是行政首长赢得国会的信任投票。因此，所属政党未能赢得国会大选的政府首长连同其内阁必须提出辞职，而未能通过国会信任投票的政府首长，连同其内阁也必须辞职。最后，由国会重新在席位居多数的党派中协商选举产生新的首脑与内阁。

（4）委员会制国家。

委员会制国家又称合议制，代表国家为瑞士。国家最高行政机关是由联邦议会两院联席会议选出委员组成的联邦委员会；联邦委员会委员多数选自议员，但一旦当选，须辞去议员职务，不得兼任其他公私职务；委员实行集体领导、集体议事和集体负责；每年从7名委员中选一名做联邦主席和一名联邦副主席，事实上，主席和副主席按照进入联邦委员会的先后顺序，轮流担任，任期1年，不得连任；联邦主席对外作为国家元首行使元首在外交礼仪方面的职权，对内兼任政府首脑，负责主持联邦委员会会议，但无裁决权，也无权解散议会。

（5）国务院制国家。

这是具有中国特点的政府组织形式。国务院是最高权力机关的执行机关，对全国人大及其常委会负责并报告工作；国务院由每届全国人大一次会议产生，实行总理负责制；总理由中国共产党依照法定程序推荐，由国家主席提名，经全国人大投票半数通过，由国家主席任命产生。总理召集和主持国务院全体会议及国务院常务会议，重大问题须经全体会议和常务会议讨论；国务院的其他组成成员也均由党中央推荐，总理提名，全国人大代表投票半数通过，国家主席任命。它还具有执政党和政府在国家行政管理活动中共同发挥管理主体作用的“政府管理主体结构二元化”的特征。

7. *君主制*

君主制国家的最高权力在实际上或名义上掌握在君主个人手中，君主终身任职并且实行世袭的政权组织形式。君主制由君主（包括国王、皇帝、天皇、苏丹等）担当国家元首。君主实行终身制，并且是世袭的。这种政治制度已有四五千年的历史，古代的奴隶制国家、封建制国家多实行这种专制制度。现在世界上，沙特阿拉伯、科威特、摩洛哥等还保持这样的政府组织形式。

（1）君主专制国家。

君主专制国家是实行君主独裁的政体形式。君主拥有无限的权力，他的意志就是国家的法律，臣民必须绝对服从。君主依靠官僚军事机构，维护其专制统治，对人民进行残酷的剥削和压迫。我国是世界上实行君主专制历史最长的国家之一。

（2）等级君主制国家。

这是欧洲中世纪时西欧封建国家的君主借助等级代表机构实行统治的政体形式，是封建割据向封建中央集权过渡的政权形态。主要特征是：在国王之下设立由国王召集，由贵族、僧侣和市民等代表参加的等级代表会议。等级代表会议是君主的立法咨询机构，是君主、贵族、市民等上层分子的政治联盟形式，是反对封建割据和加强王权的工具。自 13 世纪起，西班牙、葡萄牙、德国、英国和法国等先后实行等级君主制，法国是等级君主制的典型。

（3）君主立宪制国家。

二元君主制国家。在这种政体形式下，国家虽然也制定了《宪法》，设立了议会，但君主仍然保持封建专制时代的权威，集立法、行政、司法和军事大权于一身，是权力中心和最高的实际统治者。《宪法》往往是钦定的，是君主意志的反映；议会是君主的咨询机构，立法权是形式的，君主不仅拥有否决议会立法的权力，而且还通过任命或指定议员控制议会；内阁是君主行使行政权的机构，首相由君主任命。二元君主制产生于资本主义发展较晚、封建地主阶级长期拥有巨大势力的国家，是资产阶级与地主阶级联合专政的一种统治形式，较议会制、君主制带有更多的封建专制君主制的色彩。

议会君主制国家。这是以议会为国家最高立法机关和国家最高权力机关，君主不直接支配国家政权的政体形式。在这种政体形式下，内阁必须从议会中产生，通常由议会中的多数党或政党联盟组阁，并对议会负责，君主只履行任命手续。内阁如失去议会信任，则必须辞职或提请君主解散议会，君主也要例行公事表示同意。君主是“虚位元首”，仅仅是国家象征。第二次世界大战后，实行这一政体的国家有英国、荷兰、卢森堡、比利时、瑞典、日本、泰国等。

3.2　国家与社会

一般来说，人们主要在如下几层含义上使用“国家”概念：其一，地域概念，指特定地域之内的自然和人文的统称单位。人民、领土和主权是构成国家的三要素。其二，人口和民族概念，指以人口和民族为基础所形成的社会共同体。其三，政治概念，指在一定疆域之内建立主权并通过一系列制度实施权威公共权力的机构。一般来说，以第三种含义来理解国家的概念占主流。

黑格尔认为：“虽然市民社会与国家相互依存，但又是处于不同层次，国家高于市民社会，并对市民社会不自足的状况进行救济抑或干预，从而肯定了国家对建构市民社会的积极作用，在某种程度上否认市民社会对建构国家的正面意义。”我国提出“市民社会理论”的根本宗旨是为追求政治民主化，为打破全能政府行使，将私人领域从国家控制中解脱出来。

1. 国家与社会相对而存在

国家与社会相对而存在是一个现代现象。在中国的古代，国家与社会完全是一种自然而然的状态，国家的至高权力难以伸展到社会阶层，而社会力量也很难限制国家的权力。因为人类的生产力水平有限，物质资源匮乏，在产品满足人们最低水平的生活需求时便所剩无几。因此，国家很难形成一个全方位，即现代社会从中央到基层社会的权力控制体系。在我国古代，有“皇权不下乡”的说法，并非皇权不愿或不想下乡，而是皇权下不了乡，因为皇权控制的资源非常有限。皇权的控制权主要是通过层层官僚来体现，所以皇权真正管理社会的能力是有限的，常言道“山高皇帝远”便是对这种自然状态的真实写照。

这种限制国家权力，使作为统治阶级的政党不能随意支配公民社会，只能行使公民交付的权力，公民有一定的自由和倡导民主社会的“国家—社会”二元体系是一种现代现象，是伴随着国家社会的发展而产生的。这样的体制源自18世纪的欧洲，经过资产主义的长期发展，资产阶级取得了国家的权力。资产阶级以保护财产的名义，要求国家权力尊重公民的财产权，以此推动垄断性国家的分享进程：资产阶级在民主宪政体制下，享受财产权带来的较高私人生活品质；而国家则以资产阶级的公共领域为核心，管理社会公共事务，以便有限限制国家权力，使其不能侵犯资产阶级的财产权利。这样的国家运行模式最后延伸到所有公民身上，形成了国家权力的基本逻辑。公民们围绕财产权带来的脱离国家强制性控制的个人自由，组成了保护自己利益、约束国家权力、展现公共精神的社会组织，构成了一个以权力限制权力、以权利限制权力、以社会限制权力的规范体系，从而将国家权力严格规范起来，将社会权力/权利有效保护起来。

2. 国家与社会有效分化

在社会建设过程中，国家必须承诺社会的独立空间，并给予社会自我管理法律保障、资源配置和效用承认；同时，社会建设必须在自主、自治与自律的平台之上，成为与国家权力各显其能的空间。前者需要国家精心培育社会，后者需要社会确立理性精神；前者需要垄断型国家让渡社会空间，后者需要社会捍卫自身的活动空间；前者需要国家保持克制态度，后者需要社会对国家权力保持警惕，如此等等，才能成功塑造出一个国家与社会划界而治的现代结构。

3. 国家与社会积极互动

社会的自主与自治，是需要丰富的资源供给才能实现的。社会自治需要的资源，虽然社会可以自己筹备相当部分，但不管是社会利益组织活动的资源自筹，还是社会公益组织的公共捐献，仅仅只能满足社会自治的部分资源需求。国家必须在发挥其社会治理功能的前提条件下，对社会自治提供需要的资源份额。国家之所以必须为社会自治提供所需要的资源，一方面是由国家的性质所决定的，因为国家必须履行宏观管理社会的责任；另一方面则是由国家的职能所决定的，因为国家除履行相应的公共决策职能外，还必须履行相关的社会职能；再一方面，更是因为国家必须在自己无法有效供给某些公共服务的情况下，要向社会组织购买相关服务，以满足社会的相关需求。因此，国家提供给社会以资源，并不是显示国家的合道德性，而是国家呈现其基本功能的必需。不是说存在一个自治的社会空间，国家就可以对社会不闻不问。

在一个垄断型国家中，国家权力习惯于为民做主，同时也就相应习惯于任由政府的意志行事。在一个民主的国家中，国家必须尊重社会的存在与运行，将公民自治的权利作为国家权力合法性的前提，而且政府的所有决策都必须建立在尊重公民权利的基础之上。一个为人所期待的状况是，国家乐于让社会自治，从而使国家专心致志地处理公共事务；社会不仅自主地处理好公民间的各种事务，而且积极关注国家层面的公共事务，国家与社会处于一种积极互动的良性状态中。

4 教　育

4.1 教育的社会学理论

马克思关于阶级冲突和社会变迁的观点，直接成为 20 世纪 70 年代西方“新马克思主义”教育理论的基础；涂尔干关于教育的功能、教育与社会变迁的关系，为教育社会学奠定了学科基础；韦伯关于社会行动的类型划分，则直接影响了后世对教育研究中人的行动分析。后来诸多研究者从这些开创者们的著作中源源不断地吸取营养，形成了多种多样的教育社会学理论。从理论取向上来说，这些理论大体可以归为功能论取向、冲突论取向和互动论取向。

1. 功能论取向

教育社会学奠基人之一涂尔干，是早期功能主义的代表人物。早期功能主义关注的焦点是社会秩序，强调社会的稳定与和谐，反对激烈的社会变迁，认为教育的主要功能是为专门化的社会角色提供训练有素的能力，即“社会化”和“选择”功能。社会化的功能就是要通过学校教育的途径，培养社会成员具有共同的信念、共同的集体意识和统一的价值标准，促进社会团结。选择功能是指教育促进社会分化和分工，通过教育各个不同个体被分配到各个不同岗位，教育起着为社会筛选人才的作用。

功能主义充分肯定教育在社会阶层与社会流动中的重要作用。功能论取向的学者们基本是在现代化的理论框架之内，认为教育是个体的自致性因素，对教育的高回报是基于社会的功能必要性。这一看法与教育经济学中的人力资本理论观点殊途同归，都认为教育使人获得重要技能，正是这种技能使得获得较高教育程度的人能得到较高的社会地位。

2. 冲突论取向

冲突论者对功能论者提出的“功能必要性”进行了严厉的批评，其核心论点是认为教育的首要作用是地位再生产。基于不同理论传统，对这一再生产机制则有不同认识。新韦伯主义代表人物之一的柯林斯提出了文凭主义。柯林斯认为文凭主义早于资本主义经济结构成型，它是美国各种族之间冲突的结果。一开始，不同群体可能建立文化隔离的学校，如早期英国殖民者及其后裔就曾为保护清教文化免受移民浪潮的冲击，建立了最早的美国公立学校制度。后期，中学为了使学生进入较好的大学，学院与大学为了使毕业生获得较高的社会地位，积极努力争取排名，学校彼此间就相互模仿课程，逐步形成一致化的垂直阶层体系。因此，特定群体的文化渐渐转变成抽象的学历，文凭也从学校内部组织开始慢慢地渗透到职业结构。

3. 互动论取向

教育互动论主要运用互动论的理论视角来解释教育活动和教育现象，它与教育功能论和教育冲突论的主要区别在于：教育互动论是微观教育社会学理论流派，而功能论和冲突论都属于宏观教育社会学理论流派。

（1）符号互动论。符号互动论的教育研究所关心的主要问题是：师生角色观念是如何形成的？师生的角色扮演与情景定义的关系如何？因此，其基本内容有师生的自我概念、师生的角色观念、师生的角色扮演以及情景定义的产生和维持等。

（2）拟剧性互动论。拟剧性互动论注重分析个体间秩序性的互动和际遇，主要包括：自我的呈现、互动的策略、印象管理的艺术、人际交往仪式的意义以及对于互动情景的界定和区分等。在伍兹看来，师生之间是一种典型的冲突型的互动模式，互动中的学生与教师有着截然不同的个人目的。师生双方在互动过程中往往会运用各种策略，经历不断的冲突、斗争和协商，以达到各自的目的。“确认、解释、推断和选择等行动的持续性维持了一种动力，在具有冲突本质的人际关系中，这种动力使人与人之间的相互作用成为最重要的因素”，因为人人都试图为自己获得最大利益。因此，在学校，人们可以看到整天都存在着一次又一次的协商。

（3）互动主义想象学。英国教育社会学家麦克·扬在 1971 年出版的作为“新教育社会学”产生标志的《知识与控制：教育社会学新探》一书中，集中阐述了他关于教育中的知识和能力的社会建构性质的观点。他认为知识的增长和获得，与知识的逐渐分化是并行的。某些社会群体的知识通过正规教育机构的建立而被赋予更高的级别和更高的价值，并且由这样的教育机构将这些只是“传递”给社会中经过特别选拔的人。他把课程变化看成是知识定义的变化，这种知识定义的变化和社会分层、专门化以及知识组织的开放程度和取向是一致的。他认为，学校对于能力的分类隐含着一种假设，即抽象的知识是高级的知识。学校是根据这一假设对学生进行能力分组的：那些能够进入教师的抽象知识领域的学生被认为是优秀的学生，他们将接受学术课程的学习和训练；而那些知识水平仍处于常识层次的学生被认为是失败的学生，他们将只能接受非学术性课程的学习和训练。

4.2 教育组织模式

有观点认为，教育组织就是松散地结合在一起的体系，因为其中不同的部分，如不同的系、所等都有相当大的自由权［古德兰（Goodlad），1987；泰勒（Tyler），1985］。这种观点有较大争议。教育有着它自身规范、合理、灵活的组织模式。学校是由科层化行政组织与扁平化的专业组织构成的人才培养机构，两者相互作用、相互影响形成了学校内部复杂的管理组织结构系统。前者主要致力于协调学校内部组织之间及其与外部的政治、经济以及社会组织之间关系，而后者则是主要致力于协调人在成长与发展过程中所遇到的各种各样的矛盾冲突关系。学校组织虽然是一个专门性的人才培养机构，但是它与政府、企业以及其他的社会组织一样，同样也是由具有追求政治利益与经济利益本性的人组成的。因此，在学校组织内部亦需要建立一种理性科层制度来规避有人类行为中存在的一些消极本性，提高劳动生产效率。学校科层组织系统主要包括教学管理组织、德育管理组织、科研管理组织、人事管理组织与总务管理组织等。其中，每一类科层系统都可以划分为三个垂直层次：最高层是决策层，中间层为管理层，最底层为执行层。决策层主要是由党（包括共青团、少先队）、政、工三大部门的主要领导构成的，管理层主要是由学校各职能部门的领导组成的；执行层主要是由各个学科组与年级组构成的；扁平化专业组织是学校管理组织内部劳动分工的产物，其主要解决的是技术效率与专业效率问题，而不是行政效率。扁平化专业组织是以学科与专业为核心建立起来的专业组织机构，它主要包括教学组织、科研组织与学习组织三种类型。教学组织主要是由学科组与备课组构成的。科研组织主要是由参与到不同科研任务中的人员构成的。学习组织主要是由不同年级、班级与兴趣小组的学生构成。这些组织的共同特征是没有明显的等级隶属关系，都直接与学科、专业的发展相联系。

4.3　教育的社会议题

1. 媒体素养教育

进入 21 世纪，伴随着新媒体的多样化，传媒的外延已发生了很大的变化，既包括电视、电影、报纸、广播、杂志、电子游戏等传统大众传播媒体，也包含新兴的互联网、手机通信等新媒体以及户外媒体等。媒介信息已经如同阳光、水、空气一样成为人们生存的必需品。人们生活在这样一个传媒营造的媒介生态环境中，在享用传媒带来的利益的同时，也在接受着传媒对自己的价值观念和生活方式的深刻影响，在人与传媒的互动中塑造着公共生活中个人、家庭、学校以及社会共同体。除学校教育外，媒体已成为青少年学生和社会大众最重要的知识信息来源。

数百年来，由于社会上各种信息的传播途径主要是报刊、书籍，所以我们一直把识文断字视为社会文化人的基本素质。然而，当社会发展到今天的信息时代，以视觉为中心的视觉文化符号传播系统正向传统的语言文化符号传播系统提出挑战，并使之日益成为我们生存环境的更为重要的部分。这意味着人类思维范式的一种转换，以此对社会文化人提出了新的素质要求，即媒体素养。它是一个人认识、评判、运用传媒的态度与能力，是指人们面对传媒各种信息时的选择能力、理解能力、质疑能力、评估能力、创造能力、制造能力、思辨性反应能力等。

由于媒体事业迅猛发展，今天的人们是生活在被媒介信息所包容的世界里。有资料表明，现代中国人一天所接触到的各种信息量，相当于 20 多年前的一个月甚至更长的时间所接触的信息总量。而且信息语言、信息传播方式、传播途径以及传播效果都与从前大不一样。特别是随着电视的兴起和大众媒介的普及，媒体已经成为中国儿童和青少年乃至成年人的第二教育课堂，家庭教育的角色得到进一步的弱化，甚至也威胁到学校教育的权威地位。媒体对现代文化塑造和人们价值观念的形成起到不可估量的作用。媒体不仅在教育着儿童和青少年，同时也在教育着社会中的每个成员。“媒体素养教育”或“媒体教育”有别于培养媒体从业人员的媒体专业教育，教育对象的主体是全体公民，教育目标在于培养全民具备思辨与产制资讯的能力，可以以批判性的角度去解读媒体信息。

2. 教育公平问题

教育公平的观念源远流长，追求教育公平是人类社会古老的理念。从历史上看，古希腊的大思想家柏拉图最早提出教育公平的思想，亚里士多德则首先提出通过法律保证自由公民的教育权利。在两千年前我国古代的大教育家孔子也提出“有教无类”的朴素教育民主思想。

教育公平的发展有一定的相对性。这是因为，在这个世界上不存在不受限制、完全意义上的绝对公平，它必然依赖一定的社会条件的存在，受社会生产力的发展水平和人们对教育公平观念的认识程度的影响。原始社会的教育公平是一种涉及全体成员的低层次的公平；在奴隶社会和封建社会，教育则成为一种特权，被局限于一小部分人中间，广大劳动人们的子女极少有受正规教育的权利和机会；工业社会以来，教育才逐渐走向大众，人们对教育公平的认识才慢慢经历了从起点的公平、过程的公平到结果的公平。因此，教育公平是人们追求的永恒理念，是人类奋斗的方向与目标。

教育公平与教育效率是统一的。在社会现代化的发展过程中，公平与效率往往处于难以兼得的冲突状态。教育发展也面临着类似的困境。但与社会、经济领域不同的是，教育领域的这一矛盾有其自身的特殊性。研究表明，在教育阶段，这两者的目标是高度重合的。即在不同的发展阶段中，教育公平问题的特征和重心是不同的。在发展初期，最重要的是普及教育，保障广大儿童平等地接受教育的权利。在教育初步普及之后，追求的是教育过程中的公正待遇和更高的教育质量，即对教育品质的追求。因此，在教育权利平等的前提下，我们还必须经过高度筛选、分流的教育制度，着重考虑经济的合理性，要求在资源配置和教学过程中平等地对待每一个学生，让他们享受平等的教育；同时，又以承认个体差异、发展的不平衡为前提，给每一个儿童提供另外不同的教育，使其个性得到充分的发展，从而最终保证他们教育过程中的公正待遇和教育质量。

3. 成人教育

按教育学的观点来看，当一个人进入成人期就意味着他的认知能力和学习能力达到了成熟的水平，比如能够运用经验去认知周围的事物、能够自导学习的过程等。按心理学的角度来看，成人指能够独立地指导和控制自己行为和活动的人，因此，在制订和实施成人教育计划时，成人的自学能力是一个重要的考虑因素。

成人教育是整个有组织的教育过程，不论其内容、水平、方法如何，是正规的或非正规的，不论延续或是取代学校或大学进行的初步教育以及在企业的学徒训练，通过这个教育过程，均能使成年人增长能力，丰富知识，提高技术和专业资格，或使他们转向新的方向，在人的全面发展和参与社会经济、文化的均衡而独立发展两个方面，改变他们的态度和行为。

在科学技术日新月异的今天，人类知识更新步伐的加快，使成人教育在经济与社会发展中的地位和作用日益重要。蓬勃发展的成人教育是构建终身教育体系和建设学习型社会的重要支撑，是社会文明进步的重要标志。成人教育着力动员和组织广大社会成员参与到学习中来，是建设学习型社会的客观要求，也是提高广大劳动者素质和技能水平、提高人力资源开发的深度和广度的重要手段。发展成人教育，还使那些失去某些受教育机会的人得到新的受教育机会，是实现教育公平的重要措施。

5 宗　教

在全球众多信仰宗教的民族中，有这样一个民族，它因同时拥有许多基督教堂、犹太教会堂、佛教寺庙和清真寺而与众不同。纵观其历史，每一位领导人都宣称是上帝在掌管着本民族的繁荣和自由。今天，该民族80%的人民表示他们“体验到了上帝的存在或一种精神的力量”，他们每年给宗教组织提供的经费超过了550亿元。在学校里，他们的孩子站在国旗面前宣誓忠于这个上帝主宰下的民族。这就是美国。今天，其实更多的美国人是在精神上信仰宗教而不是真正地加入宗教组织。

5.1　宗教及社会功能

何为宗教？马克思主义认为：宗教是支配人们日常生活的外部力量在人们头脑中的幻想的反映。恩格斯在《反杜林论》中对宗教的本质作了精准的阐述：“一切宗教都不过是支配着人们日常生活的外部力量在人们头脑中的幻想的反映，在这种反映中，人间的力量采取了超人间的力量的形式。”法国社会学家涂尔干认为宗教涉及“超越我们知识范围以外的事情”。其实宗教并不是从来就有的，是人类社会发展到一定阶段，人类思维发展到一定水平而产生的。从其产生根源看，它产生于原始社会末期，宗教是自然压迫和社会压迫的产物。由于生产力水平极端低下和缺乏科学知识，以及人们对自然现象的无知和恐惧，从而产生了各种形式的宗教观念，其本质上是一种“颠倒的世界观”。由于阶级压迫给劳动人民带来苦难而人们又不能科学地解释这些社会现象，于是对神灵的信仰和崇拜成为支配人们命运的一种意识形式。宗教最初是被压迫者对现实苦难的叹息和抗议，而后被统治阶级所利用，成为统治被压迫者的思想工具。也有人认为现实生活中的事物是普通的、世俗的，而有一些东西从这些普通中分离出来，因此具有神圣性，使得人们产生敬畏心理。把神圣的东西从世俗中分离出来便是所有宗教信仰的本质特征。因此，宗教就是一种涉及基于认可神圣事物的信仰和实践的社会制度。

宗教包括符号意义、信仰、叙事体的故事，还有应该给予修行者生命体验的宗教实践。无论宗教的中心意义体现在任一神性或众多神灵上，抑或是根本真理，宗教的普遍特征是由修行者的祈祷、仪轨、冥思、音乐和艺术形式所表现。除此以外，宗教还和社会及政治常常相互交织。宗教的特征可以集中表现为特殊的超自然现象、形而上学，以及出自于宗教法律的道德要求或生活方式。宗教也包括原始的文化传统、神圣的著作、历史神话，还有个人的宗教信念与经验。宗教的发展可以从不同的文化中提取许多形态，同时伴随着各种文化的差异。宗教是人类文化的重要组成部分，起源于人类社会早期，可谓历史久远。直到今天，宗教依然在人类社会生活中起着不可忽视的作用。为什么宗教能够绵延数千年而不绝，这与其功能有直接的关系。在人类社会发展的不同阶段，宗教的功能有很大差异。在中世纪的欧洲，它发挥了重大的社会功能。宗教制度功能的发挥还受不同社会制度的制约和传统文化的影响，因而功能的大小各异。在通常情况下，宗教制度的社会功能有以下四方面：

1. 社会整合

宗教具有属人意义，它在实现文化认同功能时，是以引导个体实现群体归属感的方式表征出其社会规范功能。这是因为，人类社会若要和谐有序向前发展，必然需要一定规范来制约人们的行为选择，社会规范在这个意义上说，是社会用来约束和指导人们行为，要求人们普遍遵守的共同价值标准和行为准则。从我国现实需求看，社会规范是和谐社会得以实现的重要保障，特别是我国社会正处在转型期，某些原有的思想意识、价值观念部分地失去存在的合理性，新的行为模式和价值观念又尚未完全建立健全，所以，出现社会规范真空状态并不奇怪。同时，由于市场经济的发展，群众分化、群体利益的调整都呈现在人们面前。一方面人们在追求自身利益过程中，给社会带来了生机和活力；另一方面，市场经济的消极性也为社会建设带来了诸多不和谐问题，造成了市场失范甚至失调的严重后果。此时，如何引导人们在利益诱惑面前将欲望进行合理控制，由谁来填补社会规范的真空，就成为以解决社会问题为己任的社会学科需要进行认真思考解决的现实问题。

2. 加强道德秩序

宗教制度凭借超自然的力量，界定世俗的是非观念，赋予社会规范和价值观以道德意义，成为神圣信条，并使信徒乐于接受。宗教鼓励守法，惩罚偏离行为，稳定社会秩序。此种功能也可能使错误的观念神圣化，使人们形成武断和偏狭的态度，妨碍人们对社会环境的认知以及对改变自然的努力。宗教的认同对信徒有重要意义：个人认同宗教本身的价值和目标，同时教徒通过聚会等仪式活动认同宗教团体，并产生宗教行为。信徒在长期宗教生活中理解个体与宇宙的关系，并产生自我对宇宙的认同。这些认同将增强团体的凝聚力，使个人获得团体意识。宗教认同如过于极端，也可能造成社会的分裂或不同教派之间的冲突，给民族或国家带来灾难。

3. 社会控制功能

每个社会都会运用宗教思想提升社会认同。许多宗教通过把上帝界定为“法官”，鼓励人们服从文化规范。宗教还被用来支撑政治体制的权力。在中世纪，皇室通过宣称“君权神授”要求人们对统治者忠诚。在我国封建时期，皇帝被称为“真龙天子”，即服从统治者就是服从上帝、上天的意志。宗教制度通过超自然力的奖赏与制裁维护社会制度，扩大社会控制范围，把人为监督的需要缩小到最低限度，对个体良心产生重大影响。宗教制度还为离经叛道的人提供赎罪和自新的途径，强化了社会控制。当然，宗教制度亦可能加强离轨行为，加剧种族冲突、民族歧视和团体冲突等。

4. 预言功能

宗教制度为人类构想出未来的美景，在某种程度上满足人世间许多难以实现的意愿，吸引部分人对来世的憧憬并忘记人间的丑陋和痛苦。它一方面在精神上给人们一种乌托邦式的满足，另一方面是对被压迫者的麻醉，磨灭其斗志，延缓社会变革的进程。

5.2 宗教组织

对于“宗教组织”一词，不同学科有不同的理解，而且称谓各不相同。中国内地以外的地区无此称谓，而以类似的概念取代之，如台湾称为寺庙、宗教团体；日本先后称为“宗教团体”“宗教法人”。中国内地则称为“宗教组织”“寺庙”“宗教团体”“宗教活动场所”等。随着社会的全面转型，宗教作为一种社会现象日益引起政府和社会的关注。如果说前些年提到的“宗教热”这一描述性术语还值得商榷的话，那么，视中国当前宗教为一股社会“潜流”应不为过。据官方不完全统计，目前我国各种宗教信徒达 1 亿多人，宗教活动场所 8.5 万余处，宗教教职人员约 30 万人，宗教团体 3000 多个。虽然宗教在我国社会结构中只是一种不具明显结构性影响的边缘性社会制度，但它已经“不仅存在于个人意识之外，而且带有一种强制性的力量，它们凭借这种力量强加于个人”，成为当今中国社会日益凸出的一个“社会事实”。

宗教组织是每一种宗教在社会上的载体，只有作为社会的组织实体，宗教才具有存在的意义，才能实现其社会功能与价值。在任何时代，宗教的影响力都举足轻重，但在世界上不同的地方，人们诉求于永恒事物的方式却不相同。通常，人们是通过有组织的团体来表达其宗教信仰的。具体而言，对于宗教组织来说，社会性和宗教性是一对密切相关的概念，是一个问题不同层面的表现形式。从广义来讲，教会的一切组织行为都具有宗教性，其所有活动都是围绕教义所倡导的原则进行，旨在最大可能地扩大本教影响和信众规模，所以，在实际的运行过程中，不论教会表现出何样的社会性特征，就其组织目标来说仍是宗教性的。但与此同时，对于任何一种属于宗教意义范畴的服务，它又能产生出一定的社会功能，表现为一定的社会性特征。因此，就这个层面而言，社会性依托于宗教性基础之上，且服务于教会的宗教性目的。按社会学和宗教学对宗教组织进行分类，主要有以下几种类型：

1. 教派和宗派

教派和宗派是宗教在发展的过程中，宗教组织不断分化，其同质性因素减少，异质性因素增加的表现。教派和宗派出现的原因不完全一致，可能出于对教义、教规、经典理解、诠释的不同，也可能因为传播区域文化的差异性等。教派和宗派形成的结果，可能出现不同特点的教会和与此相适应的教堂、寺庵、宫观等进行宗教活动的场所。教派和宗派主要基于信仰目的、教义、教规的不同而形成，组织形式和财产状况并非是主要依据和特征。事实上，不同教派和宗派的财产分散于各地的教会或者教堂中。教派和宗派是由数量不等的地方性教会或教堂、寺庙组成，本身不能成为物质载体。

2. 宗教活动场所

宗教活动场所是宗教制度化发展的产物，也就是说，一切制度化宗教中，宗教场所是不可或缺的要素。在各种制度化宗教中，宗教组织形态各异，具有不同的表现形式。不同名目和形态各异的宗教组织成为不同宗教的象征，例如，寺庵代表佛教，宫观代表道教，教堂代表基督教、天主教；清真寺代表伊斯兰教。寺庵、教堂、宫观、村庙等不仅是每一种宗教的象征，同时它本身也是教派、宗派的具体表现形式之一。这类组织的特点是：第一，它们毫无例外都是宗教活动的场所。其中一部分既是开展宗教活动的场所，也是僧侣等神职人员居住生活的场所。如中国的清真寺不仅是礼拜的场所，而且是穆斯林群众性活动和集会的场所，同时也是穆斯林举行婚丧仪式和宰牲以及处理民事纠纷的场所；另一部分仅仅是开展宗教活动的场所，平时并无僧侣等神职人员居住生活，如佛教的村庙。第二，这类组织由一定的宗教设施组成。这些设施包括一定的场地（地产）、建筑物（房产）、神像法器经卷等。第三，这类组织具有严格的组织性和纪律性。这种组织性和纪律性表现在诸多方面，譬如，宗教职业人员僧侣、教士的等级、分工；管理层的组成、职权职责；主要宗教活动及其活动规则；僧侣的集体生活形式及要求；成员的接纳及除名等。

3. 宗教团体

宗教团体作为社会团体之一，系指由公民自愿组成，为实现会员共同意愿，按照其章程开展活动的非营利性社会组织。在我国主要有佛教协会、伊斯兰教协会、中国天主教爱国会、中国天主教教务委员会、中国天主教主教团、中国基督教“三自”爱国运动委员会和中国基督教协会等宗教性社会团体。

宗教团体作为一种重要的宗教组织，与宗教场所类宗教组织有所不同。在我国，佛教、道教、伊斯兰教等宗教组织只有教派、宗派之别，教派之间的差异主要在教义、教规、仪轨、信仰上，并无“教会”这种凌驾于同一种宗教之上的相对集中统一的组织体系。后来出现的各种新型宗教团体，如佛教协会、伊斯兰教协会、道教协会等，是政府出于管理各宗教的需要和宗教界参政议政的需要而成立的，其主要职能是协调政教关系和宗教内部关系。宗教团体，只有机关人员办公的场所，不具备寺院、教堂一样的礼拜设施。这类组织在我国同一般的事业单位并无大的差别。作为民事法律关系的主体之一，将来纳入同一个宗教法律中加以规范是毋庸置疑的。

5.3 现实社会中的宗教

宗教作为一种社会现象，在人类几千年的社会发展进程中，无论人们是否愿意，都在一直发挥着独特的社会作用。它是一种社会意识形态，是对人们现实生活虚幻的反映，是一种唯心主义世界观。今天，当人类进入 21 世纪以后，宗教也并没有随着科技的发展而被人们抛弃，反而是从国内到国外，在地球的各个不同角落，呈现出不断扩张其社会影响力的上升趋势。

宗教与邪教有着本质的区别，宗教崇拜超人间的“神”，其神职人员只是神的仆人，而邪教是现世的人，自称是至高无上的“神”，要求信徒绝对崇拜、绝对服从。宗教能在一定程度上为人们提供善意的精神寄托和信仰支持，而邪教通常是对信徒灌输歪理邪说，不择手段地对信徒进行精神控制。宗教的信仰活动相对宽容、自由，宣传的道德多为数千年来人类社会公认的伦理道德，这为其不断提高社会影响力提供了有利的条件。同样，宗教不能等同于迷信。迷信是从有神论观念派生出来的。在我国，封建迷信主要是指那些神汉、巫婆和迷信职业者利用巫术进行装神弄鬼、妖言惑众、骗钱害人的活动。我国真正信仰宗教的人并不多，但相信鬼神和命运的不少。因此，不能把信鬼神都看成是“宗教信徒”。我国是一个多种宗教并行流传的国家，从国外传入的有佛教、伊斯兰教、基督教、天主教，中国土生土长的有道教，合称为我国的五大宗教。

1. 佛　教

佛教产生于印度，创始人为释迦牟尼，西汉末年经丝绸之路传入我国，逐渐成为我国影响最大的宗教之一，主要有汉传佛教、藏传佛教和南传上座部佛教三大派别。佛教自传入我国后，千余年来一直是中国人民的主要信仰，其间经历代高僧大德的弘扬提倡，许多帝王卿相、饱学鸿儒也都加入这个行列，终于使佛教深入社会各个阶层，“家家阿弥陀，户户观世音”。佛教信奉如来佛、弥勒佛、观音菩萨等众多神灵。佛教有许多戒律，在汉族地区最基本的是五戒，即不杀生、不偷盗、不邪淫、不妄语、不饮酒。

2. 道　教

道教是我国土生土长的宗教，正式创立于东汉末年，其标志是太平道和五斗米道的出现，至今已有 1800 多年的历史。道教信奉的神灵众多，最高神为三清神（玉清元始天尊、上清灵宝天尊、太清道德天尊），太上老君、玉皇大帝、王母娘娘等家喻户晓的众多神灵也为道教所供奉。主要从事诵经念咒、功法修炼、祈福消灾等活动。

具体来说，道教是一个信仰诸多神明的多神教，有着特色鲜明的宗教形式，主要宗旨是追求得道成仙、垂法济人、无量度人，早期主要以《易经》以及老子的《道德经》为主要经典。道教的第一部正式经典是《太平经》，而《太平经》《周易参同契》《老子想尔注》三书是道教信仰和理论形成的标志。道教以道为至高信仰，认为无形无象、玄之又玄、只可意会无法言说。道在人和万物中的显现就是德，故万物莫不尊道而贵德。道散则为气，聚则为神，《道德经》的“道生一，一生二，二生三，三生万物”，就是“不停地无中生有、有又还无地周而复始运转变化”。道教因是国产的，其信仰内容具有我国的历史性与民族性的特点。

3. 伊斯兰教

伊斯兰是阿拉伯语“顺从”的意思，顺从安拉旨意的人，即“顺从者”，叫“穆斯林”，这是对伊斯兰教徒的统称。伊斯兰教是信奉安拉为唯一之神的一种神教，认为除了安拉再没有神，反对信多神、拜偶像。公元 7 世纪，伊斯兰教产生于阿拉伯半岛的麦加，创始人为穆罕默德，唐朝时传入我国。伊斯兰教奉真主安拉为唯一真神，以《古兰经》和《圣训》为经典，反对崇信其他神灵及偶像。伊斯兰教为我国回族、维吾尔族等 10 个少数民族中的群众所信仰。

4. 基督教

基督教（新教）认为人类有原罪，奉耶稣为神子，为洗清人类原罪、拯救人类，被钉上十字架。基督教为一神论宗教，它是经 16 世纪德国牧师马丁·路德“宗教改革”后脱离天主教而形成的新宗派，其主要特点是：不承认罗马教廷的权威，认为只要真诚信仰上帝，便可直接与上帝沟通，无须教皇、主教等宗教神职人员做信徒和上帝的中介。基督教于 19 世纪传入我国，改革开放后，在中国迅速发展。1949 年时，我国信仰基督教的人数不到 100 万人，最近的资料显示，参加“三自”爱国教会的超过 1 000 万人，而家庭教会更超过 7 000 万人。

5. 天主教

天主教是基督教的派系之一，也叫罗马公教或加特力教，加特力是拉丁语的“公”的意思。在西方，奉耶稣基督为救世主的各教派也被统称为基督教，包括天主教、东正教、新教三大教派。天主教是16世纪传教士进入中国传教后，借用中国原有名称对所信之神的译称。天主教信奉上帝为唯一神，上帝之子耶稣即基督，被称为人类的救世主，尊玛利亚为圣母。其经典为《圣经》，礼拜仪式主要有日常的弥撒典礼和洗礼等圣事。天主教认为人的本性是有罪的，宣扬天主造了人类的始祖亚当和厄娃（即夏娃），他们被安置在伊甸园，过着无忧无虑的生活。后来厄娃在魔鬼（蛇）的引诱下，怂恿亚当偷吃了伊甸园内善恶树上的果子，因而触怒了天主，被驱逐出乐园，到地上劳动。天主教认为，耶稣降生人世，就是为了救赎罪恶满盈的世人。天主派遣其独生子耶稣降世人间，为人类的罪而死，以赎人类的原罪。只有相信和依靠一个救世主耶稣为人类赎罪，人才能求得死后永生。天主教号召人们做到对自己所受的苦难忍耐、顺从，多祈祷，依靠天主三圣的帮助积极面对自己的生活。

课后思考：

1. 查阅相关资料，分析当前我国经济制度的新特征。

2. 查阅相关资料，概述当前家庭暴力与过去相比出现的新特点，如何应对?

3. 结合所学知识，分析共和制与君主立宪制的主要区别。

4. 以当前我国现代教育为话题，写一篇不少于1500字的小论文。

5. 都说“教育公平是社会最基本的公平”，你认为我国的教育制度公平吗？简要说明理由。

6. 人们称“欧洲中世纪为黑色的中世纪”，查阅相关资料，分析中世纪时社会与宗教的情况。

第7章　社会问题

可以说，没有哪一个学科像社会学这样关心社会问题的研究，以至于有人以为社会学就是研究社会问题的。这一认识虽不全面，却也说明社会问题研究在社会学学科中的地位。社会学始终关注社会问题的研究，并以此推动本学科的发展。

◇ 章首引语

2005年，世界银行制定了每天生活费不足1.25美元的新的贫困线，根据这一标准，2005年全球生活在每天1.25美元的水平之下的有14亿人（占总人口的四分之一）。可以说，贫困问题是一个世界性的社会问题。

据联合国网站报道，2011年1月24日，国际劳工组织发布了题为“2011年全球就业趋势：工作复苏挑战”的报告。报告统计显示，2010年的全球失业人数基本与2009年相同，为2亿零500万人。而研究中国的历史，我们可以发现，自秦汉以来两千多年的王朝兴衰，改朝换代，除了外族入侵，基本上中国发生天下大乱的原因只有一个，就是土地兼并导致大量农民失去土地，无业可就，成为流民，从而揭竿而起。从东汉的黄巾、唐末的黄巢、北宋的宋江直到李自成、太平天国，无不如此。因此，失业问题对于任何国家来说，都是一个必须研究的社会问题。

2011年11月30日，专门研究腐败问题的国际性非政府组织“透明国际”发布了2011年全球清廉指数报告，按照从0（极度腐败）到10（高度清廉）的评分标准，中国排名第75位，得分3.6分，属于轻微腐败的国家。多次的社会调查结果显示，腐败已经成为当今中国最为突出的社会问题之一，甚至有许多人认为，腐败是中国的头号社会问题。

根据“2010年第六次全国人口普查主要数据公报”中的数据显示，我国的总人口男女性别比为105.20:100；60岁及以上人口为177 648 705人，占13.26%，其中65岁及以上人口为118 831 709人，占8.87%。从以上数据可以看出，我国男女性别比例失调，并且已经进入老龄化社会。这两个社会问题制约着中国的发展。

根据联合国粮农组织2010年数据，中国的淡水资源总量为28 000亿立方米，占全球水资源的6%，仅次于巴西、俄罗斯和加拿大，居世界第四位；但人均只有2 200立方米，仅为世界平均水平的1/4，在世界上名列121位，是全球人均水资源最贫乏的国家之一。我们的七大水系的污染程度从高到低排依次是辽河、海河、淮河、黄河、松花江、珠江、长江，其中42%的水质超过三类标准（不能做饮用水源），全国有36%的城市河段为劣五类水质，丧失使用功能。根据国务院2010年2月发布的数据，全国工业固体废物产生总量38.52亿吨，综合利用量18.04亿吨，处置量4.41亿吨，综合利用率约为46.8%。这些环境方面引发的社会问题，不仅影响到中国的发展，甚至已经影响到了中国的生存。

从世界到中国，从影响我们生存的人口问题、环境问题到影响我们发展的失业问题、腐败问题等，都是我们不得不面对和解决的社会问题。需要指出的是，社会学研究并不就是挑社会的问题，研究社会问题只是社会学者服务于社会的一种手段。因此，本章首先介绍社会问题的基本理论，而后着重探讨世界范围内，尤其是中国的突出社会问题，主要包括贫困问题、人口问题、失业问题和环境问题。

1 社会问题概述

1.1 社会问题的界定与特征

“社会问题”一词源自于英文“social problems”，它是指在一定历史时期内被多数人认为是不合需要或不能容忍的社会失调或冲突现象。这些现象影响了多数人的生活，妨碍了社会的良性运行与协调发展，引起了社会多数成员的共同关注，必须以社会群体的力量加以解决或消除。

社会学者从以下几个不同的角度对社会问题产生的原因做出了解释：

第一，社会病态论（即社会病理学）。一般认为良好的社会状况（即能良好运转的社会）是健康的，而社会中的群体或个人在社会心理上与社会活动中不能保持健康的状态则是不健康的、病态的。传统的功能主义者在考察社会问题时首先使用这一概念。早期社会学家由于受到迅速发展的自然科学的影响，企图用一种类似于自然科学的方法来研究社会问题。他们将社会比作一个生物有机体，认为社会问题是由于社会中某些人或群体发生社会疾病，不能保持与整个社会的协调关系。例如，工业革命初期出现很多社会问题，就是由于大量农民流入城市后不能与城市生活相协调，而这部分人就被视为社会病态的原因。早期社会病态论者常把社会问题的发生归因于所谓“闹事者”，并强调社会病态主要是一种道德问题，是少数人与社会道德、信仰相违背造成的。社会病态论的观点是美国社会学者对社会问题思考后做出的整理，是社会的疾病或社会的病态，认为凡是妨碍正常社会机能的人或情况皆可视为社会问题。社会病态论在1905—1918年这一时期占主导地位。

第二，社会解组论。是社会规范和制度对社会成员的约束力减弱、社会凝聚力降低的一种社会状态。当社会发生急剧变迁时，旧的规范不适用了，新的规范又未建立起来，或某些规范功能发挥受到阻碍，或几种规范体系互相冲突，人们失去了行为准则，于是发生社会解组。造成社会解组的根本原因是社会变迁。最强有力的变量是工业化、都市化、移民科技发展等。社会解组论把社会看成一个有机整体，在这个社会有机体中的每个部分都相互协调，一旦某一个事件改变了整体中的一部分，其他部分便要重新适应来配合这项改变。社会解组也就是各个部分之间缺乏适应或适应不良。如美国社会学家奥格本认为，社会问题起源于文化的变迁和失调。他认为文化的各个部分是相互依赖的，当各个部分以不同的速度改变时，其中的一部分可能脱离整体而造成混乱。他观察到人们通常比较容易接受新的工具而不是新的思想观念，因此，物质文化的变化也就比非物质文化的变化来得快。从另一方面讲，风俗习惯和规则的变化，就是“文化脱节”（cultural lag）；当这种文化脱节影响到大多数人时，就出现了社会问题。社会问题源于社会解组，而社会之所以解组是因为规范的欠缺和不一致，最主要的是源于社会的快速变迁。因此对社会问题最有效的解决办法就是尽快重建社会规范和秩序。社会解组论在1918—1935年占主导地位。

第三，价值冲突论。由于所处的社会地位和经济利益不同，人们对同一问题有着不同的价值判断标准和不同的立场、态度，因而在采取某种措施改变某一社会现象时，常常会引起群体之间无休止的冲突。社会问题是某些群体的价值不能相容共存的社会状况，而这些状况使群体成员认为有必要唤起大众来采取行动。这一观点认为，造成社会问题的根本原因是价值或兴趣上的冲突。因为不同的群体有不同的兴趣，他们发现彼此是相互对立的，一旦对立具体化变成了冲突，社会问题便因此而产生。美国社会学家富勒和迈尔斯认为，社会问题是一种被相当多的人认为是偏离于他们所持有的价值观念的社会状况。每个社会问题都包含着客观存在和主观认定两个方面。客观存在是指社会生活中确实存在这种威胁社会公众的问题；主观认定是指这种问题已为社会生活中相当多的人所认识。价值冲突论在1935—1954年占主导地位。

第四，标签论，亦称标示论。标签论认为，越轨行为不在于行为本身，而是社会反应、他人定义的结果。正是他人给某一行为下定义、贴标签才使这一行为成为越轨，并引发了进一步的越轨行为。这一理论从观察者的角度对社会问题进行定义，注重的是过程而不是结构，是社会问题的主观方面而不是客观方面，是偏差行为所产生的反应而不是偏差行为产生的起因和由来。某些问题之所以成为社会问题，是因为受到大众或社会控制机构的注意，而社会反应只有在宣称的行为或状况被确认之后才可能发生。偏差并不是个人行动的本质，而是由于他人利用规则制裁犯罪者才产生的结果。偏差行为者即是被标示之人，偏差行为即为人们加以标示化的行为。标签论提出解决社会问题的方法：一是改变定义，二是消除标示化所能带来的利益。

第五，经济制度论。早期德国社会学家重视经济因素的作用，把社会问题归结为单纯的劳资问题。A. 瓦格纳和W. 桑巴特等人认为，社会问题的发生是由于有产者和无产者的对立，大资产阶级和小资产阶级的对立，财产所得与劳动所得的对立。社会问题就是利害冲突，而利害冲突主要是由于经济制度的不调和所致，使资本家和劳动者对立，造成社会不安，成为最大的社会问题。

第六，社会冲突论。有些学者在价值冲突论的基础上拓展了这一理论，指出群体之间的矛盾和冲突不仅仅在价值观方面，即人们对同一社会现象的不同看法或社会思想准则混乱，群体间的冲突主要是利益矛盾和冲突。他们提出关于社会问题的群体冲突论的见解，社会问题是各社会群体利益不同而引起的矛盾和冲突。有的学者进一步认为，社会的矛盾和冲突是多方面的，根本的是阶级利益方面，并据此提出了“社会问题是阶级之间发生利益矛盾、冲突而引起的”这一观点。

第七，综合要素论。任何一种理论在解释某一形态的社会问题时，较之其他形态的社会问题更有说服力，其他理论对这一形态的社会问题的解释也更有说服力。但是，任何一种理论都不可能对所有形态的社会问题具有解释能力，或者，各种理论并不都能对某一些形态的社会问题具有解释能力。因此，20 世纪五六十年代，随着综合社会学学派影响的增加，产生了关于社会问题综合要素论的见解。这一理论认为，社会问题现象具备几个方面的要素或条件：客观而非主观臆断的现象，表现为社会某些方面的失调，并影响到社会机能和社会生活，其表现和影响相当普遍，引起了社会关注，只能依靠社会力量解决。

在一百多年的发展中关于社会问题的研究，产生了很多理论，囿于历史的局限性及其他原因，每一种社会学的理论只是洞察社会现实的一个方面、一个侧面。每当一种理论集中反映某一方面的事物的联系时，往往会忽略另一方面事物的联系。比如，第二种和第四种理论主要从社会失范和越轨的角度论述，解释人们行为与社会规范之间的不协调关系，对于社会犯罪问题有较强的解释力，但是其他社会问题，如人口问题、环境问题和贫穷问题等，解释力就明显不足，甚至无法解释。

由于社会现实在本质上是复杂的、多面的，因此，没有一种理论可以解释全部社会问题，而只能解释某一类社会问题、某一部分社会问题、某一种人的行为。在揭示事物的规律方面，没有一种理论是一无是处的，各种理论都有合理的成分，也都有相对性。某一种理论，在当时、当地可能是真理；但随着时间或地点的改变，该理论的解释力就会发生变化，其结论也会出现变化，呈现出相对性。因此，社会学中的某些具有真理性的命题是有条件的，会随着客观条件的变化而发生改变；社会学从某一个时间段的某国得出的结论对这个社会有真理性，但这种理论具有时空两方面的先天局限性。例如，美国社会学中人力资本的理论，在解释中国人口膨胀时可能不适用。一是中国生产力水平低，不需考虑培养劳动力的成本，即劳动力的成本低，可以忽略不计；二是中国社会的生产力发展还需要一个过程。

要研究社会问题，首先需要弄清楚哪些是社会问题，如何对社会问题进行界定。我们认为，最好的办法就是吸收以上各种理论的精髓，界定和理解社会问题，帮助我们更加深入地了解其中的规律。

1. 社会问题的界定

（1）社会问题是一种客观存在。所谓客观存在是指一种可以通过实证加以认识的情况。

换句话说，它的存在状况及其比例大小能够被人们所认识，并且已经影响了人们的正常生活和社会的协调发展。

（2）社会问题是一种主观定义。所谓主观定义是指人们对上述客观情况的察觉和认识，即他们明显感到目前的客观条件已经危及他们所珍视的社会价值观，是对他们所信奉的社会规范的一种背离。社会问题主要还是由人来加以定义的。

综合以上两点，社会问题的界定应该经历这样一个基本过程：某种社会现象客观上出现了，随着该现象的不断发展，通过有识之士的呼吁，从引起少数人的注意到多数人开始关注，逐渐围绕该社会现象形成了社会舆论，权威部门和人物对之认可，这种社会现象就成为社会问题。以我国的人口问题为例。新中国成立初期，我们秉持“人多力量大”的思想，认为人多才能提高生产，鼓励“英雄妈妈”。到 20 世纪 50 年代初，马寅初教授开始研究中国人口增长过快的实际问题。他在著名的《新人口论》中系统地论述了中国的人口问题，提出了“我国人口增长过快”的命题。他从加速积累资金、提高科学技术、提高劳动生产率和人民的物质文化水平以及增加工业原料等方面，对控制人口的必要性、迫切性进行了论述。他尖锐地指出，控制人口实属刻不容缓，不然的话，日后的问题愈发棘手，难以解决。政府对人口若再不设法控制，农民难免把一切恩德变为失望与不满。可惜的是，当时我们批判了马寅初教授的“新人口论”，实行了错误的人口政策。随着时间的推移，错误的人口政策所导致的后果才逐渐地显露出来，引起了多数人的关注。1980 年 9 月 25 日，《中共中央关于控制我国人口增长问题致全体共产党员共青团员的公开信》发表，提出：“每对夫妇只生育一个孩子。”至此，人口问题已经成为一个制约中国生存与发展的社会问题。1982 年，第五届全国人民代表大会第五次会议通过的《中华人民共和国宪法》，将计划生育列为我国的基本国策，提倡晚婚、晚育、少生、优生，从而有计划地控制人口。

2. 社会问题的特征

第一，普遍性。社会问题无处不在。任何社会都存在由其内部因素相互矛盾、冲突而引发的社会问题。首先，在全球范围内，任何国家、民族或地区都普遍存在社会问题，目前尚没有哪个国家、民族或地区可以例外；其次，社会的各个领域、方面都存在社会问题。社会的发展和进步是在社会问题的不断产生又不断解决的过程中实现的。还是以我国的人口问题为例，1980 年以后“只生一个孩子”的计划生育政策得到了极大的贯彻与执行，使得我国的人口增长得到了极好的控制。但是，随着人口增长过快这一问题得以解决，目前我国又开始因为“只生一个孩子”的政策的执行涌现出新的问题，如人口老龄化问题。要实现经济社会又好又快发展所面临的重大问题，无不与人口数量、素质、结构、分布密度密切有关，以人的全面发展统筹解决人口问题，变人口压力为人力资源优势，为经济社会发展提供持久动力，是实现中华民族伟大复兴的战略选择。可以说，人们无法完全消灭社会问题，只能将它的负作用限制在一定的范围和时间内。社会问题无时不有。人类社会一产生，与之相应的社会结构内部的各个组成部分之间、社会与环境之间就存在相互冲突，由此就引发了社会问题。可以说，从人类社会诞生之日起，社会问题就始终伴随左右。

第二，客观性。社会问题的存在不由人们的主观愿望所决定，是以社会发展不相协调的社会现象为客观依据的。首先，不管人们承认与否，社会问题都客观地存在于人们的意识之外，不会说人们不承认它就不存在。其次，社会问题的产生和发展不以人们的意志而转移。因为人们对社会问题的认识总是在问题产生以后，而不可能在社会问题产生之前，而且人们对社会问题的认识也有一个逐步发展的过程。因此，人们可以减轻社会问题的危害程度，却无法完全制止和杜绝它。

第三，系统性。任何一个社会问题都不是孤立存在的，它往往是整个社会问题系统中的一个有机组成部分。不同范围、领域、层次的社会问题存在着相互联系、相互制约的辩证统一关系。比如，当今社会，环境问题与人口问题之间的关系就是密不可分的：因为人多了，废气排放就多了，环境污染就严重了，资源的人均占有量也减少了；反过来，因为环境被污染，资源的人均占有量就少了，人口众多这一问题也愈发显得突出了。

第四，复杂性。首先，社会问题的起因是复杂的，有历史的、现实的、宏观的、微观的、政治经济的、文化的、心理的等方面的原因。比如，以中国农村的贫困问题为例。恶劣的自然环境、不公平的城乡二元制度、“重工轻农”和“重城轻乡”的农村经济政策、快速增长的低素质人口、薄弱的经济基础、单一的产业结构、发育程度低下的市场、落后的思想观念等都是造成我国农村贫困问题的原因。其次，社会问题的解决是复杂的。这是由社会问题产生原因的多种多样性所决定的；解决问题应该找准问题的起因，不同的起因就应该用不同的解决方法。再次，对社会问题关注的角度也是复杂的。例如住房问题，从关注的具体内容来说，住房困难者和缺房者关注的是怎么得到需要的住房，等待并有可能得到分配住房的住房户关注的是住房分配方案和何时实施分配，有房者特别是住房宽裕者关注的则是如何保住自己住房的既得利益，政府关注的是住房解困政策和措施，科学工作者主要关注的是解决住宅问题的理论依据，房地产商关注的则是利润，等等。

第五，持久性。任何事物的产生、存在和消亡都有一个发展变化的过程，也有其自身的规律。首先，社会问题的形成有一个不断积累和演化的过程；其次，社会问题的认识有一个过程，因为社会问题的认识局限于科学文化水平、利益、价值取向等方面的发展；再次，社会问题的解决需要具备一定的条件，因为社会问题的起因和解决都是复杂的。

第六，历史性。首先，特定的社会问题只发生在特定的历史时期，比如城乡二元社会结构就是我国转型期特有的突出社会问题。其次，同一社会问题在不同的历史时期具有不同的评价标准，比如环境污染问题，在工业化早期，人们将烟囱林立、浓烟滚滚看作是社会欣欣向荣的景象，而在现代社会，则是一个会制约人类生存与发展的社会问题。

1.2 社会失范与社会问题

德国著名学者米歇尔·鲍曼在《道德的市场》一书中指出：“社会学家关心的是社会事实，是人的事实行为。他并非生活在一个规范的理想世界中，而是生活在由严酷的经验事实所组成的现实世界中。”人们所生活的现实世界，并不是一个拥有完美的社会规范的理想世界，而是一个存在着社会失范现象的真实世界。

1. 社会规范

规范的英文“norm”一词来源于拉丁文“Norma”，本义是指木匠使用的规和尺，后被用来代指人的社会行为，作为人的行为标准，由此形成了“社会规范”（social norms）一词。

从社会学的角度看，社会规范是指协调人们的社会交往，形成良好的社会关系，维护社会的正常秩序，融入社会的共同生活，调节人们的社会行为，开展各种社会活动的规矩与准则。

社会规范可分为成文的和不成文的两类：风俗习惯、道德规范、部分宗教规范等是不成文的；法律规范、一些重要的教规等是成文的。就具体表现形式来看，主要有习俗、道德、法律、纪律、宗教等类型。

2. 社会失范

社会失范，从字面意思来理解，就是指社会失去了规矩与准则。从社会学的角度理解，宏观层面上是指社会规范体系本身的瓦解、混乱导致个人的越轨行为的发生，比如，我国在食品安全问题上的社会规范的缺失、混乱，导致双汇“瘦肉精”养猪、“塑化剂”风波、进口奶粉出现死虫活虫等事件频发；微观层面上是指社会群体或个人违反、破坏现有社会规范的行为，比如周克华多处持枪抢劫杀人的行为。

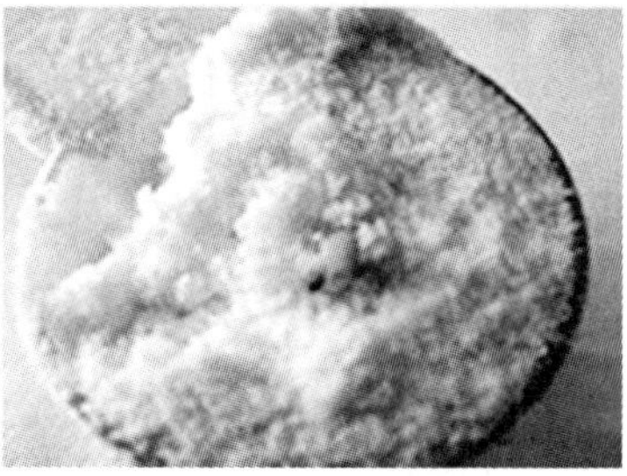

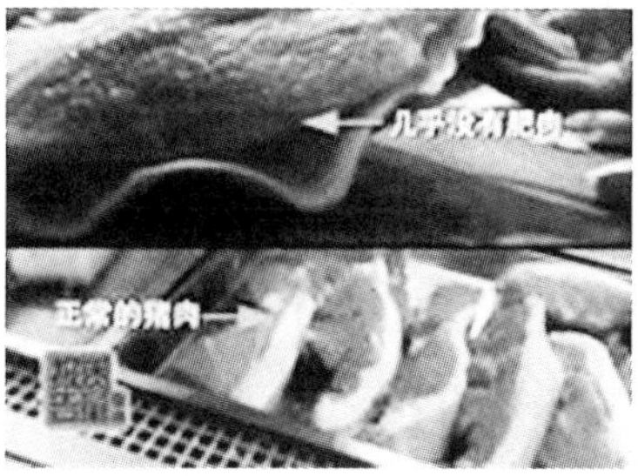

3. 社会失范与社会问题

社会失范与社会问题的关系主要表现在三个方面：

第一，社会失范是造成社会问题的重要原因。比如，在我国经济领域中，由于市场秩序存在着混乱，导致一些经营者经营理念扭曲，为牟取暴利不择手段，从而产生了食品安全等严重影响生活质量的社会问题，使得人们对政府都产生了不信任。

第二，社会失范是转型期突出的社会问题。当社会处于转型期，原有的规范、价值观念和行为模式被普遍否定或遭到严重破坏，逐渐对社会成员失去约束力，而新的规范、价值观念和行为模式又尚未建立或者没有被大多数人接受，还未对社会成员形成有效的约束，从而出现社会失范问题。此时的社会失范问题就是一个突出的社会问题。比如随着市场经济的冲击，旧有的行政体制受到冲击，而新的行政体制尚未建立，此时由于市场秩序的混乱，新的规范又尚未形成，官员腐败问题就成为社会失范的表现之一，它同时也是一个突出的社会问题。

第三，社会规范的发展与完善是任何一个社会问题解决的必备条件。对于社会失范问题，我们不仅要认识到其消极的影响，还应看到其积极的作用。在社会发展的过程中，失范同时也意味着旧有的社会规范已经不能适应社会发展的需要，新的利益格局正在形成，新的社会规范也正在形成，而新的社会规范的形成、发展和完善正是社会失范问题解决的根本，也是社会问题解决的必备条件。比如，美国通过医疗制度的完善解决了看病难、看病贵、“以药养医”等我们现在正面临的社会问题。

1.3 现实中的社会问题

1. 贫困问题

《2011 年世界人口状况报告》指出，在印度的 12 亿人口中有 4.1 亿生活在每日 1.25 美元的贫困线以下。根据世界银行的统计，这个数字相当于全世界穷人的三分之一。也就是说，按照该报告统计的全球 70 亿人口计算，全球每日生活费不足 1.25 美元的贫困人口大约为 12.3 亿。如何解决这 12.3 亿人的温饱问题，仍然是一个世界性的课题。

2. 人口问题

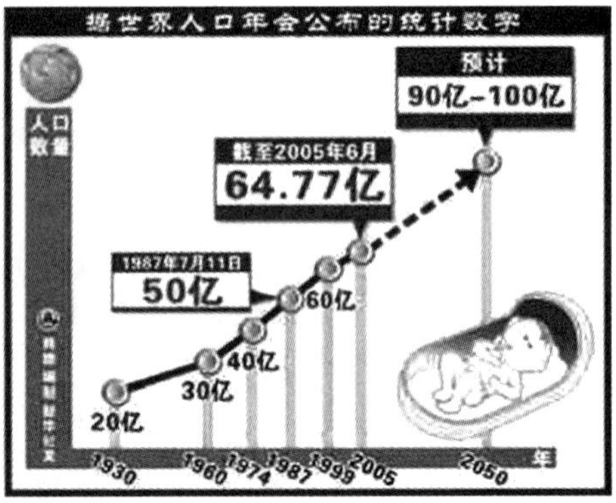

从世界来看，根据《2011 年世界人口状况报告》中所述：“今年（2011 年）10 月 31 日，世界人口将达 70 亿。在过去的岁月中，我已目睹了全球人口几乎增加了两倍。今后的 13 年内，我还将会看到这个数字再添 10 亿。在我的孙辈们的时代，将有 100 亿人生活在这个地球上。”人口的庞大与资源的短缺已经成为一组矛盾，人口问题与后面我们要谈到的环境问题也将是会影响到人类生存的、必须要解决的两个社会问题。

回到中国，根据《全国人口普查条例》和《国务院关于开展第六次全国人口普查的通知》，我国以 2010 年 11 月 1 日零时为标准时点进行了第六次全国人口普查。在 2010 年第六次全国人口普查主要数据公报中有几个数据值得我们关注：

（1）内地 31 个省、自治区、直辖市和现役军人的人口中，0～14 岁人口为 222 459 737 人，占 16.60%；15～59 岁人口为 939 616 410 人，占 70.14%；60 岁及以上人口为 177 648 705 人，占 13.26%，其中 65 岁及以上人口为 118 831 709 人，占 8.87%。同 2000 年第五次全国人口普查相比，0～14 岁人口的比重下降 6.29 个百分点，15～59 岁人口的比重上升 3.36 个百分点，60

岁及以上人口的比重上升2.93个百分点，65岁及以上人口的比重上升1.91个百分点。

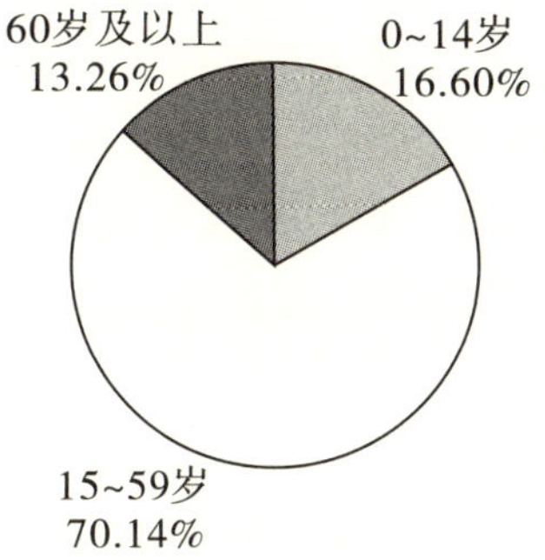

内地31个省、自治区、直辖市和现役军人的人口年龄构成

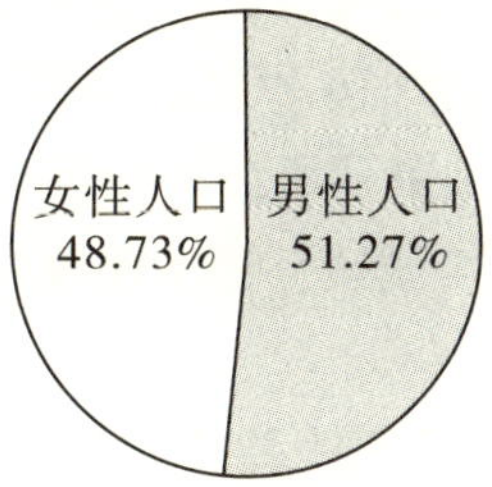

内地31个省、自治区、直辖市和现役军人的男女人口构成

（2）内地31个省、自治区、直辖市和现役军人的人口中，男性人口为686 852 572人，占51.27%；女性人口为652 872 280人，占48.73%。总人口性别比（以女性为100，男性对女性的比例）由2000年第五次全国人口普查的106.74下降为105.20。

（3）内地31个省、自治区、直辖市和现役军人的人口中，具有大学（指大专以上）文化程度的人口为119 636 790人；具有高中（含中专）文化程度的人口为187 985 979人；具有初中文化程度的人口为519 656 445人；具有小学文化程度的人口为358 764 003人（以上各种受教育程度的人包括各类学校的毕业生、肄业生和在校生）。

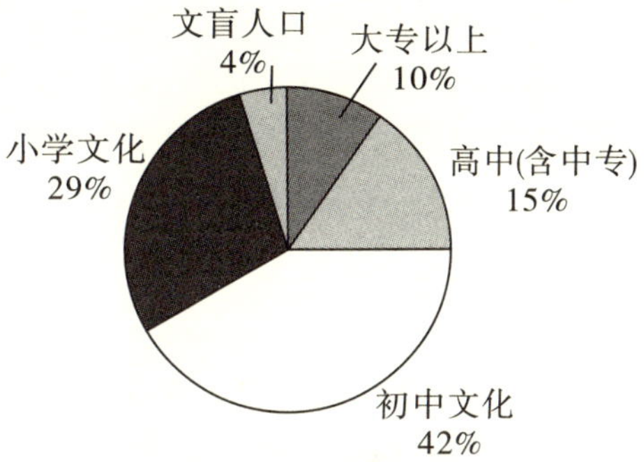

内地31个省、自治区、直辖市和现役军人受教育程度

同2000年第五次全国人口普查相比，每10万人中具有大学文化程度的由3 611人上升为8 930人；具有高中文化程度的由11 146人上升为14 032人；具有初中文化程度的由33 961人上升为38 788人；具有小学文化程度的由35 701人下降为26 779人。

内地31个省、自治区、直辖市和现役军人的人口中，文盲人口（15岁及以上不识字的人）为54 656 573人，同2000年第五次全国人口普查相比，文盲人口减少30 413 094人，文盲率由6.72%下降为4.08%，下降2.64个百分点。

3. 失业问题

就中国而言，首先，我们来看一组非常鼓舞人心的数据——人力资源社会保障部于2018年5月25日公布：2017年，全国就业人员在年末为77 640万人，其中城镇就业人员42 462万人，比上年末增加1 034万人；全国城镇新增就业1 351万人。城镇失业人员再就业558万人，就业困难人员实现就业177万人。2017年年底，城镇登记失业人数为972万人，城镇登记失业率为3.9%。

其中，我国目前使用的“城镇登记失业率”这个概念，是指城镇登记失业人数同城镇从业人数与城镇登记失业人数之和的比例关系。在城镇单位从业人员中，不包括使用的农村劳动力、聘用的离退休人员、港澳台及外方人员。城镇登记失业人员是指有非农业户口，在一定的劳动年龄内（16岁以上及男性50岁以下、女性45岁以下），有劳动能力，无业而要求就业，并在当地就业服务机构进行求职登记的人员。因此，可以说这个数据看似鼓舞人心，其实是混淆了“城镇登记失业率”和“失业率”这两个概念，使得我们对中国的失业问题过于乐观了。

早在2010年3月22日，时任政府总理温家宝会见出席中国发展高层论坛的外方主要代表，在谈到失业问题时说：“我知道美国有200万失业人口，这让政府十分焦急，但中国失业人口有2亿，中国绝不盲目追求贸易顺差，相反，中国想方设法实现国际收支基本平衡，这是我们长期努力的方向。”2017年3月，李克强总理答记者问时说：“中国的就业岗位是靠自己创出来的。我们完全有能力扩大就业，不会也不允许出现大规模群体性失业。”

4. 环境问题

人类的生存离不开水，我们就以水资源为例。2010年世界经济论坛报告称，预计全球对水资源的需求将会进一步增长，分析预测到2030年，全球水资源的供给和需求之间将面临40%的缺口。根据《全国环境统计公报（2008年）》中地表水质监测结果显示：七大水系水质总体为中度污染，浙闽区河流水质为轻度污染，西北诸河水质为优，西南诸河水质良好，湖泊（水库）富营养化问题突出。党的十八大以来，污染治理力度之大前所未有，我国生态环境保护发生了历史性变化，“绿水青山，就是金山银山”，美丽中国建设深入人心，稳步推进。

5. 我国存在的其他社会问题

除了前面提到的腐败问题、食品安全问题，还有诸如以下问题：

（1）教育问题。

根据《2008年全国教育经费执行情况统计表》，从2008年各级教育生均预算内公用经费来看，北京的小学、初中、高中、中等职业学校、普通高等学校生均预算内公用经费最高，分别是相应最低地区的11.74倍、9.95倍、24.75倍、25.24倍、14.95倍。可见，我国的教育公平存在极大的问题。

（2）婚姻家庭问题。

在我国，存在离婚率增高、家庭暴力较为普遍和恶性案件呈上升趋势、独身人口的增加等问题。

（3）民族问题。

如近几年涌现的“疆独”“藏独”等事件，都是我国民族问题的体现。

可见，现实中，社会问题无处不在，它影响到我们的生存与发展，必须引起重视。

2　贫困问题

在所有的社会问题中，贫困制约着一个国家的发展进程，剥夺了人们自主决定并且塑造自己生活的自由；它是一个世界难题，从发达国家到发展中国家都存在贫困问题，各国政府与社会也对这个问题给予了相当的重视，一直以来也在寻找缓解乃至消除贫困的方式和路径。按照《2011 年世界人口状况报告》的统计，全球 70 亿人口中，每人每日生活费不足 1.25 美元的贫困人口大约为 12.3 亿人。就中国而言，中国科学院完成的《2012 中国可持续发展战略报告》提出，中国的人口压力依然巨大，按 2010 年标准贫困人口仍有 2 688 万，而按 2011 年提高后的贫困标准（农村居民家庭人均纯收入 2 300 元人民币/年），中国还有 1.28 亿的贫困人口。面对着这样一个不容忽视的社会问题，以习近平同志为核心的党中央把贫困人口脱贫作为全面建成小康社会的底线任务和标志性指标，全面打响脱贫攻坚战。至 2018 年 6 月底，全国贫困人口减少 6 853 万，到 2020 年实现现行标准下农村贫困人口全面脱贫。

2.1　理解贫困

最早研究贫困问题是从社会保障和社会救助的角度来进行的，代表人物是英国的布思（Booth）和朗特里（Rowntree），距今已经有一百多年的历史了。

1. 贫困的定义

宏观上来讲，贫困是指一个地区或者国家处于一种落后、穷困的状态，经济、政治、文化等各个方面都处于贫瘠的状态，远远落后于发达国家。微观上来讲，贫困是指某个人或家庭缺乏物质、精神等方面的供给，并难以依靠个人力量改变现状，需要社会或国家的援助来摆脱困境，否则极易引发一系列的社会问题，甚至影响到社会的安定。

由于一个地区或者国家的贫困归根到底是由于个人的贫困造成的，如果世界上没有人处于“贫困线”① 以下，那么贫困问题也就迎刃而解了。所以，本章将从微观的角度讲述贫困问题。

我们认为，贫困是指在特定的社会背景下，部分社会成员由于缺乏必要的资源，而在一定程度上被剥夺了正常获得生活资料和参与经济和社会活动的权利，并使他们的生活持续性地低于该社会的常规生活标准。②

2. 绝对贫困与相对贫困

这是贫困最常见的一种划分形式。

绝对贫困也称生存贫困，是指在一定的社会生产方式和生活方式下，个人和家庭依靠其劳动所得和其他合法收入不能维持其基本的生存需要。这样的个人或家庭就被称为贫困人口或贫困户。绝对贫困明确的是维持生存所必需的、基本的物质条件，往往通过一条“贫困

---

① 贫困线，是在一定的时间、空间和社会发展阶段的条件下，维持人们的基本生存所必需消费的物品和服务的最低费用，贫困线又叫贫困标准。

② 关信平．中国城市贫困问题研究［M］．长沙：湖南人民出版社，1999：88.

线”来判断，它侧重于客观标准。比如，2008 年，中国将绝对贫困线标准定位为人均年收入 785 元以下，低收入贫困线标准为人均年收入 786 ~ 1 067 元，2009 年提高到 1 196 元。2005 年，世界银行把每人每日 1.25 美元定义为最低标准的贫困线，低于此收入的人则被划分为贫困人口。

相对贫困是指与社会平均水平相比，其收入水平少到一定程度时维持的那种社会生活状况，即指低收入者虽然解决了温饱问题，但相对于全社会而言表现的贫困状态。相对贫困明确的是相对于社会的平均水平而言的贫困，它侧重于主观标准。比如，有些国家把低于平均收入 40% 的人口归于相对贫困人口；世界银行将收入低于平均收入 1/3 的社会成员视为相对贫困。

2.2 贫困的原因

面对令人震惊的贫困人口数字，我们必须分析问题的原因，找到贫困的根源或者可能的原因，这样才是“心存希望”去改变的第一步行动。

1. 自然环境恶劣

自然环境是影响一个国家或地区社会经济发展的重要因素之一，也是人类至今为止难以改变和无法完全克服的因素之一。

首先，从区域范围来看，贫困地区大多处于偏、远、边地区，距离省会等中心城市相对较远。比如，云南省绿春县地处滇南边界哀牢山区南端，与越南接壤，县城大兴镇离州府个旧市 257 千米，离省会昆明市 450 千米。这个县 1966 年才首次通汽车，到 1990 年全县虽然已有 28 条公路，但由于水土流失严重，许多公路晴通雨阻，客货运输仍然受到很大限制，边远村寨依然主要靠骡马运输，这样的地区要脱离贫困非常困难。其次，从气候条件来看，贫困地区大多气候多变，灾害频繁。比如，河北省顺平县常见的自然灾害有冰雹、暴风、干热风等，这些灾害几乎每年都会发生，1989 年的水灾曾使 2 000 余户脱贫后又返贫。

2. 收入分配不公

从世界范围来看，按世界银行 2012 年公布的数据标准，低收入国家的人均国民总收入在 1 036 美元及以下，中等偏下收入国家为 1 036 ~ 4 086 美元，中等偏上收入国家为 4 086 ~ 12 615 美元，而高收入国家则在 12 276 美元及以上。可见，国家与国家之间在收入上就存在极大的差距。

目前我国实行的是以按劳分配为主体，多种分配方式并存的分配制度。这种分配制度在一定程度上调动了广大社会成员劳动的积极性，但是由于制度的不完善、收入分配机制的不健全，我们现在贫富差距开始扩大，贫困人口出现。自 2000 年开始，中国的基尼系数①逐年上升，已经越过了 0.4 的警戒线，这不仅会影响稳定，还会对经济结构转型带来不利。

---

① 基尼系数是国际上通用的，用以衡量一个国家或地区居民收入差距的常用指标。基尼系数介于 0 ~ 1 之间，基尼系数越大，表示不平等程度越高。基尼系数在 0.4 ~ 0.5 表示收入差距较大，在 0.5 以上表示收入差距悬殊。

3. 社会保障缺失

社会保障是一种最低生活保障。虽然世界各国都建立了相应的社会保障制度，但是绝大多数国家的社会保障制度滞后，社会失业保障、养老保障和医疗保障等体制还不完善，甚至存在着某些保障制度缺失，不能及时地提供一套制度性框架来保障那些处于贫困边缘的人，这就可能使这部分人得不到有效的社会保障而陷入贫困。从 2010 年 8 月 15 日开始施行的重庆市户籍制度改革中，笔者通过调查发现，有部分农民不愿农转城的原因就在于他们担心一旦失去土地，社会保障又跟不上，他们的生活会难以为继并陷入贫困。

4. 家庭规模过大

一般来说，在其他条件不变的情况下，家庭规模越大，其发生贫困的可能性就越高。有调查资料表明：1995 年全国 1 人户贫困率为 0.9%，2 人户贫困率为 1.1%，3 人户贫困率为 3%，4 人户贫困率为 7.8%，5 人及以上为 12%。我国自 20 世纪 70 年代后期开始实行强制的计划生育政策，即原则上一对夫妻只允许生育一个孩子。但考虑到我国的国情——如传统生育观念转变的难度、农村人口的养老问题、民族政策等留出诸多缺口，生活在农村和边远地区的人口，尽管受教育程度、生活水准较低，但拥有法定的高生育权。而这个政策也导致了我国目前贫困地区多分布于农村，也就是我们通常所说的“越生越穷，越穷越生”现象。

致贫的原因还有很多，我们可以从不同的方面发现不同的理由，诸如经济基础薄弱、产业结构单一、思想观念落后、新旧体制转换、扶贫政策存在缺陷等。虽然造成贫困的原因是多种多样的，但是治理贫困的方法却有共通之处，我们继续往下探讨。

2.3　治理贫困的思路

少数人先富可以，但是不能让多数人贫穷。

——郎咸平

1. 治理贫困的必要性

首先，贫困问题是关系到人类的生存和生活的问题。这个话题也非常沉重，在此不多阐述，让我们来看几张图片。

其次，贫困问题，尤其是由此而带来的贫富差距问题，会引发诸如“仇富”这样的社会问题，影响社会的稳定与发展。比如，一些富豪把辛辛苦苦赚来的钱捐出后，不仅得不到赞

扬，还被人们讽刺，认为那是在炒作自己；社会上甚至出现绑架富豪事件发生后，在网上有拍手称快的现象。现在“仇富”还不是普遍现象，杀富也只是个别案例，但是要引起关注和重视，杜绝这种事态的扩展和变化。

再次，贫困人口所占的比例不低，是一个值得引起广泛关注的社会问题。按照世界银行每人每天消费1.25美元的贫困线标准，无论是世界还是中国，贫困人口都占到了10%以上。试想，如果不解决好这十几亿贫困人口的吃饭问题，必将引发一场动乱。

2. 治理贫困的思路

首先，通过各种宣传手段，让人们树立正确的对待贫困的态度和治理贫困的观念。目前，偏远地区已经形成“越生越穷，越穷越生”的恶性循环，个别人安于贫困的现状而不愿进取，这些态度和观念是应该被改变的。而最好的方法，就是为他们设置有利的条件，教给他们正确的方法，一旦他们尝到“甜头”，自然就比较容易树立起正确的对待贫困的态度和治理贫困的观念。

其次，科学制定计划生育政策，合理促进人口分布。第一，我们应该制定更为科学的计划生育政策。虽然我国从20世纪70年代末就开始实行“只生一个”的计划生育政策，但是如前所述，在部分偏远农村地区和边缘地区留有缺口。这一政策虽然卓有成效地控制了我国的人口增长，但是其实行又造成了新的社会问题；2011年11月，中国各地全面实施“双独二孩”政策；2013年12月，开始实施“单独二孩”政策；2015年10月，开始实施“全面二孩”政策。这是应对人口红利消失、临近超低生育率水平、人口老龄化、出生性别比例失调等问题的审慎政策选择。第二，我们应该促进人口的合理分布。比如，对于西部部分资源十分贫乏、自然条件极为恶劣、就地脱贫已经不可能的民族地区，将贫困人口向东迁移；把劳动力输出作为突破口，加强劳动力的职业技能培训，组织和引导贫困地区剩余劳动力向沿海发达地区和大中城市合理转移和健康有序地流动。

再次，完善各项制度，实现公平的分配和合理的再分配。比如，通过社会保障制度的完善，解决城乡差距、贫富差距等问题；通过税收制度的完善，实现再分配的合理化，从而促进贫困问题的解决；通过资源配置制度的完善，解决贫困人口的劳动力过剩问题，促进社会的公平化；等等。

做到了以上三点，就是做了比较全面的努力和贡献，其他的措施都可以包含于内。反贫困斗争工程巨大而持久，需要我们花费大量的人力、物力、财力和较长的时间。因此，我们要树立坚定的信心，才能在治理贫困的道路上越走越阳光明媚。

3 人口问题

在我国经济和社会发展中，人口问题始终是极为重要的问题。实行计划生育，是我国的一项基本国策。

中国共产党十二大报告（1982年9月）

根据联合国人口基金会统计，1804 年世界人口只有 10 亿，1927 年增长到 20 亿，1960 年达到 30 亿，1975 年达到 40 亿，1987 年上升到 50 亿，1999 年 10 月 12 日世界人口达到 60 亿，2005 年 6 月世界人口已达 64.77 亿。截止到 2011 年 10 月 31 日凌晨前 2 分钟，作为全球第 70 亿名人口象征性成员的丹妮卡·卡马乔在菲律宾出生。就中国而言，根据 2010 年 11 月 1 日零时为标准时点进行的第六次全国人口普查，我国总人口为 1 370 536 875 人。无论从世界还是中国来看，人口的不断增长已经使得人口问题成为人类目前面临的最大挑战。

而且，人口问题已经不仅仅是人口基数过大的问题，甚至不仅仅是人口问题那么简单，它还带来了其他方面的社会问题。20 世纪 90 年代以来，人类一改过去对人口、环境、资源和贫困等问题孤立研究的倾向，有意识地从全球角度综合地分析、研究并试图解决这些问题。人口剧增、环境恶化、资源的浪费和日益短缺已构成一种“人类生态系统”。因此，本节将从社会整体系统的角度来探讨人口问题。

3.1　人口变化的要素

1. 概　念

(1) 人口。人口是指在一定历史时期内居住于某一地区内的人的总数，它是一个国家得以存在的基本要素之一，是维持经济社会可持续发展的必要条件。它是人口学最基本的范畴。人口处于不断的变动中，这种变动取决于人口的自然属性和社会属性。

人的自然属性，是人在生物学上区别于其他动物的特点，包括生理结构、生理机能和生理需要。这是人的生理基础。人的自然属性最基本表现是以人的生理结构为物质前提的衣、食、住、行、性等基本的生理机能。人的社会属性，则是人在社会实践基础上形成和发展起来的人与人的关系属性。

人的社会属性主要表现为：人与人之间的依存关系，人际关系中物质、精神方面的社会交往，社会生活中的道德性，生产活动中的合作性。人的社会属性是人所特有的，是人的本质属性。

(2) 出生率。出生率（也称粗出生率）是指一个国家或地区在一个时期（通常是一年）内每 1 000 人对应的活产数。其公式为：

出生率（‰） = 年内出生人数/年内平均人口数[①] ×1 000

其中，年内出生人数为全年活产婴儿数，不论妊娠期长短，只要婴儿脱离母体时，有生命现象者则称为活产；年内平均人口数为全年总人口中活过的人数。

出生率受人口的年龄、性别构成的影响，只能大致反映一个地区的生育水平，所以亦称粗出生率或总出生率。要注意的是，出生仅仅是人口变动中的一个组成部分，不要把出生率和增长率混淆起来，后者考虑了所有导致人口变动的因素。

(3) 死亡率。死亡率（也称粗死亡率）是指一个国家或地区在一定时期（通常为一年）内死亡人数与同期平均人口数的比值。一般按每千人平均计算。计算公式为：

---

① 年内平均人口数的计算公式通常为：年内平均人口数 = （年初总人口 + 年末总人口）/2。

死亡率（‰）=年内死亡人数/年内平均人口数×1 000

死亡率是衡量人口健康状况的重要指标。影响死亡率的因素主要有人口年龄、营养水平、饮食和居住所、获取干净的饮用水、医疗水平、暴力犯罪程度等。

（4）自然增长率。自然增长率是指一个国家或地区在一定时期（通常是一年）内人口自然增长数①与年平均总人数之比，通常用千分率表示，用于说明人口自然增长的水平和速度的综合性指标。计算公式为：

自然增长率（‰）=出生率－死亡率

人口自然增长率，是反映人口发展速度和制定人口计划的重要指标，也是计划生育统计中的一个重要指标，它表明人口自然增长的程度和趋势。

2. 影响人口变化的要素

从上面几个与人口有关的概念可以看出，影响人口变化的要素无外乎两个方面：出生与死亡。而影响出生和死亡的因素则主要有如下几个：

一是医疗水平与条件。一般情况下，医疗水平低、条件差，则出生人口数降低，死亡人口数增加，人口自然增长数随之减少；反之，则出生人口数上升，死亡人口数降低，人口自然增长数随之增加。

二是经济水平。一个国家或地区的经济水平会影响到其医疗水平和条件，通常，经济水平较高的国家或地区，医疗水平也较高，医疗条件较好；反之，则医疗水平较低，医疗条件较差。

三是政策因素。每个国家的计划生育政策都带有一定的指导性，会影响到当时的出生人数。比如中国20世纪70年代末期开始提出的“只生一个”的计划生育政策，就使得我国的人口增长总数得到了极大的控制。

四是思想观念的影响。现在在某些发达国家，甚至在中国，一些文化素质较高的夫妇因为各方面的原因开始选择过“丁克”（Double Income No Kids）生活。这也将影响到人口的出生。

3.2 人口增长与社会

在1000年前，中国的人口只有1 600万，西欧加上南欧的人口也才约2 700万，据估计全球人口约6 000万。那时，欧洲的人均寿命仅30～42岁。1804年世界人口首次达到10亿。到1900年，世界人口达16.5亿。进入20世纪，人类也进入有史以来人口增长最快的时期。到1927年，世界人口增长到20亿，世界人口从10亿增长到20亿用了123年。此后，世界人口增长的速度越来越快，1960年，世界人口达到30亿，1974年达到40亿，47年的时间里世界人口再次翻番。1987年，世界人口达到50亿；1999年10月12日，是联合国确定的“世界60亿人口日”；2012年，世界人口达到70亿。根据“2010年第六次全国人口普查”统计的数据，我国人口已经达到13.7亿。可以看出，目前世界每增加10亿人口的时间从

① 人口自然增长数的计算公式通常为：人口自然增长数=年内出生人数－年内死亡人数。

123 年缩短到了十几年；而中国人口也已经几乎占到世界人口的 20%。人口增长如此迅猛，给社会带来了如下影响：

1. 人口增长给环境带来了压力

人口增长给自然环境带来了越来越大的压力和影响，主要表现在：

（1）人口增长，导致了对土地、水、能源等资源需求量的增大，人口数量增长给资源带来的压力是对环境产生的最基本的影响。以中国的淡水资源为例，让我们再回顾一下本章开头所写的这一段：根据联合国粮农组织 2010 年数据，中国的淡水资源总量为 28 000 亿立方米，占全球水资源的 6%，居世界第四位；但人均只有 2 200 立方米，在世界上名列 121 位，是全球 13 个人均水资源最贫乏的国家之一。

（2）伴随着人口增长，人口的分布也越来越集中于城市，人民生活水平提高，人均消费水平上升，使生活排污剧增。我们可以看到，往往经济越发达的地区，人口也越密集（比如，中国人口较密集的城市有澳门、上海、北京等）；而人口越密集，往往人均生活排污量则越高，对环境造成的污染也越严重。

（3）伴随着人口增长，人类的生产规模也不断扩大，当然也就带来了更多的废弃物，处理不当也会造成环境污染。

2. 人口增长的不均衡造成了老龄化社会

国际上通常的标准是：当一个国家或地区 60 岁以上的老年人口占人口总数的 10% 及以上，或者 65 岁以上老年人口占人口总数的 7% 以上，即意味着这个国家或地区进入老龄化社会。《2010 年第六次全国人口普查主要数据公报》中的数据显示，我国 60 岁及以上人口为 177 648 705 人，占总人口的 13.26%，其中 65 岁及以上人口为 118 831 709 人，占总人口的 8.87%。因此，无论从哪个角度看，我国都已经进入老龄化社会。

人口老龄化现象首先会对社会上现存的养老方式提出挑战。我国传统上有“养儿防老”的说法。但是，随着我国市场经济的发展，城市的独生子女家庭增多，家庭小型化趋势明显，竞争压力增加；而农村在城市化[①]的过程中，随着农村青壮年劳动力外出务工的不断增加，产生了“留守老人”这样一个日益庞大的特殊群体。这些都必然使得家庭的养老功能逐渐弱化，从而要求社会承担一部分养老功能，养老社会化必将成为一个趋势，这也给我国目前的社会保障制度提出了新的挑战。其次，人口老龄化使得“空巢家庭”问题日益突出。所谓“空巢家庭”是指子女长大成人后从父母家庭中独立出去，只剩下老年一代人独自生活的家庭。严格来说，“空巢家庭”的出现是社会发展的趋势、社会进步的体现以及人们价值观念改变的结果，并非人口老龄化的直接结果。然而在人口老龄化的总体背景下，空巢家庭的出现更加需要关注，因为它带来老年安全问题和老年人的心理健康等问题。再次，中国跑步进入老龄化社会的事实与现存的缺乏老年产业的产业结构模式出现了矛盾。如果不能及时高

---

① 城市化是指农村人口改变其居住地，从农村迁入城市的过程。它会导致人口向城市聚集，城市数量不断增加，城市规模不断扩大。

效地调整现有产业结构，比如多开发老年服装、老年医药保健、老年食品、老年教育文化等老年产业，迅速增加的老年人口将会面临生活上的种种困难和障碍，从而成为阻碍社会和谐的一大不稳定因素。

3. 人口增长的不平衡使得社会的性别比失衡

由于我国传统的“重男轻女”观念的影响、现实中的两性不平等、医疗技术中的性别判断技术的应用等原因，我国社会的性别比处于失衡的状态。《2010 年第六次全国人口普查主要数据公报》中的数据显示，我国的总人口男女性别比为 105. 20: 100。虽然这个比例乍一看并不大，但是我国目前有 13 亿多人口，这么大的基数，男女人数相差就很大了。这将会造成一部分男性或女性择偶时发生困难，导致一部分男性暂时或是永久性失去组成家庭的机会，特别是在农村贫困落后地区，从而诱发地下色情业、拐卖妇女的犯罪行为，对社会稳定和可持续发展构成威胁。

3. 3 人口与环境社会学

1. 环境社会学

20 世纪 60 年代以后，随着工业化和城市化进程的迅猛发展，西方工业国家环境问题层出不穷，人类社会开始感受到自身生存面临的威胁。这使得民众环境意识普遍觉醒，环境保护运动逐渐发展壮大，给各国社会和国际社会带来了一系列变化，如一些国家相继出台有关环境保护的法律法规，政党的政治倾向逐步向环保倾斜，国际间与环境问题相关的协商会议也日益增多等。进入 20 世纪 90 年代，环境保护已经从科学家和民众的呼声变为大多数国家领导人的共识，至此，围绕着环境问题，整个世界都发生了深刻的变化。以研究当代问题为主的社会学界同样密切关注着由环境问题导致的种种社会问题。社会学的分支学科——环境社会学就在这种背景下应运而生。

环境社会学从诞生之日起，就把造成环境问题的社会原因和社会影响作为研究对象。环境的改善和恶化会给人类社会带来或好或坏的影响，而现代社会中环境的变化往往都是人类的行为使然。因此，环境社会学研究的责任就是阐述人类行为导致环境变化，而给人类社会带来各种影响的社会特征及其问题的根源。

现在无论是世界还是中国，所面临的人口问题势必给我们生存的环境带来新的影响。因此，人口增长对环境的影响，应该是环境社会学研究的重点问题之一。

2. 人口变化对环境的影响

人口总是处于不断地变化中，不断变化的人口对环境的影响主要体现在以下两个方面：

（1）人口总量变化对环境的影响。

如前所述，人口总量的剧增导致我们对资源的需求增长过快，从而容易对资源进行不合理的开采和使用，这将导致气候变化、生态破坏、资源耗竭、环境污染、土地退化、物种灭绝等情况的出现。比如，在城市化的进程中，我们为了发展工业、修建楼房，必须占用和开采大片土地，从而导致了对自然环境的破坏。同时，人口总量的变化，也会对气候资源、生物资源、土地资源、水资源、矿产资源等造成影响。比如，随着人口数量的增加，为了让更多的人生存下去，我们要修水库、围湖造田，这会改变地面状况，从而改变气温和降雨，我们释放的大量气体会造成温室效应和酸雨；为了城市化的进程，我们会使森林减少、水土流失，从而致使气候变化、土地资源紧缺，还有前面提到的淡水资源的缺乏；再者，对矿产、能源的过度开采和利用，会使资源耗竭、造成环境污染；等等。

因此人口总量的增加将对环境承载力提出严峻的挑战。环境承载力是指在一定时期、范围和自然条件下，维持人与环境系统结构不发生质的改变，环境功能不遭到破坏的前提下，人与环境系统所能承受的人类活动的阈值。

（2）人口分布变化对环境的影响。

一方面，城市化的进程会导致人口集中到城市，造成两难命题：要么出于保护自然环境的目的，不再开发新的土地，随着城市中人口数量的增加，人的生活环境就会恶化；要么为了改善人们的生活环境，开发新的土地，又会对自然环境造成新的破坏。

另一方面，为了使人口分布更合理，我们不得不开发更多的国土资源。而国土的开发，虽然增加了新的资源储量，但也会对当地的生态环境造成一定的影响。

3. 促进人口与环境协调发展的思路

人是社会生存和发展的基本要素，人口增长不是问题，社会的发展是需要一定程度的人口增长的。可是，当人口增长过快，超过环境承载力的时候，人口问题就变成了一种危机。如果我们可以实现人口与环境的协调发展，也就可以转危为安，实现社会的可持续发展。因此，促进人口与环境协调发展的方法，也就是解决人口问题的方法。我们可以从以下三个方面做出努力：

（1）控制人口数量，提高人口质量，实现人口的可持续发展。

众所周知，地球上的陆地是有限的，因此，地球环境对人口的承载能力不可能是无限的。我们可以参考数据：马寅初先生早在 1957 年就提出中国最适宜的人口数量为 7 亿 ~8 亿，同年孙本文教授也从中国当时粮食生产水平和劳动就业角度提出了相同的看法；田雪原、陈玉光于 1980 年从就业角度研究了中国适宜的人口数量，认为 100 年后中国适宜的人口数量应在 6.5 亿 ~7.0 亿之间。我们现在的人口数量已经超过这些数据几乎一倍，而我们依然生存在地球之上，但是我们的生活质量又如何呢？仔细想想，我们的就业压力、房贷压力、生活环境拥挤等问题，不是都与人口数量过于庞大有关吗？因此，控制人口数量已经成为必行之事。

根据我国 2010 年第六次全国人口普查得到的数据，在我国每 10 万人中具有大学文化程度的才 8 930 人。虽然学历不是评判人口质量高低的唯一标准，但是无可否认它是较为客观的标准之一。可以说，我国的人口质量并不高。而人口质量的提高，可以帮助我们控制人口数量，发展经济，实现人口的可持续发展。人口的可持续发展，一方面是要实现当代人与下代人发展机遇上的公平，即不能因为我们的发展而剥夺我们的下一代发展甚至是生存的权利；另一方面每个人都应该负起社会延续的责任，既要注重生育的数量，更要注重生育的质量。

（2）发展经济的同时，注重环境保护。

人口问题的实质是人口再生产与物质资料再生产不相适应。要解决目前的人口问题，就必须发展经济，加快物质资料的再生产。而现在的状况是，我们往往以牺牲环境为代价来粗暴地“发展经济”。其实，我们忽略了经济发展与环境保护应该是一致的，不应该是矛盾的。比如，西方发达资本主义国家最开始就是以环境的牺牲来发展工业，但是现在意识到发展经济之后要花更大的代价才只是有可能将环境恢复到以前的状态。因此，我们可以考虑将环境的保护作为经济发展的前提，这样才可能真正解决人口问题，实现人口与环境的协调发展。

（3）根据实际情况，科学地制定能实现人口可持续发展的计划生育政策。

事实证明，我国 20 世纪 70 年代末期开始实行的“只生一个”的计划生育政策，虽然有效地控制了人口数量，但是也带来了目前的老龄化社会、空巢家庭等新的社会问题。因此，在现阶段，我们应该经过严谨的调研，制定出科学的、能实现可持续发展的计划生育政策。只有达到人口结构、性别、分布等方面的合理化，才能实现人口与环境的协调发展。

4　失业问题

失业是当今发达市场经济国家和计划经济向市场经济转轨国家普遍存在的经济现象，是现代市场经济运行的必然产物，也是工业化社会的伴生物；它不仅关系着千家万户的切身利益，也关系到一国经济和社会改革、发展和稳定的大局。失业问题已成为社会发展中必须面对的普遍性的社会问题。随着中国经济的增长，逐渐完善的市场经济体制取代了传统的计划经济体制，失业问题也涌到了台前。面对中国国内宏观经济形势开始呈现出新的特点，失业问题成了政府宏观经济调控最为关注的问题。据此，许多国内外专家指出，中国今后几年及在 21 世纪所面临的难题之中，失业问题是首要的。

4.1　失业的内涵

1. 关于失业

失业是指在规定的劳动年龄内，具有劳动能力并愿意就业的劳动者找不到工作，失去就业机会的社会现象。其实质是劳动者不能与生产资料相结合，失去生活的物质基础，是一种人力资源的浪费。

按照国际劳工组织的统计标准，凡是在规定年龄内的一定期间（如一周或一天），属于下列情况之一的均属于失业人口：①没有工作，即在调查期间内没有从事有报酬的劳动或自我雇佣；②当前可以工作，就是当前如果有就业机会，就可以工作；③正在寻找工作，即在最近期间内采取了具体的寻找工作的步骤，例如，到就业服务机构登记、用各种方式主动去面试等。

各国由于经济、文化等差异，对失业含义的概括也不同。比如，在法国，失业者被认为是职业介绍机构业务统计中显示无工作，但调查日向职业介绍机构提出应征固定全日制就业申请、进行求职登记者，且能立即工作的 16 周岁以上者。而日本则规定在劳动力调查中显示无工作，但进行了求职活动的有劳动能力的 15 周岁以上者被认定是失业者，包括等待过去求职活动结果的人。

目前，我国对“失业”的解释，主要是依据 1994 年国家统计局对失业的界定。失业是指在规定的劳动年龄内（16 周岁至法定的退休年龄），具有劳动能力，在调查期内无业并以某种方式寻找工作的人员，具体包括以下情况：①16 周岁以上各类学校毕业或肄业的学生中，初步寻找工作但尚未找到工作者；②企业宣布破产后尚未找到工作的人员；③被企业终止、解除合同或辞退后，尚未找到工作的人员；④辞去原单位工作后，尚未找到工作的人员；⑤符合失业定义的其他人员。

2. 与失业有关的三个概念

在我国的失业统计中，通常会提到以下三个相关概念：

（1）登记失业。登记失业制度始建于 20 世纪 80 年代初期，当时由于我国还处于计划经济体制下，称为待业登记，即城镇无业者都必须首先到政府劳动部门登记，处于等待期的劳动者被称为待业者。之后，随着社会主义市场经济体制的逐步建立和完善，中国劳动用工制度发生重大变化，用工方式从政府统一分配和安置转变为企业和劳动者双向选择，于是 1994 年我们用“登记失业”代替了“待业登记”。

（2）城镇登记失业人员。这是指在劳动年龄（16 周岁至法定退休年龄）内，有劳动能力、有就业要求、处于无业状态并在公共就业服务机构进行失业登记的城镇常住人员。

（3）城镇调查失业率。它是指城镇调查失业人数占城镇调查从业人数与城镇调查失业人数之和的比例。这是国际劳工组织通用的一个指标，能较好地反映城镇失业状况。

3. 失业的社会学理论

（1）功能主义理论。

功能主义把社会比作生物有机体，强调社会中的各个部分相互依存，并以系统的方式结合在一起，各部分都在系统中承担一定的作用或功能，由此维持着社会的稳定。失业是现代化、工业化的伴生物，是社会分工的具体表现。

功能主义认为，失业的积极功能在于：体现了社会分工的细化，促进产业机构的调整，加强第三产业的发展，整合合适的人才到合适的岗位上；失业的消极功能则表现在：强化了阶层的划分，各种社会资源急剧减少且不易再获得，容易引起其他社会问题；等等。

（2）社会冲突理论。

冲突理论关注社会生活中普遍存在的冲突现象，认为社会现实有两个方面：一是合作与妥协；二是冲突与强制。冲突虽然有消极的作用，但也是社会变迁的重要动力。

我国很多学者从冲突论的角度分析失业现象，认为对于那些不能回到社会主导产业中去、新兴产业也不会给他们提供机会的个体，会与其他个体、群体之间发生冲突，他们往往因行动方向和行动目标的不一致而采用相互对抗的方式进行社会互动。

（3）交换理论。

交换理论从个体需要、心理动机等出发，认为个人的资源是有限的，只是个人为了获取报酬或减少惩罚而付出，即进行有目的、理性的社会交换，通过支付代价与获取报酬的一系列行动结成一定的社会关系与结构。

对于失业群体而言，容易因财富、权力及声望的失落而与其他社会群体主动或被动隔离，这种相对隔离又进一步促进了失业群体内的广泛交往与沟通，导致他们有相互交流、表达不满的机会，由此可能导致他们以集体的方式为自己的侵犯性情感进行辩护，做出攻击性行为，对社会稳定产生巨大冲击。

（4）未来学理论。

对未来社会的研究是当代西方社会学中越来越重要的研究课题。托夫勒的《未来的冲击》《第三次浪潮》《权力的转移》被称为“未来三部曲”，奠定了其未来学奠基人及未来学大师的地位。

他指出，如果是在工业社会，增加资金花费或者增加消费者的购买力就可以刺激经济并提供就业机会了。但正在到来的西方社会是超工业社会，仅仅通过增加就业人数来减少失业已经不可能了，因为失业不再是数量问题，而是质量问题。我国目前的失业就是这种状况。因而在社会转型期，由于结构调整而失业的人无法适应新岗位上复杂的工作技巧时，就不仅要给他们提供必要的社会救助，还要对他们进行技能培训，这样才能有效地解决失业问题。

4.2 失业类型

经济学家和社会学家根据不同的标准，将各种类型的失业进行了区分。

1. 按照失业的显示程度划分，失业分为显性失业和隐性失业

显性失业也称公开失业，是指劳动力人口中有劳动能力和就业愿望，但因为各种原因其就业愿望不能得到满足的那部分失业人口，它是一种明显的、看得见的失业。我国的显性失业在数据上主要体现为城镇的登记失业率，该指标在2017年末为3.9%。根据我国经济发展情况，尽管就业压力依然很大，但有望继续保持稳定。

隐性失业又称隐蔽性失业、隐形失业，是指劳动者表面上就业而实际上未实现与生产要素的充分结合，从而造成劳动力半闲置的不完全就业状况，即劳动者表面上有工作，但实际上对产出没有贡献或者贡献远远低于实际能力的情况。比如，在市场经济社会中，由于经济衰退等原因，熟练工人被迫去做半熟练的工作，或半熟练的工人被迫去做无须任何技能的工作，受过高等教育的人员找不到相应的工作的情况，就是隐性失业现象。

2. 按失业产生的原因划分，失业分为摩擦性失业、结构性失业和周期性失业

摩擦性失业是指由于劳动力市场上的信息不完全，信息的传递速度不均匀，雇主与失业者之间的匹配需要一定时间而产生的失业现象。比如，某人准备从A公司跳槽到B公司，期间有一段时间在休息，这个人就是属于摩擦性失业。虽然这种失业形式在任何时候都存在，并将随着经济社会结构变化而有增大的趋势，但是对于个人和家庭而言，它是过渡性的，并且持续时间不长。因此，从经济和社会发展的角度来看，摩擦性失业并不被认为是严重的社会经济问题，可以通过改善有关各种机会的信息渠道加以解决。

结构性失业是由于劳动力供给和需求的不匹配造成的，是由经济变化引起特定市场和区域中对特定类型劳动力的需求小于其供给所导致的。比如20世纪80年代，美国将一部分钢

铁行业转移到墨西哥，造成本土的钢铁工人失业，这就是结构性失业。西方学者认为，结构性失业也是一直存在的，但往往是短暂性的失业，不需要政府干预解决。

周期性失业又称为总需求不足的失业，是指经济周期中的衰退或者萧条导致总需求不足，而引起的短期失业。比如 2008 年美国的次贷危机导致美国的失业率突破 13%。虽然周期性失业是一种短暂的失业，但是往往失业人口众多且分布广泛，是经济发展面临的最严峻的社会问题，通常需要较长的时间才能有所恢复。因而，周期性失业是人们最不想看见的失业，也是政府应该想办法治理并控制的一种失业状况。

4.3　失业与经济增长

1. 失业的经济影响

失业对于经济既有积极影响，也有消极影响。

积极的影响主要体现在：失业的强逼机制，会使劳动力受到失业的威胁而不断提高自身素质，从而提高整个社会的就业质量。失业也有助于提高劳动者的工作效率。从中国传统的“吃大锅饭”的就业体制就可以看出，保证每个劳动者就业必然是低效率的。对劳动者个人而言，只有通过大量的搜寻才能找到与自己气质、性格、年龄、知识相适应的职业，这种在搜寻工作中而产生的失业对劳动者是有益的；另外，劳动者为适应经济技术的变化需要而接受教育、培训所产生的短期失业也是有益的。从经济发展的过程而言，在我国的经济发展过程中，失业有利于培育和完善中国劳动力市场，有利于完善中国劳动力用工机制、社会保障机制，并促进我们的国有企业改革的深入。

消极的影响则体现在：失业会使经济总量降低；当失业率上升时，经济中损失了那些本来可以由失业工人生产出来的产品和劳务。失业会造成人力资本流失和劳动力资源浪费；失业者原有的人力资本得不到运用造成浪费，并且长期的失业既降低人力资本的价值，也使失业者原有的知识和技能退化甚至丧失。失业加重了政府的财政负担。失业导致失业者收入水平下降，政府的财政收入会因此而减少，而同时政府还必须发放失业救济金进行社会救助。

2. 奥肯定律

奥肯定律揭示了经济增长和失业率之间的关系，备受国内外学术界关注。这一定律由美国著名经济学家阿瑟·奥肯于 1962 年提出，定律认为，GDP① 每增加 2%，失业率大约下降 1%。

从中国的实际情况看，虽然经济增长无疑是就业增长的前提，但是高经济增长并没有创造出人们期望的那么多的就业岗位。20 世纪 80 年代以来经济保持了较高速度的增长率，年平均增长率达到 9.4%，但并没有带来就业的相应增长。1985—1990 年，中国 GDP 年平均增长率为 7.89%，同期就业人口平均增长率为 2.61%；1991—1995 年，中国 GDP 平均增长率为 11.56%，同期就业人口年增长率为 1.23%；1996—1999 年，中国 GDP 年平均增长率为

① GDP，Gross Domestic Product，国内生产总值，是指在一定时期内（一个季度或一年），一个国家或地区的经济中所生产出的全部最终产品和劳务的价值，常被公认为衡量国家经济状况的最佳指标。

8.30%，同期就业人口年平均增长率为0.96%。数据显示，1991年以来，中国GDP增长对就业的拉动作用与前期相比有较大幅度的降低，奥肯定律在中国出现了变异。

如上所述，奥肯定律在中国出现了变异，其原因是：

（1）产业结构调整。中国长期以来一直坚持“增长优先论”，经济在改革开放以来出现了飞速增长的势头，但中国的经济增长在很大程度上只是表现在GDP的大幅增长上，还没有实现真正的经济全面发展。

（2）隐性失业。中国在国有企业改革中，产生了大量冗员，他们被释放出来，即下岗。这一部分下岗者普遍年龄偏大，所拥有的技能有限，在市场竞争中没有优势，他们既不能回到社会主导产业中去，新兴产业也不会给他们提供机会，因此造成了我们看到的国有企业效率提高、盈利能力增强、GDP逐年增长，但失业率却处于上升趋势的现象。

（3）劳动力转移。伴随着城市化的进程，我国大量农村剩余劳动力向城镇转移。作为世界上人口最多的国家，我国农村剩余劳动力究竟有多少？低位估计有1亿~1.5亿人，中位估计有2亿~2.5亿人，高位估计则有4亿人。随着城镇化程度加快，农村剩余劳动力逐渐有序转移，但却没有完全被统计入城镇登记就业人口中。如今，党和国家正大力实施“乡村振兴战略”，情况又会是另一番景象。

可见，在我国，经济增长率和失业率的关系并不完全符合奥肯定律，治理失业和促进经济增长应该成为经济政策的独立目标。在治理失业方面，我们除了要保持高速的经济增长以外，还要从以下几个方面入手：大力发展第三产业，建立完善的劳动力市场和社会保障体系，注重对失业者的教育和培训等。

5 环境问题

环境问题古已有之，它伴随着人类文明而出现，因工业化而加剧，危胁着人们的健康甚至生存。随着社会经济的发展，人类对环境的破坏达到前所未有的程度，环境问题日益引起了人们的关注。如今，环境问题早已成为现实生活中的重要问题，不但引起了自然科学界的关注，同时也引起了社会科学界的广泛关注。环境问题不仅仅是技术性问题，而且已经成为社会问题。在我国，20世纪末至21世纪初，经济、社会得到了空前的发展，综合国力明显增强，人民生活和社会发展水平也大幅度提高；然而，随之而来的是作为人类生存和发展的物质基础——环境呈现出退化甚至恶化的趋势。因此，无论是在世界上还是在我国，都是一个需要加以关注的社会问题。

5.1 社会行为与环境问题

1. 社会行为

在自然界中，有些动物的一生都是在独来独往的寂寞生活中度过的，比如蜗牛、海龟。这些动物在生殖季节找一个临时伴侣共同生活，生殖过后就各奔东西，不相往来了。但是像蜜蜂、蚂蚁等动物，一生下来就在一个拥挤喧闹的社会里，过着一种高度社会化的生活。这样的动物，我们称之为社会性动物。

社会性动物往往群居在一起，经常协同作战、共同捕猎。然而，群居的生活方式让这些动物在食物资源、空间资源乃至配偶资源上都要进行剧烈的竞争，难免产生纠纷，甚至血腥争斗。如何趋利避害，保证种群的延续壮大，动物们自有其一套行为准则。群居在一起的动物相互影响、相互作用的种种表现形式，则是我们所说的社会行为。

社会行为是指个体在人际交往中所表现出来的对人、对事、对物的一系列态度和行为反应。例如交配行为及与其相关联的一系列复杂的求爱、育儿、攻击、游戏等行为，另外，上学、上班、开公司、购物、修房子等行为都可以看作是社会行为。在社会行为中，进行该行为的个体，通过诱发对方的行为展开个体间的各种关系。

2. 环境问题

环境问题是指由于生态平衡遭到破坏，导致生态系统的结构和功能严重失调，从而威胁到人类的生存和发展的现象。环境问题可以分为三大类：由于自然的力量引发的环境问题，如地震、海啸、火山、风暴等，又被称为原生环境问题；纯粹由人类生产、生活活动造成的环境问题，如乱砍滥伐引起的森林植被的破坏、过度放牧引起的草原退化等，又被称为次生环境问题；人类活动与自然力双重因素所导致的环境问题。随着人类活动的扩张，对大自然的影响程度日益加深，如环境污染、自然资源枯竭和生态环境破坏等，环境问题的成因越来越不可能归结于单一的人类因素或自然因素。第三类环境问题越来越多，环境问题也呈现出复杂、多因素的特征。

不同时期的环境问题有不同的特点：人类社会早期的环境问题，往往是因为乱采、乱捕破坏人类聚居的局部地区的生物资源而引起生活资源缺乏甚至饥荒，或者因为用火不慎而烧毁大片森林和草地，迫使人们迁移以谋生存。奴隶社会和封建社会以农业为主，这个时期的环境问题，是在人口集中的城市，各种工业作坊和居民抛弃生活垃圾出现环境污染。产业革命后到 20 世纪 50 年代的环境问题，是出现了大规模的环境污染，局部地区出现严重的环境污染，导致公害病和重大公害事件的出现自然环境的破坏，造成资源稀缺甚至枯竭，开始出现区域性生态平衡失调现象。当前世界的环境问题是环境污染出现了范围扩大、难以防范、危害严重的特点，自然环境和自然资源难以承受高速工业化、人口剧增和城市化的巨大压力，世界自然灾害显著增加。

到目前为止，已经威胁人类生存并已被人类认识到的环境问题主要有全球变暖、臭氧层破坏、酸雨、淡水资源危机、能源短缺、森林资源锐减、土地荒漠化、物种灭绝加速、垃圾成灾、有毒化学品污染等众多方面。

3. 社会行为与环境问题

> 我们不要过分陶醉于我们对自然界的胜利。对于每一次这样的胜利，自然界都报复了我们。每一次胜利，在第一步都确实取得了我们预期的结果，但是在第二步和第三步却有了完全不同的、出乎预料的影响，常常把第一个结果又取消了。
>
> ——恩格斯

自人类诞生二三百万年以来，一直和自然界相安无事，因为人类“改造”自然界的能力很弱，更多的是在“适应”大自然，所以最多只能引起局部小范围的改变。但是工业革命[①]以来，随着工具的发展，人类“改造”自然界的能力增强，我们不再安于“适应”大自然，而是开始从事更多“改造”大自然的社会行为，久而久之，就造成了大范围的环境问题。比如，工业和汽车会排放大量的二氧化碳等温室气体，改变地球大气的辐射和热量平衡，造成全球变暖。于是，高山极地冰雪大量融化，海平面上升淹没低平海岛和大陆沿海低地，并造成了全球极端天气气候事件多发。再如，20 世纪以来，我们开始广泛使用制冷剂、灭火剂和发泡剂等氯氟烃类人造化工制品，当它的分子上升到高空臭氧层中后会大量破坏臭氧分子，造成全球臭氧层减薄和南极臭氧洞，而臭氧层减薄、紫外线的增强，会造成人类皮肤癌（美国克林顿总统就曾患过）和白内障（南美洲南端已有全盲动物）的发生。强烈紫外线还使农作物减产，海洋浮游生物和鱼、虾、蟹、贝等的幼体大量死亡，使地球生态食物链受到严重破坏。

可见，我们所做出的社会行为，尤其是与企图“改造”自然界的社会行为（比如，农业中农药的使用、商业中房屋的修建、生活中电器的使用等），给人类生活带来便利的同时，也对我们赖以生存的环境造成了巨大的伤害。现在，环境问题已经引起了全球的关注，我们都在行动，共同为解决环境问题、保障人类生存和生活的良好环境做出努力。

5.2 环境对社会的影响

1. 关于环境

环境是指围绕某一事物，并对该事物产生影响的所有因素的总和。通常按照环境的属性，环境可以分为自然环境、人工环境和社会环境。自然环境是指未经过人的加工改造而天然存在的环境。自然环境按环境要素又可分为大气环境、水环境、土壤环境、地质环境和生物环境等。人工环境是指在自然环境的基础上经过人的加工改造所形成的环境，如无与伦比的古代建筑杰作故宫，或者人为创造的环境，如高楼林立、灯火辉煌的重庆夜景。社会环境是指由人与人之间的各种社会关系所形成的环境，包括政治制度、经济体制、文化传统、社

---

① 工业革命（The Industrial Revolution），又称产业革命，发源于英格兰中部地区，是指资本主义工业化的早期历程，即资本主义生产完成了从工场手工业向机器大工业过渡的阶段。工业革命是以机器取代人力，以大规模工厂化生产取代个体工场手工生产的一场生产与科技革命。

会治安、邻里关系等。我们这里所探讨的环境，主要是指自然环境。

2. 环境对社会的影响

无论人类如何追求“万物皆为我作用”，无可否认的是，人类的生存与发展都是与环境无法分割的，我们生活在整个生态环境之中，本身就是生态链中的一环，我们的行为无时无刻不在影响着环境，而同时环境变化的点点滴滴也都将深刻地影响着我们的生活质量，甚至于我们的生存。环境对社会的影响体现在以下三个方面：

第一，环境是人类社会存在的基本条件。作为人类赖以生存、繁衍和发展所需的整个外部空间——环境，制约着人类一切经济、文化与社会活动，它对人类社会的作用有：首先，环境提供了人类生存、繁衍和发展所需要的各种自然资源，为我们的生计提供物质保障；其次，环境会对人类各种社会行为所产生的废物和多余能量进行消化和转化；最后，也是最重要的一点，环境深刻影响到人类的安全、社会关系、健康、选择及行动的自由。

第二，环境影响并制约着社会的发展。让我们来看两个问题：为什么美国在两次世界大战中都没有受到太大的伤害？因为美国的地理环境是南北无强敌、东西是天险。为什么古楼兰会消失？因为那里的环境沙漠化、河流断流。这两个例子就说明了社会的发展只能是以环境为基础，环境制约着社会的发展。

第三，环境问题与其他的社会问题是密不可分的。同样，我们还是来看两个问题：为什么中国地大物博，但是环境问题依然十分突出？因为我们的人口众多。为什么中东地区战争频发？因为那里石油资源丰富。可见，人口问题可能会引发环境问题，而环境问题也可能会引发战争等严重的社会问题。环境问题与其他社会问题之间是环环相扣、密不可分的。

5.3　环境生态治理与保护

1. 可持续发展战略

“可持续发展”的概念最早是在 1972 年的斯德哥尔摩联合国人类环境研讨会上正式提出的。在随后的多年里，各国致力于界定和完善“可持续发展”这一概念。现时已拟出的定义已有百个之多，涵盖范围包括国际、区域、地方及特定界别的层面。1987 年，世界环境与发展委员会出版《我们共同的未来》（作者是挪威首位女性首相 Gro Harlem Brundtland)，将可持续发展定义为“既能满足当代人的需要，又不对后代人满足其需要的能力构成危害的发展”。这一“可持续发展”的定义被广泛接受并引用，这个定义系统阐述了可持续发展的思想。1992 年 6 月，联合国在里约热内卢召开“环境与发展大会”，通过了以可持续发展为核心的《里约环境与发展宣言》《21 世纪议程》等文件。随后，中国政府编制了《中国 21 世纪人口、资源、环境与发展白皮书》，首次把可持续发展战略纳入我国经济和社会发展的长远规划。1997 年的中共十五大把可持续发展战略确定为我国“现代化建设中必须实施”的战略。

让我们来看一个例子：1943 年夏季，在美国西海岸的洛杉矶市，250 万辆汽车每天燃烧掉 1 100 吨汽油。汽油燃烧后产生的碳氢化合物等在太阳紫外光线照射下引起化学反应，形成浅蓝色烟雾，使该市大多市民患了眼红病、头疼病，后来人们称这种污染为光化学烟雾。

1955 年和 1970 年洛杉矶又两度发生光化学烟雾事件，前者有 400 多人因五官中毒、呼吸衰竭而死，后者使全市四分之三的人患病。大量发展汽车工业，虽然短期内实现了经济增长、人们的生活水平提高，但是，其违背了可持续发展战略，破坏了环境，带来的恶果在之后的一段时间内都会对人们造成影响。

可见，可持续发展战略应该在环境生态治理与保护中被坚持，无论我们从事什么样的社会行为，都应该以此为评判标准。

2. 生态社会的建设

可持续发展是生态—经济—社会复合系统的持续、稳定、健康发展，强调社会、经济、人口、资源和环境的协调发展而生态社会则是可持续发展的重要标志，是环境生态治理与保护所追求的目标。

生态社会是指以社会与自然内在契合为基本理念，以生态、经济和社会的可持续发展为准则，致力于实现人与人、人与自然、社会与自然和谐发展的社会形态。它具有生产全面、社会和谐、资源利用的可持续性三个特征。

据报道，我国的金沙江某一段水域建立水电站时，因为没有预留鱼道而导致多种珍贵鱼类灭绝，这就是与生态社会相违背的行为。在生态社会中，社会与自然的发展是同步的，而不是相悖的。生态社会不仅要求我们种植绿树、节约能源，还需要我们善待赖以生存的环境，尊重其他物种。

3. 用好科技这把“双刃剑”

科学技术的进步为人类社会带来了广泛而深刻的变化，成为经济增长和社会发展的强大推动力，极大地提高了人们的生活水平，便利了人们的生活。但是，人类对科技的滥用，使得科技对生态环境的负面作用越来越明显，导致了能源危机、环境污染、生态失衡等灾难性后果。

科学技术本身是中性的，关键是如何使用它。科技可以被我们用来砍伐树木、破坏耕地，也可以被我们用来治理和保护好生态环境。在可持续发展战略的指导下，在我们未来的“生态社会”中，我们应该利用科技更好地改善我们所居住的环境。这个“改善”不同于“改造”，它应该是以自然环境为基础，实现社会与自然的共同发展。

课后思考：

1. 当前我国国内最主要的社会问题有哪些？为什么？举两例进行分析。
2. 查阅相关资料，从政府、社会和大学生自身角度谈谈怎样破解大学生就业结构性矛盾。
3. 查阅相关资料，谈谈如何认识和解决我国的贫困问题、贫富差距问题。
4. 查阅相关资料，就我国人口老龄化的特点、“未富先老”的现状及如何求解的问题，谈谈你的观点（不少于 500 字）。
5. 结合所学知识，以“资源环境与可持续发展的关系”为主题写一篇小论文。
6. 结合我国经济转型的现状，就生态风险及其治理现状写一篇不少于 500 字的体会。

第 8 章　社会控制

人们的正常生活、社会的正常运行需要一定的社会秩序，但是，并不是所有的人在任何情况下都能按照制度和规范的要求行事，当这种失范行为严重到一定程度的时候，就形成了社会问题。为了避免和消减失范行为的不良后果，社会需要一种机制，这就是社会控制。

◇ 章首引语

美国东部时间 2001 年 9 月 11 日上午（北京时间 9 月 11 日晚上），恐怖分子劫持了四架民航客机，其中两架撞击了美国纽约世界贸易中心，一架撞击了华盛顿五角大楼。包括美国纽约地标性建筑世界贸易中心双塔在内的 6 座建筑被完全摧毁，其他 23 座高层建筑遭到破坏，美国国防部总部所在地五角大楼也遭到袭击。这就是著名的“9・11”事件。

2004 至 2012 年，重庆市沙坪坝区井口镇二塘村人周克华用八年时间，跨越三省，作案十起，杀害十人，共抢劫 55.5 万元人民币。2012 年 8 月 14 日清晨，在重庆沙坪坝区童家桥被公安民警成功击毙。

2006 年，河北白洋淀国华禽蛋加工厂生产的“红心”鸭蛋被查出每千克鸭蛋里含有高达 0.137 毫克的苏丹红Ⅳ号①，对人体造成非常大的伤害。经调查发现，这是因为他们给喂养鸭子的饲料里加了一些“营养素”，“营养素”中含有 46.5% 的工业染料苏丹红Ⅳ号。

2012 年，中国“保钓事件”继续发酵，成都、广州、深圳、长春等地爆发反日示威大游行。内地民众表示，必须通过游行表达自己的爱国情感和诉求，并声援香港保钓运动。有示威市民打砸路过的日本车辆，并推翻一辆日产警车。

……

① 苏丹红Ⅳ号，颜色红艳，毒性很大。国际癌症研究机构将苏丹红Ⅳ号列为三类致癌物，其初级代谢产物列为二类致癌物，食用后可能致癌。

以上种种事件都是社会失范的一种表现，而社会控制则是要避免或者消除这种失范，保证社会正常运行。当前我国改革的实践也已表明适当的社会控制对社会稳定和发展是非常必要的。

一般只有当某个问题发展到相当严重的程度时，才会引起人们的关注，才形成所谓的“社会问题”，人们才会想到应该采取某种措施解决或者干预这个问题，这是社会控制的一种。但是，社会控制不仅仅应该在此时出现，还应该在问题没有扩大化的时候就进行，才能更好地保证人们的正常生活和社会的正常运行。比如，在日常生活中，当有人做出或者说出某些看似不正常的事情时，我们可能会说“你疯了!”或“真奇怪!”这时候我们就是在进行一种社会控制，而不是说非要引起大家的关注，形成社会问题了，才会涉及社会控制。

本章将从社会控制的基本概念和理论讲起，为大家分析社会控制有哪些方式，并着重讲解越轨、犯罪与社会控制的关系，力求让大家对社会控制形成系统的认识。

1 理解社会控制

1.1 社会控制的含义

1. “社会控制”的提出

1896 年，爱德华·罗斯关于社会控制的第一篇文章出现在《美国社会学杂志》，文章的题目就是“社会控制”。随后，1901 年，他出版了《社会控制》一书，首次从社会学意义上使用“社会控制”一词。在他看来，社会控制是指社会对人的动物本性的控制，限制人们做出不利于社会的行为。他认为，在人的天性中存在一种“自然秩序”，包括同情心、互助性和正义感三个组成部分。人性的这些“自然秩序”成分，使人类社会处于自然秩序的状态，人人互相同情、互相帮助、互相约束，自行调节个人的行为，避免出现因人与人的争夺、战争引起的社会混乱。但是，罗斯为美国社会设想的这种“自然状态”，被 19 世纪末 20 世纪初高速发展的城市化和大规模移民所否定。在现代的美国社会，初级群体和社区迅速解体，人们不得不生活在完全陌生的社会环境中，社会交往的“匿名度”大为提高，人性中的“自然秩序”难以再对人的行为起约束作用，越轨、犯罪等社会问题大量出现。所以，罗斯认为，必须用社会控制这种新的机制来维持社会秩序，即社会对个人或集团的行为进行约束。他还认为，舆论、法律、信仰、社会暗示、宗教、个人理想、礼仪、艺术乃至社会评价等都是社会控制的手段，是达到社会和谐与稳定的必要措施。

20 世纪 60 年代以前，罗斯的社会控制理论曾在美国风靡一时。此后，社会控制的理论不断得到修正和充实。有学者认为，把社会控制仅仅归结为控制人的动物本性，带有根本性的偏差，因为它否定了人的社会性，无法解释复杂的社会问题。

2. 社会控制的含义

社会控制就是社会组织利用社会规范对其成员的社会行为实施约束的过程，有广义和狭义之分。广义的社会控制，泛指对一切社会行为的控制；狭义的社会控制，特指对那些违反社会规范的行为，即越轨行为的控制。

为了理解这个定义，我们来看一个例子。假设你正在一个餐馆就餐，相隔几张桌子外的某个人正在盯着你看，虽然他一言不发，但是你感觉他来意不善。于是，你叫来经理希望能解决这个问题，经理知道后试图礼貌地请求那个家伙离开以避免一场冲突的发生。此时，从广义上来定义，这就是在进行社会控制了，而狭义上则还不算社会控制。如果那个家伙坚决不肯离开，经理报警，警察来了，他还是决定继续留在餐馆，警察勒令嫌疑人跟他们走，但是这个家伙不打算用和平的方式跟警察走，迫使警察只能动用武力铐住他并拖他离开。这就是狭义上的社会控制。

从社会学的角度来看，社会控制应该不仅仅局限于对越轨行为的控制，还应该包含对所有社会行为的控制，目的在于使社会正常地运转。本书从广义的角度来理解社会控制。

1.2　社会控制的类型

按照不同的分类标准，可以将社会控制划分为不同的类型：

1. 正式控制与非正式控制

根据社会控制有无明文规定来划分，分为正式控制和非正式控制。

正式控制是使用正规的、成文的规则来约束人们的控制方式，比如法律、条例、规章等等。正式控制的实施工具主要有政权、法律、纪律及各种社会制度，体现国家权力的军队、警察、法庭、监狱等，社会中有组织的宗教也往往表现为正式控制的方式。正式控制的目标主要是通过国家权力机构及各种控制机关，施行种种有明确规定的制度，约束或指导人们的行为，维持社会秩序，确保社会整体的稳定与发展。正式控制是社会控制正规化、制度化的一种表现。比如，我国《刑法》第二百三十四条明确规定："故意伤害他人身体的，处三年以下有期徒刑、拘役或者管制。""犯前款罪，致人重伤的，处三年以上十年以下有期徒刑；致人死亡或者以特别残忍手段致人重伤造成严重残疾的，处十年以上有期徒刑、无期徒刑或者死刑。"这就是社会控制的一种。

非正式控制是使用不怎么成型的规范来约束人们的控制方式。在日常生活中，人们会对你施加压力以符合他们的意愿和期望。他们所使用的方法有些很微妙，另一些则很明目张胆。比如，当一个妻子没有说再见就挂断了丈夫的电话，那可能是因为丈夫刚打电话告诉她要出去应酬要晚点回家，这属于非正式控制的一种；或者一位经理在全体职工面前责骂某位老员工，因为他经常迟到，这也是一种非正式控制；当一个完全陌生的中国人对你怒目而视，因为他看到你的 T 恤衫上写着"日本购买钓鱼岛的行为是合法的"，那也是非正式控制的一种情况。

2. 积极控制与消极控制

按照是采取鼓励还是惩罚的方式来进行社会控制进行划分，分为积极控制和消极控制。

积极控制是指运用舆论、宣传和教育等手段对社会成员的价值观和行为方式进行诱导，以鼓励成员遵从社会规范的控制方式。比如，公司因为你本年度没有一次迟到、早退而给你发全勤奖，以达到使全公司的员工都不迟到、早退的目的，这就是积极控制。

消极控制是指对已经发生的违反社会规范的行为进行惩罚，造成畏惧，以达到警告本人或者其他社会成员再犯的目的的控制方式。比如，对于醉酒后驾驶机动车的人，公安机关交通管理部门将约束其至酒醒，并处十五日以下拘留和暂扣三个月以上六个月以下机动车驾驶证，并处五百元以上二千元以下罚款，以此来达到消除醉酒驾驶行为的目的。这就是消极控制。

无论是正式控制，还是非正式控制，都既可以采取积极控制的手段，也可以采取消极控制的手段。

3. 外在控制与内在控制

按照社会控制是否依靠外部力量来划分，分为外在控制和内在控制。

外在控制是指社会依靠外在力量控制其成员，使其符合社会规范的控制方式。内在控制，即自我控制，是指社会成员自觉地把社会规范内化（即个人对社会规范的认同），来约束和检点自己的行为的控制方式。

比如，某人在香港旺角一带逛街的时候，突然觉得喉咙不太舒服，由于知道随地吐痰不好，于是将痰吐到沟渠里。但是，没想到还是给食环署的工作人员逮住了，于是对该人处以1500元港币的罚款。这就是一种外在控制。接着，该人交了罚款之后又到香港鸭寮街一带逛街，这时，他又觉得喉咙有痰，由于之前的教训，他知道了在香港不能随地吐痰，于是将痰吐在餐巾纸里，然后将餐巾纸包上扔到了垃圾箱里。此时，外在控制就转化为内在控制。由此可见，外在控制与内在控制的界限是相对的，两者可以相互渗透和转化。

1.3 社会控制的特点

1. 普遍性

一方面，任何社会要正常运转，都需要社会控制及其相应的控制机制。从大的方面来说，如上一章我们所提到的，地球的资源是有限的，而世界人口已经突破了70亿大关，这难道不需要进行社会控制吗？从小的方面来说，“三鹿奶粉”事件、爆炸西瓜、瘦肉精、下水道小龙虾等食品安全问题频发，没有社会控制可以吗？我们难以想象一个没有控制的社会是什么样的。

另一方面，社会控制是以一个社会的所有成员为对象的。比如，台湾地区前领导人陈水扁卸任领导人职务后，于2008年11月12日被台北地方法院以涉嫌贪污、洗钱等重罪为由收押禁见，经过多次审判后，台湾高等法院于2010年6月11日作出二审宣判，陈水扁被判刑20年。再如，某学生在课堂上讲话，被老师当众批评了。这都是社会控制的一种。由于社会中的每一个成员都是社会中的一员，因此他们都是社会控制的对象。

2. 阶级性

在阶级社会里，社会控制的目的及与此有关的行为规范和控制手段，都体现了统治阶级的意志。虽然社会控制总是以全社会的或全体“人民”的名义，但首先是或者在本质上是占主导地位的统治阶级的利益之体现。比如，在我国封建社会，为了更好地繁衍后代，并体现夫权的绝对权威，我们实行的是一夫一妻多妾制度，这种制度是符合当时以皇帝为代表的统治阶级的利益的。因此，对于不能生育却又不允许丈夫再娶的女性，社会是予以谴责的，甚至可以根据当时的法律制度休妻再娶。这就是社会控制的阶级性的体现。

3. 强制性

不管是在人身自由受到严厉限制的专制社会，还是在自由开放的民主社会，社会控制都带有某种程度的强迫性。依赖于成文的规则进行的正式控制，无疑是具有强制性的。比如，前面提到的周克华因为抢劫、杀人而被追捕，当他不接受这样的社会控制方式时就会拒捕，最后被警察击毙。这个例子充分说明了正式控制的强制性。而非正式控制也具有一定的强制性。比如，丈夫经常外出应酬，既不能常常陪妻子，也错过了很多孩子的成长过程，此时，妻子和孩子都通过冷淡的表现（比如不和他说话、同桌吃饭等）表达出不满。那么，丈夫为了改善这种关系，则只能选择少应酬，虽然这未必是他所愿。可见，非正式的控制也具有一定的强制性。

2　社会控制方式

社会控制的方式是指社会、群体以何种方式、何种手段去预防、约束和制裁其成员的社会行为，特别是可能发生或已经发生的越轨行为。社会控制体系内的各种控制方式是互为补充、协调一致的；社会控制的方式也是多种多样的，主要包含习俗、道德、宗教、政权、法律法规、社会舆论和群体意识几种社会控制方式。虽然它们的作用范围和作用方式不完全一样，但是其共同的目标都是使人们遵从社会规范、维护正常的社会秩序。

2.1　习俗、道德和宗教

这三种社会控制方式，除了有组织的宗教，其他往往都是非正式的控制方式，主要通过对违背者的嘲笑、攻击和孤立来使得大家遵从社会规范，从而保证社会的正常运转。

1. 习　俗

习俗是人们在长期的共同生活中逐渐形成并共同遵守的风俗、习惯。比如，广东人把“我先走了”说成“我走先”。再如，到侗乡做客，要尊重坐的规矩：如果坐在主人家的大门槛，屁股对着堂屋的神壁，会被认为是对主人家的祖先不敬重；主人家新的红漆四脚板凳不能随便坐。有这样板凳的人家，说明他家已娶了新媳妇，凳子是娘家陪嫁去的，是新媳妇专用凳子，待新媳妇生了小孩以后，这凳子才可以随便坐。侗家的火铺，是侗家人炊事、烤火和接待客人的地方，主人恭请客人坐火铺里边，那是上好的坐位，客人要正襟危坐，不要将两腿大大张开，否则会被认为对女性不尊重，也不能翘二郎腿，那样会被认为是摆架子，瞧不起主人家。还有，像我们现在送礼，往往不送400元，因为“4”被认为和“死”同音，不吉利。

可见，习俗对人们的行为有指导和约束作用，在一定程度上发挥着社会控制作用。如前所述，这主要表现为违背习俗的人常常会受到周围人的嘲笑、攻击和孤立。虽然这种控制方式不是强制性的，但是周围人的嘲笑、攻击和孤立会给人造成极大的心理和精神压力。所以，往往在传统、封闭的社区中，习俗的社会控制作用是明显的，而在现代开放的社会中，习俗的作用就微弱得多。比如，在中国过年，除夕是我们最注重的节日，这是家人团聚的日子，大家都要守在一起吃年夜饭。在传统的中国，由于女方嫁人后就是男方家里的人了，所以过年时，女方一定要在男方家里过；并且，年夜饭一定不能在外面吃。但是现在，我们看到也有男方到女方家里过年的情况，有的家庭为了方便，年夜饭在外面餐馆里吃。

习俗所发挥的社会控制作用也有积极和消极的区别。良好的习俗是民族的优秀文化传统，它有利于人们之间的关系的维持，有利于社会的进步，这时它的社会控制作用就具有积极作用。比如，我们经常宣扬的尊老爱幼的传统美德，就是一种能够发挥积极控制作用的习俗。而陈规陋习则是落后的观念和行为方式，它会阻碍社会的进步，这时它的社会控制作用就是消极的。比如，闹新房本来是为了替一对新人开心，但是有的地方闹新房闹得把新郎扔下了海，致使新郎生病而收场，这样的习俗所发挥的社会控制作用就是消极的，应该改变。

2. 道　德

道德是一种社会意识形态，是以善恶评价为中心的行为规范的总和。它是通过对善与恶、正义与非正义、正当与不正当等行为的价值判断来实施社会控制的，它往往内化在人的心中，成为人的自觉行为。道德是习俗经过统治阶级的选择、提炼和整理，发展为教化人们的规范体系和控制方式。在不同时期，道德的内容虽然是不一样的，但是其代表的都是统治阶级的利益。比如，中国古代社会认为“女子无才便是德”，不提倡女子多读书，在官场之中更是难以看到女子的身影。但是，随着时代的进步，女子在社会生活中所承担的角色越来越多样化，也越来越重要，甚至在令人眼花缭乱的世界政坛中，也越来越多地闪现着诸如孟加拉国总理齐亚、爱尔兰总统麦卡利斯、新西兰总理克拉克、美国国务卿希拉里等女性的身影。

相比于习俗，道德虽然从习俗发展而来，但道德对人的社会行为的影响力比习俗要强。道德这种社会控制方式往往不依靠国家的暴力实现，而是依靠教育、社会舆论和个人的内心信念来促使人们遵守道德规范。比如不孝顺父母是违反道德的，往往会受到社会大多数人的攻击，从而使其迫于舆论的压力不得不遵从道德规范。相比于法律，道德控制所涉及的范围更广，几乎涉及社会生活的一切方面，能起到法律无法起到的作用。比如，在我国，随地吐痰、公众场合抽烟等行为的禁止，目前还只能靠道德来规范。我们有时会看到某人在禁止吸烟的公示牌下站着抽烟，如果只是某一个人去提醒他，可

能他虽然知道这是不对的，但是依然置之不理，而如果周围大多数人都对其进行指责，那么往往这个人便不会继续抽烟了。这就是道德往往通过教育、社会舆论来促使人们遵守社会规范，并且所涉及的面比法律更广的体现。

道德包含了对一个人的人格进行优劣评价的因素。道德的社会控制作用是这样来发挥的：道德的行为会受到社会赞扬，不道德的行为则会受到社会的谴责，使行为者在思想上、心理上感受到压力，从而使其遵从道德规范。因此，道德对人的行为有明显的指导意义，同时也对违反道德的行为具有控制作用。

3. 宗　教

宗教是人类社会发展到一定历史阶段才出现的一种文化现象，也属于社会意识形态。其主要特点是，相信现实世界之外存在着一种超自然的神秘力量或实体，该神秘力量或实体统摄万物且拥有绝对权威，主宰着自然，决定着人的命运，从而使人们对这一神秘力量或实体产生敬畏及崇拜之心，引申出信仰认知和仪式活动。简单地说，宗教是一种与神或神圣物相联系的信仰和规范体系。作为社会规范的宗教，主要表现为教规和宗教仪式。宗教通过教育和制裁两种手段来约束和控制其信徒的活动。

在政教合一的情况下，宗教发挥着极强的控制作用。比如在中世纪时期的欧洲，宗教裁判所往往通过烧死“异教徒”来约束和规范其他教徒的行为。而在现代国家，随着宗教世俗化，它的控制力量在减弱。大家是否还记得在《达·芬奇密码》中，塞拉斯所带的苦修带？这是当时基督教的一种清修方法，就是在大腿上绑上带有金属倒刺的皮带，每当人活动的时候，倒刺在皮肉里给人带来剧痛，以灭绝人欲，认为这样才能更接近上帝。这种灭绝人欲的苦修方式，就是在政教合一时期宗教极强的控制作用的体现，在现代社会，已经难以看到了。

2.2　政权与法律法规

政权与法律法规这两种社会控制方式，是以国家强制力为后盾进行的正式控制。其共同点在于都属于刚性的规定。

1. 政　权

政权，即政治权力，是统治阶级实行阶级统治的权力，是国家一切权力的基础。一方面，统治阶级通过建立行政体系，设置各级政府和委任政府官员，运用惩罚性、威慑性的手段来实现对内、对外的管理，并凭借军队、警察、法庭、监狱等专政工具来对破坏国家利益、严重危害社会秩序的行为进行制裁。因此，政权是一种强有力的社会控制手段。比如前面提到的周克华事件，就因为其行为已经严重危害到社会秩序的正常运转，因此，我们通过警察这种强有力的专政工具来对他进行了制裁。另一方面，国家政权还运用教育手段，通过向国民灌输统治阶级所认可的价值观，倡导政府所提倡的行为方式教化国民，使其自觉地按照国家政权认定的规则行事。比如，布什在纽约发表的纪念“9·11”一周年的电视讲话中，竟然不提伊拉克，而是大谈美国精神。何为美国精神？美国精神的主要内涵大概有这么几个方面：一是作为美国国民的自尊自豪感；二是开拓进取、富民强国的精神；三是注重实际，以勤奋工作为荣；四是追求个人成才发展机会中的平等民主自由。这其实就是所谓的爱国主义教育，即是政权运用教育手段进行社会控制的体现。

另外，我们要注意的是，政权的性质不同，它所采用的社会控制的手段也不同。比如，在封建社会，统治阶级所采用的社会控制手段主要是暴力，而到了现代社会，统治阶级所采用的手段则主要是通过教化民众，使其行为与社会规范相符。即使是同一性质的政权，由于国家与国家的传统不同，国内面临的社会问题不同，也会采取不同的社会控制方式。比如，同样是资本主义国家，美国和日本所采取的政权控制方式就不一样，美国更推崇民主一些。

2. 法律法规

法律法规，指现行有效的宪法、法律、行政法规、地方性法规和规章、部门规章及其他规范性文件以及对于该等法律法规的不时的修改、补充以及司法解释。其中，法律有广义、狭义两种理解。广义上讲，法律泛指一切规范性文件；狭义上讲，仅指由立法机关制定的规范性文件，在我国特指全国人民代表大会及其常务委员会制定的规范性文件。当法律与法规在一起谈论时，法律则是指狭义上的法律，法规主要指行政法规、地方性法规、民族自治地区的法规及经济特区的法规等。简单地理解，法律法规是指由国家制定和认可的规范性文件，是由国家政权来保证执行的行为规则。可以说，法律法规是最严厉、最权威、最有效的社会控制手段。

法律法规也好，政权也罢，都代表统治阶级的意志，是统治阶级为了维护社会秩序的正常运行而采取的强制性社会控制手段。从人类社会发展的过程来看，法律法规已经越来越多地将社会生活纳入其中，社会生活走向法制化已经是必然。比如，原来靠道德、信用来约束的商品买卖行为，已经改由《合同法》等相关法律法规来约束。这是因为一方面，法律法规由国家制定和认可，以国家政权为后盾，具有强制力强迫民众服从，具有极强的社会控制力；另一方面，在现代社会，法律法规一般都是明文规定，具有制裁和“杀一儆百”的昭示作用和教育功能。比如《刑法》第二百五十八条明文规定：“有配偶而重婚的，或者明知他人有配偶而与之结婚的，处二年以下有期徒刑或者拘役。”通过这一规定，大家就明确了重婚罪的量刑，在实施此行为之前就要考虑到能否承受这一后果，从而达到消除重婚这一社会行为的目的。

需要注意的是，要发挥法律法规的社会控制作用，就必须做到有法必依、执法必严、违法必究，以及法律面前人人平等。因为法律法规虽然是由国家制定和认可的，但是只有为大众所普遍认可才能实现其信用和权威，真正发挥其应有的社会控制作用。

2.3 社会舆论与群体意识

这两种社会控制方式也往往是非正式的社会控制手段，但是在现代社会，却发挥着越来越重要的作用。

1. 社会舆论

社会舆论是社会上众人关于某一事件或现象的议论和意见，它包含了对于此事件或现象的是非曲直评价。社会舆论是一种公意，是大多数人的意见，因此，它对少数人的言行具有一定的指导、约束及社会控制作用。社会舆论发挥其社会控制作用的机制是：社会舆论作为一种议论和意见，带有一定的倾向性，代表了大多数人的某种态度，会对少数人的、与众人意见不同的言行产生环境压力，少数人为了缓解这种压力，会改变或放弃原来的言行，与众人保持一定程度的一致。比如，我们说的“人云亦云”就是此意。

社会舆论可以产生两种控制效果，当它代表社会正义时是一种正确意见，有积极的社会控制作用。比如，我们会对汶川地震中出现的“范跑跑”范老师的行为进行谴责，以此规范老师的职责，应该将保护学生，特别是未成年学生包含在教师的职责中。此时，社会舆论具有积极的社会控制作用。但是，社会舆论未必总能对社会现象给予正确评价，特别是对于新生事物，革新者畏于人言，就可能改变或放弃自己的观点，这时它的社会控制作用就是消极控制。比如，我们所熟知的“指鹿为马”的故事，就是社会舆论的消极控制作用的体现。

在当今社会，随着计算机技术的发展和互联网的普及，社会舆论中的网络舆论开始发挥越来越重要的社会控制作用。2016 年 4 月，山东聊城冠县发生“辱母杀人”案件，女企业家苏银霞遭到社会闲散人员暴力追债、殴打、侮辱，其子于欢在目睹母亲受辱后，用水果刀乱捅，致催债人员一死三伤。2017 年 2 月，一审判于欢无期徒刑。此后，网络媒体用了代入感、涉及性的传播技巧，让这个事情迅速膨胀。2017 年 6 月，山东省高院二审认定于欢属于防卫过当，构成故意伤害罪，判处于欢有期徒刑五年。再比如，2018 年 11 月 2 日，重庆万州发生大巴坠江事故。一开始，不少人在网上“围攻”小轿车女司机，一时间，“轿车女司机穿高跟鞋逆行”等信息散布网络，女司机也被警方控制。然而，一周后公布的事实真象却发生大逆转，真正原因是刘姓女乘客因错过站点而与司机激烈争执互殴致车辆失控。可见，社会舆论的社会控制作用，已经与当今信息技术的发展相联系，具有越来越重要的地位。

2. 群体意识

群体意识是成员对群体的认同感、归属感和责任感的总和，它是成员为了维护群体的荣誉和利益对自己应该作出或不作出的行为的思考。群体意识是重要的控制手段。群体意识是通过成员之间的互动和社会化形成的，个人加入群体成为群体的一员，群体会以提供精神寄托、良好的人际关系、安全感、成就条件及荣誉手段吸引群体成员，从而使群体具有较强的凝聚力。同时，群体也会以各种方式和手段向其成员灌输群体价值、规范和目标。这样，群体成员就会产生荣誉感、满足感和对于群体的责任感。当他把自己的个人行为与群体利益联系起来，从而愿意为群体承担责任、履行义务、做出贡献时，其群体意识就产生了。群体意识是群体成员团结的基础，也对成员的行为具有指导和约束作用，以促使成员实现群体目标。比如，我们常常看到，一些学校在新生入学时会进行入学教育，归纳其内容，可以总结为："今天我为学校而自豪，明天学校将因我而骄傲。"这句话就经典地诠释了群体意识的形成过程。当你进入某所学校时，学校通过已有的荣誉和成绩让你充满自豪感和责任感；于是，你将个人的行为与学校的荣誉联系起来，此时，你对于学校的认同感（即群体意识）便产生了。接着，你就会围绕学校的利益，思考自己作为学校的一员，应该做什么、不应该做什么；由于对学校的认同感和责任感，你会做有利于学校利益的事，不做破坏学校形象的事，此时群体意识便具有社会控制的作用。

实际上，一个单位、一个组织、一个国家培养其成员的群体意识来实现其控制的积极作用是相同的。

3　越轨及其控制

如前所述，广义的社会控制泛指对一切社会行为的控制，而社会控制的目的就是要使人们正常生活、社会正常运行。可是，当某些违反社会规范的行为（即越轨行为）出现时，就会影响人们的正常生活和社会的正常运行。因此，本节将对越轨行为进行专门的讨论。

3.1　越轨的定义

1. 越轨行为的含义

越轨，从字面意思来理解，就是越出轨道，比喻言行超出常规或违反制度。越轨行为就是指违反社会规范的行为。越轨行为就好比一辆本来应该按照既定的轨道正常行驶的火车，却偏离了原来的轨道。由此而产生的后果是：可能这辆火车还是会阴差阳错地到达了目的地，什么事也没有发生；也有可能会翻到高架桥下，惨不忍睹；或者从此踏上错误的漫漫旅途。因此，越轨行为可能会造成严重的后果，我们研究如何对其加以控制是完全有必要的。

我们来思考一个问题：未经允许破门而入的行为是不是越轨行为呢？我们可以想一下，如果是一个公民，他当然是违反了一定的社会规范，属于越轨行为，严重的可能会涉及犯罪。但如果是一个消防员出于救火的目的未经允许破门而入，那就不能算是越轨行为了。因此，我们可以说，越轨行为具有相对性，即它总是在特定的时间、地点和条件下才成为越轨行为。又比如，一个男人娶四个妻子，在我国是违法的，属于越轨行为，而在阿拉伯国家则是合法的，不属于越轨行为。因此，某一社会或群体中的越轨行为，在另一社会或群体中可能是正常或正当行为。

另外，越轨行为不完全等同于第七章中讲述的社会问题，但越轨行为与社会问题是有关系的。只有当某种越轨行为频繁地发生，且对社会造成了危害并使相当数量的人受到威胁时，才会转化为社会问题。比如，某一个中学生吸烟，属于越轨行为，但是还不构成社会问题；但是，如果社会中大部分的中学生都吸烟，此种越轨行为就转化为社会问题。而且，行为越轨的程度以及此种行为受到惩罚的程度，取决于该种行为所触犯的规范的重要性，即取决于该规范在维系社会与群体上所处的地位。当越轨行为触犯到与社会及其统治者生死攸关的规范时，其越轨程度与所受惩罚必然严重，反之则较轻。

2. 理解越轨

在对“越轨”一词进行把握时，我们要注意对所谓“轨”的理解，具体来说有以下几个方面：①违背自然之“轨”的行为，会受到来自于自然界的惩罚，但是这种惩罚是远期的、广泛的，所有文化都不禁止这些行为。比如，为了人类的安全，需要灭鼠；为了保证国庆阅兵仪式的顺利进行，我们使用人工手段来控制天气。②违背法律之“轨”的行为，依法要接受法律的惩罚和强制性要求。比如，抢劫、强奸、杀人等行为，既应该受到法律的制裁、又应该受到道德的谴责。还有一些行为，比如因生活所迫，为了救自己的孩子而偷了公司的钱，虽然情有可原，但是依然要受到法律的制裁。③违背道德之“轨”，可能会受到舆论的谴责。比如，你大义灭亲，向检察机关举报了自己受贿的父亲。④违背文化之“轨”，往往没有法律后果，但会被人非议。比如，一个 82 岁的老妇嫁给了 28 岁的壮汉，或者在毕业典礼上，你穿着背心、短裤、拖鞋上台接受学位授予。⑤违背常理之“轨”，不符合人们的情感和习惯，让人感到别扭，但无从指责。比如，你和自己正在读初中的孩子一起观看电影《色戒》，当出现性场面时，大家都很尴尬。

可见，“轨”有多种形态，违背上述规范者皆为“越轨”。

3. 越轨行为的判定

如前所述，越轨行为就是指违反社会行为规范的行为。但是，违反何种社会行为规范被看作是越轨行为？由谁来认定某一行为是否越轨？我们需要对越轨行为进行更为明确的界定。

首先，某行为是否属于越轨行为，要看该行为所发生的具体时间。比如，男女未婚同居行为，在中国，尤其是在以前，被认为是越轨行为；而在现代西方社会和中国现代社会的某些地方和某些人中，则被认可了。

其次，某行为是否属于越轨行为，要看该行为所发生的具体地点。比如，对于一个成年人，在吸烟区吸烟是符合社会规范的，不属于越轨行为，而如果在禁烟区吸烟则成为越轨行为了。

最后，某行为是否属于越轨行为，要看该行为所发生的具体环境。比如，某人在公众场合穿睡衣，会引来侧目甚至非议，但是如果在家里穿着，则属于正常了。

在现实社会中，任何社会行为规范都有其适应范围。弄清楚了什么是社会行为规范及其适用范围，再来谈越轨行为，才能对越轨行为进行明确的判断。通过以上的分析，我们可以这样界定越轨行为：某个人或者群体违反其所应遵守的社会行为规范（包含社会规范或者群体规范）的行为。按照这个定义，我们知道，某人迟到了，是违反了单位的组织纪律，属于越轨行为；某人开车闯红灯或者抢劫，是违反了社会规范，也属于越轨行为；某个公司偷税漏税，也是违反了社会规范，同样属于越轨行为。

4. 越轨行为的类型

根据不同的标准，可以对越轨行为进行不同的分类：

（1）按照越轨行为的主体特征，可分为个人越轨和群体越轨。

个人越轨是指某一社会个体违反社会规范或者群体规范的行为。群体越轨是某一社会群体（如组织、单位等）违反社会规范的行为。前者如某人行贿受贿，后者如某一外贸企业卖盗版 DVD。

（2）按越轨行为对社会行为规范的破坏类型和程度可分为不从俗行为、不道德行为、违纪行为和犯罪行为。

不从俗行为是指违反社会习俗的行为。此种行为往往会受到来自社会舆论或群体意识的压力，而得以纠正和受到控制。比如，在清真餐厅吃猪肉的行为，就是违反了回族不吃猪肉的习俗。不道德行为是指违反人们共同生活及其行为准则的行为，此种行为虽不至于受到法律的制裁，但往往会受到舆论的谴责。比如，一个正常、健康的成年人坐车时，不给孕妇或者老年人让座，则是属于此种越轨行为。违纪行为是指因违反纪律而对他人与社会造成损害甚至造成严重破坏的行为。比如，上班迟到、早退等行为，就是属于此种越轨行为。犯罪行为是指违反法律法规、对社会造成严重危害，应该受到法律制裁的特殊越轨行为。它是程度最严重的越轨行为。比如经济诈骗、强奸等行为，皆属此种越轨行为。具体的内容，我们将在下一节为大家讲述，在此不多做阐述。

3.2 越轨的社会作用

任何行为都应该从两面来看，越轨行为也是一样。越轨的社会作用既有消极的一面，也有积极的一面。

1. 越轨的消极作用

第一，越轨可能会弱化人们遵从社会行为规范的动机。在以上我们所探讨的一些越轨行为中，有一些越轨行为是不会受到实质性的惩罚的，比如在我国，在电梯里吸烟或一个正常、健康的成年人不给老、弱、病、残、孕的乘客让座等。这种对越轨行为的漠视实际上是鼓励了这些越轨行为，就会使得本来遵守这些社会行为规范的人们也在电梯里吸烟或者也不愿让座，变得不愿意遵从此等社会行为规范了。

第二，越轨会使生活变得不可预知，并导致遵从者与越轨者之间的紧张和冲突。比如，你今天高高兴兴地出门去，结果在银行取完钱后被人抢劫了，被抢钱这一行为显然不在你的预计范围之内，你与抢钱的人（即越轨者）明显产生了冲突。假设你不愿意钱被抢走而与其搏斗，那么抢钱者很有可能甚至会危及你的生命。

第三，越轨会破坏人与人、人与群体、群体与群体之间的信任。比如，一些医生在给病人看病时，出于某种原因而给病人开不必要的贵药，那么医生的这一越轨行为是不是造成了你对医生的不信任了呢？而当政府对这一问题不能很好地解决的时候，你是不是也对政府产生了不信任感呢？

第四，越轨还浪费了大量的社会资源。比如，贪污、腐败等越轨行为，造成了大量国有资产的外流，是对社会资源的浪费；还有，不按规定乱排放废气、废水的工厂，会对环境造成很大的污染和危害，由此造成我们在治理环境时要花费大量的人力、物力和财力，这也是对社会资源的一种浪费。

2. 越轨的积极作用

第一，越轨行为的存在有利于明确社会行为规范，指出社会容忍的限度。越轨行为是对规范的背叛，而规范本身是逐渐形成并完善的。许多社会行为规范在被破坏之前是模糊不清的，通过群体对越轨行为的反应进而明确了规范。比如，我们以前对于网络犯罪是没有相关的规定的，随着网络诈骗、运用非法网站谋取利益等越轨行为的出现，我们在法律上逐步对网络犯罪行为予以定性，以此明确了此方面的社会行为规范。

第二，越轨有助于定义恰当行为的尺度。试想，司机因超速被罚款后，正常情况下是否还会超速？商店服务员与客人争吵被辞退后，当他到另一个商店上班时，如果想保住工作职位，是否还会与客人争吵？学生考试作弊而被留校察看，当他再次考试时，是否会有所顾忌？可见，我们是通过人们的越轨行为以及对其的惩罚使大家明白行为的尺度与界限。

第三，越轨能带来社会系统所需要的变迁。越轨行为会促使成员重新思考原先的社会行为规范是否合理，以此来推动社会的变迁。比如，1978 年，在人民公社制度的大背景下，安徽小岗村 18 户村民按下血手印分田到户，触动了中央领导人对农村联产承包责任制的思考，由此拉开了我国农村经济体制改革的序幕。

第四，越轨促使人们更愿意遵守社会规范和群体规范。一方面，对越轨行为的处罚促使其他人更愿意遵守社会规范和群体规范。比如，当你看到有人因为随地吐痰而被罚掉一个月的工资时，你是否还会随地吐痰？当你看到有人因为经常上班迟到早退而被辞退时，如果你想保住这份工作，是否会迟到、早退？另一方面，如前所述，越轨行为可能会带来更明确的社会行为规范，或者带来社会的变迁，而形成更有利于发展的规范，我们当然会更愿意遵守这更合理、更科学的社会行为规范。

3.3　越轨的理论阐释

研究越轨行为，是为了避免不良的越轨行为的发生，这就需要探明越轨行为发生的原因。西方社会对于越轨行为的探讨由来已久，他们从生物学、心理学、社会学的角度对越轨行为进行了不同的理论阐释。

1. 生物学的阐释

此种理论认为是个体生理结构中的某些特征导致了越轨，因此它主要是对越轨者在生理上具有的特征进行研究。比较有代表性的有：

身体类型异样导致犯罪。其代表人物是 19 世纪意大利的“犯罪学之父”隆布罗索，他提出了罪犯生理上具有的 18 项特征，包括：头部大小与常人不同；脸部不对称；鄂部及颧骨过度发展；眼睛有缺陷和异状；耳朵类似非洲黑猩猩；扭曲、向上和鹰钩鼻梁；肥胖、肿大和突出的嘴唇；像某些动物的袋状面颊；上颚变形，如过大、突起或凹陷；不正常的齿系；下巴退缩、过长、过短或扁平，类似无尾猿；众多、早熟、多样的皱纹；头发变形，尤其具有不同性别的发型特色；胸膛的肋骨过多、过少及多余乳头；骨盆特征与常人不同；过长的手臂；额外的手指与脚趾；脑半球不平衡。

“XYY”基因理论。此种理论认为，拥有 XYY 染色体的人，容易犯罪。

内分泌失调、荷尔蒙混乱导致犯罪。如伯尔曼（Berman）对美国纽约州一监狱的250名罪犯和250名纽约市民进行对比研究，发现罪犯的内分泌缺陷和混乱是正常居民的2~3倍。达尔顿（Dalton）对监狱386名女罪犯的研究发现，正常情形下女性犯罪概率是29%，但妇女月经前和月经期间的犯罪概率是49%。是否内分泌失调的人就一定会犯罪呢？此种研究的弊端是显而易见的，因为不是拥有某一种特质，就必然会犯罪或越轨。

2. 心理学的阐释

心理学的阐释主要体现在人格失调理论。此理论认为，越轨者都有越轨性（变态的）人格。这个理论从弗洛伊德的精神分析学说发展而来。弗洛伊德认为“本我”“自我”“超我”之间的平衡是人格健全的基础，如果不平衡，“本我”没有得到应有控制，就会导致越轨。

按此理论，所有拥有特殊经历的儿童都会越轨。但事实是，同样有专制的母亲或情感冷漠的父亲的儿童，其长大后既可能犯罪，也可能成为优秀的人才；与此相似，同样是越轨者，他们在童年时的经历既可能非常幸福，也可能非常痛苦。可见，越轨与特殊的人格可能无关。

3. 社会学的阐释

失范理论。此理论以涂尔干为代表，认为失范是指社会失去行为规范而出现的反常状态，人们的某些反常现象，比如偷窃、抢劫等越轨行为，是由于缺乏有效的规范造成的。该理论还认为，在失范的状态下容易越轨，因为在失范状态下，传统的价值规范被破坏，新的标准又没有建立起来，这样，社会的整合就受到了破坏。在这种情况下，个人由于失去参照标准而在心理上迷失方向，他们在社会或集体中找不到生活的信念和可依靠的力量，因此一点点挫折就会导致自杀。

手段—目标理论。此种理论承袭了涂尔干的失范理论，即认为在失范状态下容易产生越轨，但是它将越轨的原因归结为文化目标与制度性手段之间存在不一致或者冲突。比如，社会向成员显示文化目标是获得财富、地位和声望等，并提供了实现目标的制度性手段是接受教育，找到好的工作；当两者出现不一致，即接受了教育，但是找不到好的工作，无法获得财富、地位和声望时，越轨行为就会产生。

此种理论的缺陷在于，认为“一无所有者”比“腰缠万贯者”更倾向于使用非法手段实现目标，并且不能解释为何特权人士也会越轨，如官员为什么会贪污受贿。

标签理论。代表人物是霍华德·贝克，他假设任何行为本身都不属于越轨范畴，越轨者是因为其行为被贴上了某种标签，从而产生真正的越轨行为。

> 越轨行为是人们加诸标签的行为。
>
> ——霍华德·贝克

此理论强调：一个人初次越轨，如果被他人贴上越轨标签，获得越轨者身份，就变成了有越轨倾向的危险人物，那么他就会再次越轨，即我们经常说的“破罐子破摔”。因此，一个人初次越轨可能是出于无意或被迫，只要不被贴上“越轨者”的标签，则可以避免越轨行为的再次产生。

标签理论注意到贴标签和被贴标签者的身份与地位基本上是社会上有地位的人给下层人加标签。因此，贴标签常有不平等的性质。

此种理论的创新之处在于将重点放在社会控制者身上（警察、看护、精神病医生、法官、教师、雇主、学校行政人员等）。这些人因为有权将某些人定义为越轨者，将标签贴到别人身上，他们在创造越轨的过程中扮演着重要角色。

4　犯罪及其控制

犯罪行为触犯了国家法律，对社会造成了严重的危害，应该受到法律制裁。在所有的越轨行为中，犯罪是程度最为严重的一种。在研究社会控制与越轨行为时，必然要对犯罪行为进行研究，主要是研究如何控制犯罪这一越轨行为，因为控制住了犯罪，社会就能保证起码的秩序稳定和运行正常。

4.1　犯罪及其种类

1. 犯罪的定义

刑法学上的犯罪概念。犯罪是一个在法律上非常重要的，通常是指违反了刑法的行为。一般情况下，将犯罪认定为具有严重社会危害性，触犯了刑法并应受刑罚处罚的行为。社会危害性、刑事违法性和应受刑罚处罚性便成为刑法学意义上犯罪的三个不可或缺的特征。

我国《刑法》（2011 年修正）第十三条规定：“一切危害国家主权、领土完整和安全，分裂国家、颠覆人民民主专政的政权和推翻社会主义制度，破坏社会秩序和经济秩序，侵犯国有财产或者劳动群众集体所有的财产，侵犯公民私人所有的财产，侵犯公民的人身权利、民主权利和其他权利，以及其他危害社会的行为，依照法律应当受刑罚处罚的，都是犯罪，但是情节显著轻微危害不大，不认为是犯罪。”

社会学意义上的犯罪概念。在社会学中，犯罪是指违反法律法规（注意：不仅仅是违反刑法）、对社会造成严重危害，应该受到法律制裁的特殊越轨行为。它是程度最严重的越轨行为犯罪。犯罪行为一般会给社会秩序和人们的正常社会生活带来严重的不利影响，侵犯国家及社会的利益。

可见，在社会学中，犯罪行为的界定也同法律规定有关，法律上有了此项规定，违反了才构成犯罪。

不同国家或同一国家在不同时期有不同的社会状况和法律规定，因此，犯罪在不同国家、不同时期的表现也是不同的。我国现阶段比较严重的犯罪大致可分为以下几类：反革命罪（如以前的特务、土匪等）、危害公共安全罪（如破坏交通工具、非法携带枪支等）、侵犯公民人身权利（如故意杀人、故意伤害、抢劫、绑架、强奸等）、民主权利罪（如破坏选举等）；破坏社会主义经济秩序罪（如倒卖车票、船票等）、侵犯财产罪（如诈骗、敲诈勒索等）、妨害社会管理秩序罪（如危害公共卫生、破坏环境资源保护等）、妨碍婚姻家庭罪

（如暴力干涉婚姻自由、重婚等）、渎职罪（如国家机关工作人员滥用职权或者玩忽职守等）。①

2. 犯罪的特征

危害性。这是犯罪的本质特征。从犯罪的定义就可以看出，犯罪行为会对社会的正常运行和人们的正常生活造成损害，比如前面说到的诈骗、绑架、敲诈勒索、倒卖车票、破坏选举等犯罪行为，都具有社会危害性的特征，只是在程度上有所不同而已。

违法性。违法性是指触犯了法律的规定，它是犯罪的基本特征。例如，根据我国刑法的规定，“故意杀人的，处死刑、无期徒刑或者十年以上有期徒刑”。当行为符合刑法所规定的故意杀人这一假定性条件时，就应当处以死刑、无期徒刑或者十年以上有期徒刑。再如，醉酒驾驶也是一种犯罪行为，具有违法性，根据现在法律的规定，要由公安机关交通管理部门约束至酒醒，处十五日以下拘留和暂扣三个月以上六个月以下机动车驾驶证，并处五百元以上二千元以下罚款。

处罚性。犯罪行为是违反了法律的行为，理应受到法律的制裁和处罚，这是犯罪的重要特征。比如，根据我国《刑法》（2011 年修正）第一百三十三条的规定，违反交通运输管理法规，因而发生重大事故，致人重伤、死亡或者使公私财产遭受重大损失的，处三年以下有期徒刑或者拘役；交通运输肇事后逃逸或者有其他特别恶劣情节的，处三年以上七年以下有期徒刑；因逃逸致人死亡的，处七年以上有期徒刑。再如，不履行已签订的有效合同的规定，将被罚款。可见，一旦触犯了法律，就是犯罪，必然要受到处罚。

3. 犯罪的种类

（1）按照犯罪的轻重程度划分，可以把犯罪分为重罪与轻罪。

在所有犯罪分类中，重罪与轻罪是最为经典的一种分类法。这种分类法不仅盛行于大陆法系国家，而且也为英美法系国家所认可。在大陆法系国家，重罪与轻罪的区分来自于1810年的《法国刑法典》，此法典规定，除重罪与轻罪外，还有违警罪。而在英美法系国家，重罪作为一类特殊的犯罪，具有特定的含义，指某种残酷、凶暴、邪恶或卑鄙的东西。因此，同是重罪与轻罪的分类，在两大法系具有不同的蕴涵。

中国的法律、法规中，没有重罪与轻罪的明文规定，但在刑法中存在“犯罪较轻的”和“处刑较轻的”规定，相对于“犯罪较轻的”和“处刑较轻的”情形，当然就有“犯罪较重的”和“处刑较重的”情形。这里的犯罪较轻与犯罪较重，并非指不同种犯罪之间的轻重之分，而是指同一种犯罪中的轻重之别。例如，中国刑法中的故意杀人罪分为两种情形：一是基本构成，处死刑、无期徒刑或者 10 年以上有期徒刑；二是减轻构成，处 3 年以上 10 年以下有期徒刑。这里的情节较轻的故意杀人罪，就是故意杀人罪中的轻罪。

要注意的是，轻与重是相对的，没有绝对化。比如，《中华人民共和国道路交通安全法》第九十九条规定：“未取得机动车驾驶证、机动车驾驶证被吊销或者机动车驾驶证被暂扣期

---

① 韩明谟，王思斌．社会学概论［M］．北京：中央广播电视大学出版社，1997：290.

间驾驶机动车的处二百元以上二千元以下罚款，可以并处十五日以下拘留。”根据情节的轻重，就会出现处罚的轻重的不同。

（2）按照犯罪的地域范围来划分，分为国内犯罪与国际犯罪。

我们前面讲到的犯罪行为，通常指的是国内犯罪。当涉及国际刑法的时候，才产生国际犯罪的问题，国内犯罪与国际犯罪的区分才具有理论意义。

国内犯罪，我们前面已经探讨了很多了，这里不再重复。国际犯罪是指违反国际上有关法律的规定的行为。通常认为，犯罪最初都是一国范围内的犯罪，国际犯罪是从涉外犯罪、跨国犯罪中发展起来的，因而国际犯罪与国内犯罪有着密切联系。例如跨国贩运毒品，就是一种国际犯罪。

随着全球化的步伐加快，国家与国家之间的联系和交往越来越紧密，与多个国家相关的犯罪行为也越来越频繁地出现。为了维护国际公共秩序，有必要把某些对国际社会的犯罪视为国际犯罪。相对于国内犯罪而言，国际犯罪具有独立性与依从性。国际犯罪的独立性，是指国际犯罪作为一种危害国际社会的犯罪，其所违反的不仅是有关国家的国内法律，而且违反国际社会通过缔结国际公约的形式而制定的国际法律规范，国际犯罪也需要在国内法律中得以确认，这就是所谓国际犯罪国内化。因此，国际犯罪又具有对国内犯罪的依从性。在这个意义上，一个国家刑法中确认的国际犯罪，同时必然是其国内犯罪，由此可见，国内犯罪与国际犯罪的区分是相对的，应当看到两者的密切联系。

4. 我国刑法对犯罪的分类

如前所述，根据我国《刑法》（2011 年修正）第十三条“犯罪概念”的规定：“一切危害国家主权、领土完整和安全，分裂国家、颠覆人民民主专政的政权和推翻社会主义制度，破坏社会秩序和经济秩序，侵犯国有财产或者劳动群众集体所有的财产，侵犯公民私人所有的财产，侵犯公民的人身权利、民主权利和其他权利，以及其他危害社会的行为，依照法律应当受刑罚处罚的，都是犯罪，但是情节显著轻微危害不大，不认为是犯罪。”虽然从社会学的意义上看，犯罪是指所有违反了法律的规定、对社会秩序造成了危害的特殊越轨行为，但是从法律的角度来看，犯罪是指违反了刑法规定的行为，这是最为严重的违法行为。因此，这也是最为严重的越轨行为。根据我国《刑法》的规定，犯罪分为危害国家安全罪、危害公共安全罪、破坏社会主义市场经济秩序罪、侵犯公民人身权利民主权利罪、侵犯财产罪、妨害社会管理秩序罪、危害国防利益罪、贪污贿赂罪、渎职罪危险驾驶罪等。

4.2　犯罪原因及社会因素

犯罪是一种越轨行为，前面关于越轨的几种理论阐释同样适用于犯罪行为，然而我们发现，由于每一次犯罪都往往有其独特性，上述理论中的每一个都难以对所有的犯罪行为做出全面的解释。因此，更具体地研究犯罪现象是必要的。并且，犯罪归根到底是一种社会行为，与社会生活密切相关。下面我们将从社会生活的各个方面来讨论当前我国犯罪的主要原因。

1. 经济因素

首先，随着经济的发展，金钱在社会生活中发挥着越来越重要的作用。俗话说“金钱不是万能的，但没有金钱是万万不能的”。商品经济的刺激物欲的引诱导致人们对金钱盲目崇拜。金钱所带来的物质享受极大地刺激着人们的神经，使他们丧失基本的理性和判断力，只要能获取金钱，无论采取什么卑鄙手段或是怎样的违法犯罪行为都乐意一试。正如《圣经》所说，金钱是万恶之源。金钱的诱惑是导致犯罪的外界因素。比如重庆的巨贪文强用贪污的金钱修起了3 000万元的豪宅，用于享受，深陷其中不可自拔。

其次，改革开放中，我国从以公有制为主体转变为多种经济成分并存的格局，多元化的分配方式所产生的不公平现象，引起了人们利益上的矛盾和冲突，这些矛盾和冲突又会使一些人以非法手段猎取财富，损害国家集体和他人利益，导致犯罪行为的产生。比如，多元化的分配方式导致贫富差距的拉大，于是发生绑架富豪等仇富犯罪事件。

最后，在改革中，部分管理制度上出现了漏洞和真空，社会上有些人利用这个机会，投机获取非法所得，走上了违法犯罪道路。比如，部分人利用运输行业管理制度上的漏洞，进行运毒。据新闻报道，“无主”毒品案数量的猛增是近年来运输毒品犯罪的显著特点，大多数“人货分离”的“无主”运输毒品案件，是通过长途或短途客车运输，以“蚂蚁搬家”的方式托运或夹带、放置于客车内部或底层行李箱包内，无法查获犯罪嫌疑人。[①] 还有人利用电子商务管理制度的不完善，通过网络销售盗版光碟，牟取暴利。

2. 政治因素

一方面，由于处于社会转型时期，我国的政治体制存在某些弊端，如干部官僚主义作风、以权代法、以法代政、法制机制不协调等，这些弊端削弱了政府打击犯罪和预防犯罪的功能，在客观上给各种犯罪留下了可乘之机，为滋生犯罪提供了条件。换句话说，就是犯罪被惩罚的可能性降低或者犯罪的成本降低。

另一方面，我国的政治制度（如人民代表大会制、中国共产党领导下的多党合作制等）总体上是好的，但在具体操作中还有不完善甚至是存在缺陷的地方。比如，如何能消除部分的政治冷漠，让其投入到人民代表的选举中来？如何能更好地监督我们的政府及其工作人员？这些问题还有待逐步解决。这些政治制度的不完善，会造成老百姓对政府的不信任，由此可能诱发做出危害社会秩序正常运行的犯罪行为。

3. 道德因素

首先，我国的改革开放不仅带来了经济的飞速发展，也带来了道德观念的沦丧。随着科技的发展，人类逐步步入信息工业时代，人们的生活方式也在悄悄发生着改变，似乎一切都在围绕着金钱运作。金钱的驱使、社会运转的压力、生存的残酷竞争，致使越来越多的人在金钱面前迷失了方向，丧失了根本的道德理念，甚至斗胆去破坏法律秩序，走上犯罪的道路。并且，有的人犯罪是因饥寒而起盗心，而有的人犯罪则无关饥寒，完全是希望通过最为

---

① http://www.csstoday.net/Item.aspx?id=6436.

快捷的方式获得良好甚至是奢侈的物质享受。对于后一种人犯了罪，只唯恐被抓，却从来不会产生羞耻感，也不会产生罪恶感。在他们的意识里，这并没有任何的不妥之处。旧时我们有“逼良为娼”一说，而现在则出现了一种“笑贫不笑娼”的怪现象。说到底，就是这类人的思想意识已被金钱所腐化，不再有礼仪羞耻之心，不会再产生罪恶之感，严重丧失了道德观念。于是，我们在网络上看到了不断涌现的诸如“郭美美”① 之类的不恰当的炫富者、现实中的“二奶”现象、富豪公开选妻等事件。道德观念的沦丧，会为犯罪行为的产生提供充足的“养分”。

其次，法制的不健全和道德观念的沦丧，造成了袖手旁观、明哲保身的人群淡漠观。大家扪心自问，现在如果你在街上看到一个老人跌倒了，你会毫不犹豫地去扶吗？如果你在公交车上看到小偷正在偷别人的钱包，你会毫不犹豫地示警吗？如果你看到有人被抢了，你是否会毫不犹豫地上前帮助被害人，制止犯罪呢？现在大多数人见到这样的事情都会选择“视而不见”，因为他们害怕这些罪犯，怕他们事后报复，惹祸上身。这种袖手旁观、明哲保身的人群淡漠观，会助长犯罪分子的气焰，从而滋生犯罪行为的产生。

最后，现有教育体制存在的缺陷造成了人文素养的滑坡。自改革开放以来，我国对教育的重视和所取得的成就都是不容小觑的。但是，我们在大力提倡发展科技教育的今天，往往显得重理轻文。教育者及被教育者均存在轻视文科教育的现象，认为学文是没有用的，这造成了人文道德的滑坡、人口素质不高。殊不知，在“启智”的同时，万不能忘记“育德”。掌握了高科技知识技能本领，而没有良好的人格品行作后盾，会对社会造成更大的危害。于是，出现了在大学宿舍连杀四人的问题学生马加爵，还有驾车撞人后又将伤者刺了八刀致其死亡，事后驾车逃逸时再次撞伤行人的大三学生药家鑫。不可否认，现代的学生智力均高于从前，但德育情操却未必。于是，他们在面对问题时，难以妥善地处理，进而犯罪，或者一旦读书、就业不成，违法犯罪的可能性很大。

4. 个人因素

每一次犯罪行为都有其独特性，都可以找到不同的原因。以上所提到的经济因素、政治因素和道德因素是社会的大环境，但是在这个大背景下，犯罪者毕竟还是少数，因此，犯罪行为的发生，还有一些个人因素。

一方面，社会成员的具体生活环境可能会使犯罪行为更容易发生。比如，家庭破裂或父母的暴力行为，常会给子女的心理或者生理造成严重不良影响，致使其容易走上犯罪的道路；社会其他成员的排挤和孤立，也可能会对某一社会成员造成心理阴影，从而导致犯罪行为更容易发生。

另一方面，社会成员的社会化程度也会影响犯罪行为的发生。社会化是指人通过不断地

---

① 新浪微博上一个名叫“郭美美 Baby”的网友，自称“住大别墅，开玛莎拉蒂”，是个只有 20 岁的女孩，其认证身份是“中国红十字会商业总经理”，由此而引发部分网友对中国红十字会的非议。该女生在微博上多次发布其豪宅、名车、名包等照片，2011 年 6 月 20 日被网友发现，被指炫富。网友质疑“红十字会”的“经理”身家居然如此富有，不由得让众多网友起了猜疑，“我们捐给红十字会的钱到哪去了？”

学习知识、技能和社会规范，使自己的行为符合社会行为规范和准则的要求，融入社会，获得社会其他成员认可的过程。一个人的社会化程度越高，对社会行为规范的认可度也就越高，他就越不容易犯罪。犯罪者大多是那些无视社会行为规范者。

4.3 犯罪的社会治理

1. 犯罪的预防

俗话说“防患于未然”，预防犯罪是一种积极的态度。预防犯罪是指政府、社会组织等通过消除或限制孕育着犯罪因素的物质，达到避免犯罪、维护社会稳定目的的各种方式、方法、手段的总称。杜雄柏教授认为，在我国进行犯罪预防的三种对策是使人不想犯罪、使人不敢犯罪和使人不能犯罪。

“使人不想犯罪”就是从道德层面，提高公众的道德修养和人文素养。试想一个人即使发现制度上有漏洞，可以因为某个犯罪行为而获取暴利，并且被抓住的可能性也很小，他也不去犯罪，这是不是可以从根本上解决犯罪问题呢？答案是肯定的。但是这需要花费相当长的时间，付出相当多的努力。

“使人不敢犯罪”就是做到“有法可依、有法必依、执法必严、违法必究”。简单地说，就是通过完善法律制度的制定和执行，树立法律的威信，使人不敢犯罪。但是，任何制度都是有缺陷的，而且法律具有滞后性[①]，因此，要想找到十全十美的法律制度是不可能的。可以说，“使人不敢犯罪”的想法只是一个理想，但是我们可以向这个目标努力。而且，即使是完善的法律制度，也只能使人犯罪被捕后得到惩罚，却不能阻止人犯罪。“使人不敢犯罪”光靠完善的法律制度还不行，还必须使法律具有威慑力，使人对犯罪行为望而却步。

“使人不能犯罪”是指即使法律制度还有不完善之处，但是客观条件上不允许人们犯罪，即是说消除或限制孕育着犯罪因素的物质和条件。比如，之前我们提到缺少父母关爱的小孩长大后比较容易犯罪，那我们可以通过社会给予这种小孩更多的关爱。

总的来说，道德水平的提高、法律制度的完善、犯罪因素的消除三者之间应该是相辅相成的。后两种手段可以在短期内，为预防犯罪起到较明显的效果，但是，从长期来说，道德水平的提高才能从根本上预防犯罪。

2. 犯罪的治理

从目前来看，无论如何预防犯罪，各个国家总是存在犯罪行为，只是轻重有别。一旦犯罪行为发生，就应该进行严肃而有效的治理，以免姑息养奸，造成新的更严重的犯罪。具体来说，可以从以下几个方面进行治理：

第一，一旦犯罪行为发生，要动员各方面的力量，制止犯罪者继续实施犯罪行为。这样可以树立法律的威信，使法律具有威慑力。比如，重庆警方抓获抢劫杀人犯周克华就是动用

---

① 所谓法律的滞后性是指法律总是在犯罪行为第一次出现后才做出相应的规定。比如，随着电子商务的发展，关于网上购物的消费者权益保障问题将逐步在法律中予以规范，但是目前法律对于此部分的规定还不够完善，这就是法律的滞后性。

各方面力量威慑、打击犯罪的例子，这可以使犯罪者心理上产生惧怕，以帮助我们尽快地抓住犯罪者。

第二，对犯罪者进行帮教和感化，并给他们提供改过自新的良好条件。有的犯罪者接受惩罚后，社会上其他成员往往戴着有色眼镜来看待他们，不给他们提供公平的就业机会，使他们即使想改过自新，但是由于生活所迫，又走上犯罪的道路。因此，我们除了要感化他们，使其不想继续犯罪外，还应该给他们提供改过自新的条件，使其不犯罪也能生活下去。

第三，以家庭、团体、机关、单位和社区组成的体系为依托，形成治理犯罪的社会网络。要在社会成员的脑里形成“治理犯罪不仅仅是政府的事，还是全社会的事情”这样的思想，因为一个安定的社会是社会成员生活得更好的前提条件，而且依靠家庭、团体、机关、单位和社区治理犯罪，可以降低治理的成本，对犯罪者形成更大的威慑力量。

总之，犯罪的存在是客观的、复杂的，也是长期的，而犯罪原因往往也是客观的、复杂的、多元的。因此，打击和预防犯罪是一项长期而艰巨的任务，针对犯罪原因的复杂性、客观性和多元性，犯罪对策的采用也必须采用综合的、多维度的方法，不能只重视治理而忽视预防，或只强调预防而忽略治理，要两脚并行而不能单腿走路，这样才能在治理犯罪的道路上走得又稳又好。

课后思考：

1. 查阅相关资料，分析法律这一社会控制方式的特征。
2. 结合所学知识，谈谈习俗、道德与宗教三种社会控制手段的异同。
3. 结合你所在组织的实际，举例说明群体意识的规范作用。
4. 舆论监督是一种特殊的社会控制手段，查阅相关资料，简述社会舆论在社会控制中的重要性。
5. 查阅相关资料，分析当前我国刑事犯罪的新特征及应对策略。

第9章　社会建设

现在看来，到本世纪中叶基本实现现代化，经济建设方面的势头很好，关键在于社会建设。只要有党的坚强领导和全国人民的共同努力，我们才有信心搞好社会建设，保证人民过上更加美好的生活。

——中国社会科学院荣誉学部委员　陆学艺

◇ 章首引语

有人说，我国是世界上最懂得居安思危的民族，在这样一个具有极强忧患意识的国度，推进普惠型社会保障体系建设尤为紧迫。然而，十年前的中国，可以说是全世界最缺少社会保障的国家之一，十年后的今天，这里发生了显著变化。

由于缺少社会保障，一段时期以来，不管有钱没钱，国人总是对生活充满不安全感，焦虑症几乎成为我国各阶层的通病。“50 岁之前靠双手，50 岁以后靠老天”的担忧折磨着人们的神经。

群众的感受正是国家决策者的关切所在。2002 年以来，我国大力推进新型农村合作医疗、农村医疗救助、城市医疗救助、城镇居民基本养老、医疗保险、农村低保、计划生育家庭奖励扶助、农村五保供养等制度建设，并开展了新型农村社会养老保险试点等工作。“短短的十年间，数亿人被纳入社会保障覆盖范围，建立起世界上最大的社会保障计划，这是一个了不起的成就。”回顾我国的社会保障改革，人力资源和社会保障部副部长胡晓义说。

快 70 岁的贾银兰是南京市白下区马府街社区的“义工”，在打扫公共卫生、挨家入户核对户口时总能见到她。“因为社会保障做得好，老而无忧，才有余力继续发光发热。”贾银兰告诉《半月谈》记者。

徐州市退休职工汪家琪对此感受颇深，1994 年就提前退休的她当时每月只拿 300 多元。“从那会儿到 2002 年，退休金几乎没增加过，2002 年才拿 400 多块钱；就是最近这十年，每年都增加退休工资，现在我每个月能拿到将近 1 700 块钱了。”

汪家琪说。

从就业人员扩大到非就业人员，从城市扩展到农村，我国已基本建立起覆盖全民的医疗保障制度体系和最低生活保障制度体系。到去年末，我国居民参加城镇职工基本养老保险人数达2.84亿人，参加城镇基本医疗保险达到4.73亿人。全国有8.32亿农民参加新农合，1 300多万被征地农民纳入基本保障制度。农村社会保障事业与城镇社会保障事业发展不平衡，“城市腿长、农村腿短”的局面得到有效缓解。

如今，随着社保范围的扩大和待遇水平的提高，越来越多的普通民众开始走出“为后半辈子发愁”的阴影。2004年7月间，贾银兰突发心肌缺血，住了34天医院，医疗费花掉6 000多元。她说，因为有医保，自己只付了1/3。汪家琪的丈夫2005年患了重病，从手术、放化疗到术后跟踪稳定病情，十多万的费用大部分通过医保的大病保险得以解决。汪家琪说：“幸亏有大病医保，不然生这一场病真要倾家荡产。”

（资料来源：郭奔胜，刘巍巍．社保十年：编织世界上最大的社会保障网［J/OL］．http：//today. banyuetan. org/jrt/121001/71143. shtml. 2012－10－01）

最近十年是社会建设提速、社会进步更加显著的十年。十年间，“发现社会、发育社会、发展社会”亮点纷呈。十年间，中国编织了世界上最大的社会保障网，社会公平正义的实践逐渐丰富，理念日渐深入人心社会管理的新格局逐渐形成，改革发展的成果更多为人民所享。这些社会变化的现象体现了社会的变迁过程，显示了社会的发展需要坚强的社会保障作为基石。了解社会变迁的原因、社会变迁的结果是本章所要探讨的基本问题。

1 社会变迁

1.1 社会变迁概述

人类社会处在不断的运动和变化之中。有些变化的现象，人们能够明确地察觉到，例如一个国家的改朝换代，像清兵入关，明王朝覆灭，1949年新中国成立。而有的社会变动则是人们在较短的时间内不易察觉到的，如我国20世纪50年代和60年代至70年代发生的两次生育高峰，其对我国社会生活方方面面的影响以及带来的严重后果至今才为人们所深深体会到，尽管马寅初先生30多年前就早已提出过理性的忠告。又如，在我国今天的城市家庭中，从电话、电视机、洗衣机、电冰箱到家用电脑甚至小汽车，已不是什么新鲜话题；素有“铁饭碗”之称的国有企业职工下岗、再就业，一辈子脸朝黄土背朝天的农民进城打工、经商等，这一切在20年前，是中国人无法想象的。三十几年前也许一件鲜艳一点的衣服也会代表资本主义的腐朽思想，如今大街上却满是衣着艳丽的年轻人踏着合拍或不合拍的节奏追逐着时尚的脚步。在这些变化的表象的背后，实质上是中国社会深层结构的变迁与调整。对于社会的变化，特别是社会结构方面的重大变化，社会学称之为“社会变迁”。

“社会变迁”一词来源于英语“social change”，是新中国成立前社会学家略带修饰性的翻译，在语义学上包含有变动、变革、变更、更新、更替等意义。关于社会变迁的定义，国内外各派社会学家并无一致的说法。早期的社会学家大多把社会变迁解释为社会整体的变化，如孔德、滕尼斯等认为社会变迁就是社会从某一阶段向另一阶段的转变，迪尔凯姆等人把社会变迁看作社会从某种整体性状态转为另一状态。当代社会学家对社会变迁的解释则显得相当纷繁：有的认为社会变迁是指社会结构的改变，有的认为社会变迁是指社会文化的变迁，有的认为社会变迁是指社会体制的变化，有的认为社会变迁是指新的社会秩序取代已经崩溃的社会秩序。

在社会学视阈中，“社会变迁”不仅表达了社会发展或者社会变化，更是一个过程，包括社会的进步、发展、停滞、崩解等一切现象，是指在某一个社会阶段由于它的社会生产力和生产关系、经济基础和上层建筑的矛盾运动而引起的社会关系、社会结构和其他社会现象的变动。在内容上可以包括社会中的一切变化和过程，一切社会生活现象的变化、发展，任何社会形态、社会过程的质的根本变革或量的渐变。社会学中对社会变迁的研究重点则侧重于自然环境与人口的变迁，科学技术与经济的变迁，社会群体和制度的变迁，生活方式、社会价值观以及文化的变迁。

有关社会动态的描述性的概念很多，如马克思以发展的概念来描述社会的变迁、斯宾塞用进化的概念来研究社会的变迁，不仅如此，描述社会动态的变化过程还有社会发展、社会改良、社会革命等词汇。

社会改良是一种渐进式的社会变迁的形式，在社会变迁的过程中未进行彻底性的变革，而是在维持现存的社会结构和社会制度的前提下，对社会关系进行局部的调整。社会改良通常是社会管理当局进行的自我完善和自我发展的手段，通常为缓解社会突出矛盾解决社会问题，达到稳固现存社会结构体系的目的而进行的行为。社会改良一般包括社会福利、社会发展规划等，是一种渐进的社会变迁。如我国历史上的文景之治、贞观之治就是当时统治阶级锐意改革励精图治的结果，日本的明治维新更是这方面的范例。

社会革命是一种突发的、急剧的、触及根本的社会变迁。广义上来讲，包括经济、政治、社会、思想观念方面的变革，通常经历变革之后都会进入一种新的社会形态，社会整体结构改变。如发源于英国的工业革命，英国人瓦特改良蒸汽机之后，机器取代了人力，大规模工业化生产取代了个体工厂手工生产，实现了从传统农业社会向现代工业社会的重要变革。从狭义上讲，社会革命就仅是指政治革命，用暴力打碎陈旧的政治上层建筑，是阶级之间政权的交替。如俄国 1917 年进行的十月革命，推翻了资产阶级临时政府，建立起世界上第一个社会主义国家政权。

社会发展是社会变迁的一种表现形式，是人类社会向前运动的过程，指人类社会由低级向高级运动和发展的过程，以及在一个特定的社会发展阶段中社会各方面的整体发展过程。社会发展是一个动态过程，并且具有进步性，与社会变迁不同。社会变迁是社会整体的各种变化形态，其中也包括倒退或衰落的过程，而社会发展则只是指社会向上的、进步的社会变化的过程。我国拥有悠悠五千年的发展历史，取得了举世瞩目的光辉成就。手机、电视、电脑现如今成为家家户户的必需品，神舟飞船的相继上天、“天宫一号”的成功登天等更是进一步展示着我国的辉煌成就和社会的发展。

1.2　社会变迁原因

恩格斯在《反杜林论》中指出：“一切社会变迁和政治变革的终极原因，不应当在人们头脑中、在人们对永恒的真理和正义的日益增进的认识中去寻找，不应当在有关时代的哲学中去寻找，而应当在有关时代的经济学中去寻找。”① 由此可见，社会变迁的结果是由多方面的原因共同作用的结果。

自然环境的变化是人类社会变迁的重要原因。众所周知，社会变迁的过程是离不开环境因素的，是在一定的自然环境中进行的。自然环境对社会变迁的影响主要在于：一方面，环境为社会变迁提供物质条件；另一方面，人类社会变迁对自然环境的作用引起自然环境的变化，从而影响社会的变迁。在社会发展水平较低的阶段，自然环境依照其自身的规律影响人类社会的变化。在人类社会发展水平较高，对自然环境的作用逐渐加深的阶段，环境对社会变迁的影响也会加大，尤其是人类对自然生态环境的破坏和污染，已经产生了严重后果，制约社会的变化。我国全国化学需氧量排放总量 2 499. 9 万吨、氨氮排放总量 260. 4 万吨、二氧化硫排放总量 2 217. 9 万吨，目前有接近 1/3 的国土面积存在不同程度的水土流失，3. 6 亿亩坡地耕地和 44. 2 万条侵蚀沟亟待治理。这些自然环境的恶化都会对社会变迁产生影响。

人口的变化也会给社会的变化产生很大的影响。人口的变化主要是指人口数量、质量、构成及流动和分布的变化。比如，人口数量增长过快，就会使经济发展水平和生活水平受到影响；人口数量减少，就会造成社会必要劳动力缺乏的问题；人口素质低，就会影响整个社会的现代化发展，影响社会精神文明建设；人口老龄化，就会造成社会劳动力减少社会保障、医疗保险等社会问题。

社会价值观念是人们对事物进行善恶、优劣、合理性评价的思想体系，是社会变迁的强大力量，是回顾、观察、预见一个社会发展水平重要的标尺之一。社会价值观的变化会对人们的行为和社会发展产生影响。当一种新的价值观为人们所崇尚的时候，人们的行为也会发生变化，从而逐渐影响整个社会发生变化。例如，社会评价机制变得多样化，当今社会，做青春偶像明星、影视明星，成为知识与技术精英，仕途发达等，都可以成为个人成功的标志。但在这个现象的背后，有一点值得我们注意，个人价值的实现由过去的注重组织评价已经转变为注重自我评价、“粉丝”评价和媒体评价等，其根本的原因在于注重精神内涵的评价已经转向为更为注重物质效果的评价。

科学技术的进步是社会变迁的主要根据，从周围身边的事物就可以看出科学技术对社会变迁的影响。以我们的通信方式为例，从古代的烽火传军情、鸿雁传书、鱼传尺素的通信方式到电报、电话再发展到今天利用光缆通信的方式。科学技术越先进的社会，其技术变迁的

① 马克思恩格斯选集［M］. 第3卷. 北京：人民出版社，1972：307.

进程就越快，因它引起的社会变迁的速度越快。技术变迁影响着社会的每个领域医学科学的进步，使人类的寿命延长，许多不治之症得以医治；通信技术的进步使人们之间的联系更加方便，缩小了人们生活空间上的距离；工业技术的进步，新的生产机器不断地产生，提高了社会劳动力的生产效率等。

1.3　社会变迁理论

1. 进化理论

我们从人类学和历史学的资料中可以看到，一直都存在着一些如狩猎的社会、农人社会之类的小型的原始社会。其中有的小型原始社会正在逐渐向大型化社会发展。这些变化和历史资料该如何解释呢?

早期的社会学家的观点是进化论。孔德的社会变迁思想带有浓厚的进化论的色彩，认为人类社会的进化是单向进行的，社会历史是由一个阶段向另一个阶段的过渡。这种社会进化发展的方式重复地出现在每一个社会发展的过程中。19 世纪中期和后期，随着殖民扩张，欧洲各国的士兵、传教士、商人们远征到一些未被外人涉足的地方，在信件与著作中便开始有了对这些“原始人”的描述。早期人类学家对这些资料来源的可靠性并未进行实地考察，对这些并不准确、翔实的资料进行了可以说是不负责任的研究。其中，刘易斯·亨利·摩尔根就将人类社会划分为蒙昧时代、野蛮时代和文明时代。这些社会变迁理论受到 1859 年达尔文编著的《物种起源》的影响，并将进化论的思想运用于人类社会变迁中，用生存竞争、适者生存的自然选择理论解释社会现象。斯宾塞用优胜劣汰、适者生存的观念解释了人与人、民族与民族、国家与国家之间的关系。他认为西方的“种族”、国家可以生存下来，是因为较好地适应了周围的环境，并将个人、种族、国家划分为不同等级，认为西方社会已经进化到更高级的阶段，应该成为世界的统治者。这就为殖民主义对“落后民族”的统治唱了赞歌，为白人的种族歧视做了辩解。

2. 循环理论

德国唯心主义哲学家、史学家奥斯瓦德·施本格勒因 1918 年出版的《西方的没落》一书享誉世界，提出了文明衰亡的天命说。他认为，每一种文明都和生物有机体一样，有着类似的生命周期，从幼年、承诺年到老年直至衰亡。① 他将第一次世界大战中德国的战败和战后西欧资本主义的危机看作是“西方文化的没落”，断言西方文化处在暮色之中，正在进入衰退时期，走向灭亡。西方社会和西方文明终将灭亡的可能性并不能完全否定，但施本格勒的天命说却很难充分地解释社会变迁这一社会现象。

同施本格勒的西方文明终将灭亡的理论比，阿诺德·约瑟夫·汤因比的“社会和自然环境压力”论显然更加乐观，更有希望。他的巨著《历史研究》讲述了世界主要的民族的兴起与衰落，被誉为“现代学者最伟大的成就”。“挑战与应战”是其理论的核心观点，他认为，

---

① [美] 伊恩·罗伯逊. 现代西方社会学 [M]. 赵明华，等译. 郑州：河南人民出版社，1988：835.

每一个社会都面临着来自自然环境与社会环境的挑战，社会对这种挑战的反应能力就是这个社会的生存能力。社会对挑战的成功反应则会产生文明成就，如果没有做出积极反应，则必然会走向灭亡。汤因比认为，一个社会的文化所面临的挑战的大小也是有一定尺度的，不能过大或过小。如生活在阿拉斯加的爱斯基摩人在受到外部生活环境限制的情况下，文化的发展受到了束缚，而生活在南太平洋群岛上的波利尼西亚人又因为受到的环境压力较小，文化发展不起来。当社会所面临的挑战与压力适度的时候，就会在挑战与反应的过程中发展起来。

3. 功能主义理论

帕森斯把社会理解为一个相互依存的体系，社会变迁就是这个社会体系的功能。他认为人类社会各个系统之间都存在着相互依赖、相互关联的关系，但同时各个系统之间又存在着界限。在社会系统中，一个要素的变动会影响到其他系统甚至整个社会系统的变动，从而引发社会变迁。社会变迁分为两类：一是系统本身的变迁，这来源于一个特定体系的外部，即别的体系中；二是系统内部各部分之间的变迁，它产生于体系内部的张力和紧张关系。

帕森斯还认为，社会变迁的过程是持续不断的，具有长期性和普遍性。人类社会是一个不断由低级向高级进化的过程，人类社会的进化可分为原始阶段、中间阶段、现代阶段三个阶段，并可进一步分为原始社会、古代社会、中古帝国社会、“温床”社会、现代社会五种形态。帕森斯还提出，社会变迁并不是单一因素引起的，而是由多重因素综合作用而促成的，如环境因素、人口因素、文化因素等。帕森斯在考察社会变迁时强调了文化的作用，认为文化是维持社会紧密结合的黏合剂，因为它不容易发生变化。

帕森斯认为，社会变迁是社会体系内部缓慢地调整和控制的过程。体系受到外力的作用就会产生不均衡的状态，致使现有体系结构不能够履行新的职能。此时，体系可以通过完成一个进化性的变迁过程来达到新的平衡，帕森斯将这个社会变迁的过程划分为分化、适应性上升、容纳和价值普遍化。他认为所有的社会发展都遵循一种不可避免的统一的发展过程。

4. 马克思的社会变迁理论

“我们判断这样一个变革时代也不能以它的意识为依据；相反，这个意识必须从物质生活的矛盾中，从社会生产力和产生关系之间现存冲突中去解释。”① 社会变迁最根本的原因在于生产力与生产关系的统一所形成的生产方式的变更，但生产力并不是唯一的原因，经济基础的变化也会触发社会上层建筑的调整与变化。

马克思认为，社会变迁的根源是生产力的发展变化与生产关系的矛盾和冲突。人类所进行的物质生产的活动是一种社会活动而非个体的、孤立的活动。物质生产活动一方面是为了满足人们自己的物质生活的需求而改造自然界，这方面表现为生产力；另一方面人们在改造自然界的过程中会产生某种关系，这就表现为生产关系。生产力决定生产关系，生产关系对生产力具有反作用，当旧的生产关系不能适应生产力发展的需求时，社会就会发生质的变

① 马克思恩格斯选集［M］．第 2 卷．北京：人民出版社，1972：83.

动。“社会的物质生产力发展到一定阶段，便同它们一直在其中活动的现存生产关系或财产关系发生矛盾。于是这些关系便由生产力的发展形式变成生产力的桎梏。那时社会革命的时代就到来了。”①

在阶级社会中，生产力和生产关系的矛盾引起社会变迁的最主要的表现形式是阶级斗争。“到目前为止的一切社会的历史都是阶级斗争的历史”，“自由民和奴隶、贵族和平民、领主和农奴、行会师傅和帮工，一句话，压迫者和被压迫者，始终处于相互对立的地位，进行不断的、有时隐蔽有时公开的斗争，而每一次斗争的结局都是整个社会受到革命改革或者斗争的各阶级同归于尽”②。

5. 冲突理论

冲突理论的基本观念认为社会是不平等的、紧张的、冲突的，因此社会变迁是必然的、不可抗拒的过程。马克思认为，社会变化的根源追溯到生产力的发展与变化及其与生产关系的矛盾冲突。社会生产力决定生产关系，生产关系反作用于生产力。当旧的生产关系不适应生产力发展需要时，社会就会发生质的变化。在阶级社会中，生产力与生产关系的矛盾在引起社会变迁中最主要的表现形式是阶级斗争，压迫者和被压迫者始终处于对立的位置，进行不断的斗争。阶级社会的变迁就是一个阶级战胜另一个阶级的变迁过程。

达伦多夫接受了马克思的阶级观点、辩证的观点，认为社会既有一致性，也存在冲突性。他认为社会变迁是普遍存在的，社会冲突与不一致性存在于社会的每时每刻，社会中的每一个要素都对社会变迁起着积极作用，每个社会都存在社会成员间压制的关系。达伦多夫在讨论社会变迁的过程中，将重点放在了社会结构的变迁上。他将社会冲突视为一种产生于社会组织权威结构中的群体冲突，而冲突最终会促使社会结构发生变化。社会结构的变迁消灭了一种社会的权威结构，又将带来一种新的权威结构，新的权威结构导致新的冲突，冲突就这样循环往复。

2 社会现代化

2.1 社会现代化概述

1950年，经美国著名经济学家库兹涅茨（S·Kuznets）提议，在美国社会科学研究理事会中创立了经济增长委员会。这个委员会成立之后，组织了一系列学术活动，并创办了名为《经济发展与文化变迁》的刊物，该刊物当时的主编由研究发展中国家的著名学者霍塞利兹（B. F. Hoselitz）担任。依托这个刊物，1951年5月，该杂志社举办了学术讨论会，与会者讨论了贫困、经济发展不平衡等问题，并且首先使用“现代化”一词来描述从农业社会向工业社会转变的特征。关于现代化，著名历史学家、北京大学教授罗荣渠提出这样的观点：“新兴国家的政治家们多着眼于增强国力，在现代世界中求生存与发展来考虑现代化；经济学家

---

① 马克思恩格斯选集［M］．第2卷．北京：人民出版社，1972：82-83.

② 马克思恩格斯选集［M］．第1卷．北京：人民出版社，1972：250.

则从工业发展与经济增长的观念来看现代化；社会学家偏爱从社会集体的分化与功能方面来谈现代化；而历史学家则把现代化视为一个统一的世界发展过程。”①

社会现代化是一个整体的、革命性的变迁过程，是人类为了使任何社会更好地协调发展而有计划、有目的地运用近现代的科学技术，改造人类生存的物质条件和精神条件的过程。人类社会现代化的过程，一般认为开始于17～18世纪的英国资产阶级革命、工业革命和法国大革命，19世纪扩展到欧洲大部分地区和北美地区，到20世纪60年代成为一股世界性的潮流。社会现代化已经成为无论是发达国家还是发展中国家共同的发展目标，各个国家都在摸索不同的发展道路前行。“在一定程度上，世界现代化是一种国际竞争，一种国际合作；在竞争与合作中创造新的生产方式、生活方式和发展模式，诞生新的现代化国家。”②

社会现代化的概念有广义与狭义之分。广义的社会现代化是指以科学技术发展为重点，以经济发展为中心，以人与社会全面发展为目标，涉及社会各个领域内容的社会总体变迁过程。狭义的社会现代化是指工业化和民主化，或者是从“传统社会”向这种新型的“社会生活和组织模式”转变的过程。③ 本章讨论的是广义的社会现代化。

理解社会现代化的内涵还需从以下几个方面来认识：①社会现代化是一个有计划的社会变迁过程。社会现代化具有社会变迁速度加快、科学技术所发挥的作用显著、社会变迁全球化等特点，社会变迁带来社会生活的急剧变化，因此，社会变迁是一个有计划的变迁过程。②社会现代化还是一个长期的持续进行的过程。社会现代化所包括的如工业化、城市化等，在不同的时代、不同的社会具有不同的发展形态，不能一以贯之。随着人类社会的不断进步，社会发展的内部目标要求也不断地调整和变化，要求社会现代化持续不断地进行。③社会现代化不是纯粹的西方化的过程。西方国家率先进入现代化的过程，但世界各国并不等同于要将西方化的标准生搬硬套到本国的社会现代化过程中，社会现代化需根据本国的传统文化和发展实际状况，走出具有本国特色的发展道路。④社会现代化是一个对历史传统取其精华、去其糟粕的过程。社会现代化不仅是利用新兴的技术来促进社会的变迁，而且对人类社会历史传统还需持有批判继承的精神，取其精华，促进社会变迁，去其糟粕，排除束缚社会现代化进程的因素。⑤社会现代化还是一个全面协调发展的过程。社会现代化不仅包括经济的发展、科学技术的进步，也包括民主化建设、社会精神文明的建设等各个方面。长期以来，单纯追求经济增长的最大化，背离了社会现代化的客观规律。

2.2　西方国家现代化进程

在世界范围内，工业文明一旦出现，社会便会出现快速发展的社会变化，世界各国趋于全球一体化的发展趋势，但是在全球化的过程中，不同的民族和国家具有自身的特点，因而

---

① 罗荣渠．现代化新论［M］．北京：商务印书馆，2004：17.

② 中国现代化战略研究课题组，中国科学院中国现代化研究中心．中国现代化报告2008——国际现代化研究［M］．北京：北京大学出版社，2008.

③ 中国大百科全书·社会学卷［M］．北京：中国大百科全书出版社，1991：329.

呈现出不同的发展态势。在走向现代化工业社会的过程中，西欧和北美国家率先完成现代化变迁。

西方国家的社会现代化一般以18世纪60年代英国的工业革命作为起点。工业革命就是用机器生产替代手工业劳动，从工场手工业向机器大工业，从农业社会向工业社会转变的过程。英国工业革命是多种因素综合推动产生的，在资产阶级革命后建立的君主立宪政体使英国的政局长期处于稳定的状态，英国权利运动为工业生产提供了大量廉价的自由劳动力，煤炭资源的开发使英国获得有利于资本主义工业生产的能源条件，17世纪的英国已是欧洲的科学技术中心之一，其手工工场发展迅速，在分工、技术和熟练工人培养等方面为机器大生产打下良好基础。“通过考察、实验和合理思考可以使工业获得发展”，这种新的科学观念的确立，大大地促进了科学的发展和应用。据不完全统计，1660—1750年，英国有90多位杰出科学家，约占当时世界总数的36%，他们的科学成就约占世界总数的40%。[①] 与此同时，海外殖民地的拓展和奴隶贸易作为资本原始积累的重要手段，为英国工业革命积聚资本、获取原料和开辟国外市场起到了重要作用。世界市场的不断扩大、商品需求的急剧增加使18世纪的英国确立了海上霸权。“工业革命使英国成为世界上最强大的国家，在当时英国一个国家能够对抗整个世界。工业革命还使英国成为第一个现代化国家，这也就迫使整个世界追随着英国向现代化的方向前进。”

18世纪中后期，随着美利坚民族的形成，英国殖民统治越来越成为殖民地资本主义发展的阻碍，激起了新生的美利坚民族的反抗，独立战争爆发。1776年，《独立宣言》使美国成为一个崭新的国家，同时又宣传了资产阶级的法治原则。独立后的美国通过1787年宪法后成为一个三权分立的联邦制国家，其宪政经验也为世界各国提供了蓝本。在第一次工业时代，美国独立后，经过西进运动领土延伸到太平洋沿岸，成为一个大国。19世纪中期，随着工业革命的深入开展，南北不同经济制度的矛盾激化，最终导致美国历史上唯一的内战——南北战争爆发，美国开始了历史上第二次资产阶级革命。北方的胜利终结了黑人奴隶制度，巩固了联邦统一，为美国的资本主义迅猛发展扫清了道路。20世纪前半期，经过第二次工业革命，美国在20世纪初成为头号经济强国，第一次世界大战后，这种地位进一步巩固。在20世纪30年代经济大危机中，罗斯福新政开创了美国式的国家垄断资本主义，为其所仿效。第二次世界大战后，美国成为资本主义世界的领袖，金元帝国地位确立，又成为信息革命策源地，同时政治上实施冷战。1991年苏联解体后，美国成为唯一超级大国，美国的单极霸权表现明显。

19世纪初普鲁士借助改革摆脱了民族危机，为德国统一和现代化进程创造了条件。19世纪中期，在工业革命推动下，德国通过三次王朝战争完成统一，资本主义工业经济迅速发展，跃居世界强国，成为旧的世界秩序的挑战者。20世纪初，迅速崛起的德国要求重新分割殖民地和势力范围，夺取世界霸权，成为第一次世界大战的策源地。随着在第一次世界大战

① 李少白．科学技术史［M］．武汉：华中工学院出版社，1984：159.

中战败，德国的现代化进程被《凡尔赛和约》束缚。20 世纪 30 年代随着经济大危机爆发和希特勒上台，德国进入法西斯专政时期，纳粹德国异军突起，成为第二次世界大战的欧洲战争策源地。由于第三帝国的崩溃，德国的现代化进程再次被打断，国家处于分裂状态，第二次世界大战后的德国在冷战背景下分裂成东、西德国。西德在盟国扶持下建立了民主制度和社会市场经济体制，经济迅速发展，一跃成为经济大国。东欧剧变后，1990 年德国再次实现统一，成为举足轻重的大国，吸取历史教训，积极推进欧洲一体化进程。

西方国家的现代化进程对全球社会现代化具有重大的影响，主要表现在以下几个方面：

第一，现代经济结构的建立。整个社会现代化的基础和根本内容就是以现代工业为核心的经济体系的建立，第一阶段发生在 18 世纪末期开始的欧洲工业革命到第二次世界大战结束。工业化以后，工业生产产值超过农业生产产值，农业产业中劳动力减少，工业产业劳动力人数增加，蒸汽力、电力等机械动力代替了原始的人力、畜力，从而提高了劳动生产效率，产生了新的劳动关系和生活方式等。第二阶段发生在第二次世界大战以后直到现在。产业结构发生变化，钢铁、纺织等产业逐渐衰落，电子、信息、生物工程等产业迅速发展，知识与信息成为战略资源，劳动力向第三产业流动，电子技术在生产过程中的使用变得普遍。

第二，西方社会走向民主化。其过程主要包括：①代议制的建立。在实行代议制的国家，议会成为全国政治活动中心，议会行使立法、组织和监督政府的作用。②普选制的建立。国家代表机构由公民选举产生，在不同的国家表现形式各异，议会选举是比较普遍的方式。③对人权的确立。法国大革命时期通过的《人权宣言》提出："人们生来是而且始终是自由平等的；法律是公民意志的表现，在法律面前，人人平等；公民有权亲自或推举代表参加制定法律；公民有言论、出版自由，但必须受法律的制约；财产是神圣不可侵犯的，不得剥夺。"

第三，人们生活方式发生变化。主要表现为以启蒙运动为起点的思想解放运动，冲击着人们传统的宗教思想和传统观念，人们开始用世俗的、理性的态度来思考生活。另外，随着现代化进程的推进，人们物质生活水平不断提高，在物质生活条件得到充分满足的条件下，人们对精神生活的追求便可实现。

2.3　发展中国家的现代化

现代化是近代以来人类社会发展的大趋势，世界各个角落的民族、国家和人民都被卷入这样一场不可阻挡的历史洪流之中，现代化的目标就是实现现代性。发展中国家在历史过程中饱经压迫，独立后对现代化的发展也更加向往。

发展中国家是 20 世纪 60 年代以来在国际经济和政治生活中广泛使用的一个概念，指经济社会发展和人民生活水平相对较低，尚处于从传统农业社会向现代工业社会转变过程中的国家，与发达国家相对，通常指包括亚洲、非洲、拉丁美洲以及其他地区的 130 多个国家，占世界陆地面积和总人口的 70% 以上，其现代化是整个人类社会现代化的一个重要组成部分。与西方发达国家相比，发展中国家的现代化无论就其进程还是制约条件来说，都有其自身的特点。

发展中国家在历史上深深地遭受了殖民主义和帝国主义压迫。在亚洲，大部分国家曾经长期遭受殖民主义统治——1840年鸦片战争以后，中国逐渐沦为半殖民地；18世纪和19世纪，伊朗成为英、法、俄争夺的对象，开始走上半殖民地的道路，在美洲，在17世纪以前，西班牙、葡萄牙、法国等殖民者就开始入侵美洲。非洲更是殖民统治的一个大洲——19世纪末20世纪初，除埃塞俄比亚和利比里亚之外，几乎已经全部被帝国主义侵略者瓜分。殖民统治掠夺了殖民地大量的资源和财富，阻碍了殖民地工业化的发展。

由于长期受到殖民统治，发展中国家在开始迈向现代化的时候，面临着贫瘠、工业基础薄弱、政治腐败、人民整体素质低下、生活水平不高等多重困境，阻碍了现代化的发展。此外，在资本主义经济体系早已形成之后，发展中国家在国际经济、政治方面处于不平等的地位，在现代化进程中面临困难。

发展中国家的现代化起步晚于先发展起来的工业化国家，美国著名经济学家格申克龙将这种特殊的发展过程称为“迟发展效果”。发展中国家的现代化是有计划的、赶超型的，更多借助于国家力量的推动。那些曾经遭受过西方侵略的国家，长期的发达国家不平等关系的殖民统治下，在强烈的民族主义意识与时代紧迫感的鼓动下，把现代化作为“国家重建”（nation-rebuilding）的全民任务，一直努力试图借鉴和模仿西方发达国家现代化进程的经历和发展道路，尽可能在短时间内完成现代化进程，赶超发达国家。“赶超”成为发展中国家现代化进程的重要特征之一，为了实现赶超的目标，需要国家利用政治杠杆来改组行政机构，通过权威政治来进行有计划的经济增长推行强制性的工业化战略。同时，在由外部环境带动的现代化进程中，发展中国家在面对非本国文化来袭的时候，往往会与本国传统的社会文化与社会结构发生矛盾，甚至会遭到抵抗，产生民族冲突与矛盾，会造成社会的动荡和政治危机。

发展中国家在世界体系中的地位决定了其政府在本国的经济发展中扮演着更为积极的角色，但也容易滋生腐败。发展中国家的现代化政策会导致社会资源在各个社会集团间的再分配，“在许多不发达国家中，政府的许多政策常常是腐败性的，甚至是掠夺性的，从而引发被压迫群体的不正义感”。因此，在国家主导的现代化进程中，社会失序与混乱现象就更为严重。

3 社会工作

3.1 社会工作的发展

19世纪末20世纪初，资本主义国家加紧工业化的步伐，社会中不仅存在着贫穷的问题，而且出现了大量新的问题。工业化进程的推进，使旧的生产方式遭到破坏，许多从事传统农业生产的人失业或低度就业。同时，工业化进程的加快也冲击着家庭领域，使家庭的功能下降，出现了大量社会犯罪和流浪的现象。此时的西方社会对社会工作专业化、行业化提出了客观的要求。

1900年，社会工作开始从慈善、志愿服务到专业性的社会工作转变。19世纪中后期，始于英国并活跃于欧美的“慈善组织会社”运用“友好访问员”开展工作，“友好访问员”必须直接面对社会成员个体进行服务，采用了依据调查、按不同情况分别做出处理的个别化做法，这是个案社会工作方法的最开始出现。为提高社会服务的质量，就需对工作人员进行必要的培训。美国1898年开始对带薪的友好访问员进行训练，同时荷兰成立了两年制社会工作教育的阿姆斯特丹社会工作学院。1904年纽约社会工作学院成立。1910年，美国哥伦比亚大学、芝加哥大学都先后开设了社会工作相关的课程。1917年，玛丽·瑞奇蒙德出版了《社会诊断》，其基本宗旨是将社会工作的实践和经验提炼升华成为一系列可供传播和讲授的专业的系统知识体系，使社会工作的方法可以通过教育来传递。瑞奇蒙德的思想成为个案工作诊断派的起源。

20世纪30年代开始，在个案工作方法不断发展的同时，另一种重要的方法开始逐渐受到重视。柯义尔在1930年出版的《小组的社会过程》中提出了小组社会工作的思想。1939年，美国社会工作会议上，社会小组工作成为其中一个独立的小组，直至1955年，美国社会小组工作者协会并入美国社会工作者协会。社区工作方法理论上产生于1939年美国社会工作会议上，关于社区组织的方法已经被提出，但直至1950年，美国社会工作会议上，社区组织才正式被列为社会工作的专业方法之一。

社会问题具有复杂性与多样性的特征，在解决某一问题的时候，往往与许多社会因素发生关系。因此一种社会工作的方法无法解决一个问题，需要多种方法综合使用。在社会工作的实践中也出现了多种方法综合运用的趋势。

随着社会的发展和社会工作的发展，社会工作的范围在不断地变化，社会工作服务的对象也在逐渐扩大。最初，社会工作是作为解决问题、补救问题而出现的，其解决的最基本的问题主要在于生理需要和生存需要。随着社会经济的发展，无法满足生存需要的群体缩减，贫困者的贫困程度降低，人们对社会工作所提供服务的需求也有所变化。届时，人们所面临的问题不再是生存危机，而是生存以外的个人发展的问题。社会工作不单单是解决问题，也转为预防问题，如心理上有问题的人的疏导、青少年智力的开发、通过教育感化犯罪者认识到自己的行为对他人和社会的危害等。同时，单纯的个案工作方法显然已不再适应复杂的社会问题，这就需要多种社会工作发放的综合使用。

3.2　社会工作的性质与功能

社会工作是非营利性的助人活动。社会工作讲求的是服务的精神，社会工作人员对其工作的满足在于通过助人的工作，救人于危机，通过他人安和乐的生活状态来实现自身社会价值和人生价值。社会工作最终的目标在于服务人民，实现人类的发展。社会工作非营利性的核心在于社会工作的公益性，公益性的社会服务可以是对环境的保护、对孤寡老人的照顾、对空巢家庭的关怀等。总之，公益性必须是为广大社会成员所共同有益的，而非是为个人私利的。同时，社会工作还是自愿服务的，社会工作是全心全意为需要帮助的受助者服务，是服务于社会成员的健康、基本生活、幸福，是对社会发展、社会进步的贡献。社会工作者是秉持着崇高的服务他人的精神和社会价值观参与社会工作的。此外，社会工作还是非营利性的，任何社会成员所获得的社会服务都是非付费的，无须向社会服务提供机构进行购买。社会工作者的价值目标是服务大众、服务社会。

社会工作从对社会工作对象的层面上来看，其基本的功能是助人，即帮助社会成员摆脱困境。具体分为三种：一是救难。当人因战场负伤、意外伤害、经济破产、精神崩溃等原因而陷入危及自身生存的状态时，给予救援。这是社会工作者首先要承担的责任。二是解困。当受助者遇到困难还没有达到危及生存的程度时，社会工作者对其提供帮助。这些困难既包括物质方面的困难，又包括精神方面的困难和压力。三是发展。帮助服务对象实现自身的发展，如增加知识和技能、增强自己克服不利因素的能力、提高个人与社会协调能力等，以充分发掘个人潜能，实现个人幸福和社会进步。

社会工作从社会层面上来看，其基本的功能是维持社会秩序。实现这一功能主要从三方面进行：第一方面，通过帮助人们解决问题，可以使受助者过上正常的生活，从更深层次上消除社会不安定因素，从而达到维持社会秩序的效果。第二方面，是从预防问题的角度开展工作，不但使社会成员免受危机的威胁，也避免对社会秩序的冲击，从而使社会处于持续稳定状态。第三方面，当社会的某些方面，如社会政策不符合社会现实需要、不能合理地向社会弱势群体提供合理援助的时候，社会工作者往往从助人的终极目标出发，通过建议修改原有政策来追求社会公平，从而有利于建立更加和谐的社会秩序。

3.3 社会工作的过程

社会工作是运用科学的社会工作方法实施的助人活动，社会工作由谁来承担，社会工作的对象是谁等问题都需得到解决。

社会工作的承担者是社会工作者，是实现社会工作目标和功能的主体。什么是社会工作者？如何界定社会工作者的角色？社会工作者最核心的价值观念是助人。缪勒认为，助人者更多的是发挥个人的影响力，而不是运用技术。他指出，助人者自身是决定成功与否的关键因素。对于助人者而言，技巧和方法是社会工作者的工具，社会工作者如何运用这些工具更为重要。

《中国社会工作百科全书》把社会工作者简要定义为“从事社会工作的专业人员”。这就是说，社会工作者必须是将为他人提供服务的助人工作作为人生职业来对待，区别于从事志愿者服务和公益事业等活动，并且是具有专业素养的人进行的。社会工作的对象即受助者，是指社会工作专业实践针对的对象，是社会工作服务的对象，是社会工作的直接受益者。受助者主要包括个人、家庭、团体、组织机构和社会针对不同的受助者对象需要采取不同的社会工作方法。具体来说，社会工作主要包括接触、预评估、制订计划、介入、评估几个环节。

1. 接　触

接触是了解受助者的基本情况，了解受助者是主动受助者还是被动受助者。主动受助者是指主动寻求社会工作者的帮助，被动受助者是社会工作者发现个人、家庭或社会团体的问题而主动要求为其提供帮助。在最开始接触受助者的时候，社会工作者要特别注意受助者的心理状态和态度。在中国，寻求他人的帮助是在自己无法解决问题的情况下才会发生，这对爱讲“面子”的中国人来说不是一件小事，社会工作者在开始接触的阶段就需要讲求工作的艺术。在对受助者进行自我介绍的时候就需要表达出真诚地帮助他们的善意，让受助者放低内心的戒备，对其产生信任。在受助者讲述他的问题或者经历的时候，要以平等的地位面对受助者，不要将自己置于权威的位置，对受助者的求助妄加评论，要以专业的知识、社会工作专业的精神来面对每一位受助者的求助。

2. 预评估阶段

预评估阶段就是通过资料的搜集，对受助者的情况做出一个初步的估计。通过对受助者个人情况、家庭情况、问题产生的原因、时间、环境等问题进行询问获得资料，通过对受助者所处的社会环境和周边环境观察获得受助者问题相关的资料。在收集资料以后，对资料进行整理和归纳，描述受助者的生活和社会环境以及社会关系等，分析受助者存在问题的原因，之后对受助者的问题与需要做出解释。例如老人无子女赡养的问题，要分析是因为子女家庭经济困难无力承担赡养责任，或者是子女有能力赡养老人而故意推卸责任。在分析完问题的原因之后，对解决问题的步骤进行初步的拟定，如对子女的基本情况进行了解，深入了解子女不承担赡养责任的原因，向社会福利机构提出请求帮助，寻求司法帮助等。

3. 制订计划

制订计划是指为达到解决问题的目的而制订详细的中间目标和最终达到的目标以及实施的步骤。系统地整理分析受助者的资料，形成总体的规划。与受助者共同商量、共同制定最终将达到的目标以及在帮助的过程中的短期目标，寻得受助者的共鸣。在目标制定的时候，需要符合受助者的个人实际情况，否则社会工作的效果将适得其反。

4. 介　入

介入是指社会工作者运用专业的技能和知识帮助受助者实现制定的目标的过程。社会工作者需要帮助受助者用正确的、积极的态度来对待问题，并且引导其积极地提高自身解决问题的能力。运用受助者外在的社会资源和社会关系帮助其实现目标，最终摆脱困境，满足其需求。

5. 评　估

评估是指对社会工作者的整个助人活动过程的评估和工作效果的评估。对最终结果的评估是指工作是否达到计划制订的目标，帮助受助人解决问题。对社会工作过程的评估包括对帮助人活动整个过程中所采用的方法是否适当、步骤是否恰当的评估。

4　社会保障

4.1　社会保障制度及特征

温家宝提出：“我们国家的发展不仅是要搞好经济建设，而且要推进社会的公平正义，促进人的全面和自由的发展，这三者不可偏废。集中精力发展生产，其根本目的是满足人们日益增长的物质文化需求。而社会公平正义，是社会稳定的基础。我认为，公平正义比太阳还要有光辉。”社会保障是维持社会稳定、维护公平正义的重要制度。社会保障是现代社会中，政府为解决社会弱势群体的生存危机，保护所有劳动者，提高全体国民的生活水平和质量而实施的一项重要的社会政策。

顾名思义，社会保障就是为社会成员提供基本的生活保障。对于如何理解这个概念中关于社会成员、基本保障、由谁提供、标准如何等一系列的问题，由于发展水平不同，不同国家产生了不同的认识。

“社会保障”一词最早出现在美国1935年颁布的《社会保障法》：“根据社会保障法制定的社会保险计划，对于因年老、长期残废、死亡，或失业而失掉工资收入者提供保障；同时对老年和残废期间的医疗费用提供保障。老年、遗属、残废和健康保险计划对受保险的退休者或者残废者和他们的家属，以及受保险者的遗属，按月提供现金保险待遇。”①《新大不列颠百科全书》对社会保障的定义是“社会保障是对病残、失业、作物失收、丧偶、妊娠、抚养子女或者退休的人提供先进待遇。”在中国一些学者也给出了不同的定义。郑功成教授将社会保障定义为“是国家依法强制建立的、具有经济福利性的国民生活保障和社会稳定系统；在中国，社会保障应该是各种社会保险、社会求助、社会福利、军人保障、医疗保健、福利服务以及各种政府或企业补助、社会互助保障等社会措施的总称”②。葛寿昌教授在《社会保障经济学》中认为“社会保障是社会（国家）通过立法，采取强制手段，对国民收入进行分配和再分配形成社会消费基金，对基本生活发生困难的社会成员给予物质上的帮助，以保证社会安定的一种有组织的措施、制度和事业的总称”③。

从上述的有关社会保障的概念表述可以看出，社会保障的含义是国家通过立法，对国民收入进行分配和再分配形成社会消费基金，社区、社会组织、社会团体等通过政府授予先进、服务等向病残、失业、年老丧失劳动力、意外伤亡、遭受重大自然灾害的社会成员给予他们维持最基本生活水平的基本保障。

虽然社会保障的内涵在不同制度的国家不尽相同，但从不同的含义中，我们可以得出几个共同的特征：

第一，国家强制性。社会保障制度是由国家立法保障的，与商业保险参与的自愿性不同，社会保障具有强制性。在参加方面，每一个社会成员只要符合社会保障有关法律法规的规定，都必须接受；在费用交纳方面，社会保障税法或社会保险基金统筹法令、法规所规定的符合缴纳条件的个人和组织都必须按要求缴纳，否则将承担相应的法律责任。

第二，具有社会性。社会保障制度是社会的第一道“安全网”，普遍适用于全体社会成员，是具有非排斥性的社会服务。同时，社会保障的筹资途径社会化，资金来源于社会成员，为社会成员提供服务，并且受到广泛的社会监督。

---

① 王玉先．外国社会保险制度概况［M］．北京：工人出版社，1989：122.

② 郑功成．社会保障学［M］．北京：商务印书馆，2000：11.

③ 葛寿昌．社会保障经济学［M］．上海：复旦大学出版社，1990：2.

第三，福利性。社会保障是通过资源的再分配保障基本生活有困难的社会成员，不以赢利为目的，具有非营利性。社会保障提供资金支持和社会服务，如给“五保户”和“三无”人员发放生活补助，为青少年进行的人文关怀和心理疏导等。

第四，互济性。社会保障是通过对全体社会成员的资源的分配和再分配，为少数遭遇风险的社会成员的收入损失进行的互助互济的补偿。而商业保险则坚持“多投多保”的原则，根据投保的资金数量进行相应的补偿。

4.2　社会保障制度的结构

社会保障制度主要包括三个方面的基本内容：社会救助是社会保障的最低层次，构成了社会稳定的第一道安全网；社会保险是社会保障体系的核心和主体内容；社会福利是社会保障的最高层次，保障社会成员提高生活质量和水平。

1. 社会救助

社会救助是以济贫的方式出现的。进入工业社会以后，社会保险和社会福利对于社会的发展需要显得更为重要，社会救助的需求度有所下降，但是对于无收入和少收入的贫困者来说，社会救助也显得尤为重要。社会救助是国家和社会对无劳动能力和无生活来源以及因自然灾害或其他社会、经济原因而无法维持最低生活水平的社会成员，给予临时或长期的救助以保障其最低生活水平的制度。社会救助的对象是无收入和低收入的社会成员，如果这部分人的生活无法维持就会危及社会稳定。

社会救助具有单向性、福利性、对象限制性、目标低层次性和手段多样性的特征，包括贫困救助和灾害救助两方面的内容。贫困救助是指对遭受突发疾病、死亡、经济来源突遭破坏而影响基本生活的社会成员，包括定期救助和临时救助以及其他形式的救助。如英国对收入低于官方规定的贫困线家庭的救助，低收入者还可以获得一部分取暖费，有子女的可取得学校免费牛奶和免费膳食以及免缴国民保险费，还可享受房租补贴等。我国的城乡居民最低生活保障、公租房也属于贫困救助。灾害救助是指对因为受到地震、洪灾、火灾、台风等自然灾害侵袭的失去生活保障的人员的救助，包括生活物资的救助、医疗救助等。受助者获得的都是暂时的，并非全是生活存在困难的人，只是因暂时的困难而遭遇生活问题而需获得救助。如我国汶川地震发生后，大量的帐篷、食物、饮用水、医疗药品、医疗器械等源源不断运向灾区就属于对灾区民众实施的灾害救助。

2. 社会保险

社会保险是国家对有工资收入的劳动者，当其暂时或永久丧失劳动力，或丧失生活来源的情况下，通过立法的手段，运用社会力量给这些劳动者以一定的收入损失补偿，使之能继续维持基本生活，从而保证劳动力再生产和扩大再生产，保持社会的稳定和发展。社会保险的对象是有经济来源的劳动者，包括养老、医疗、伤残、失业、生育等各个方面。社会保险是社会保障体系中最核心的部分。

社会保险具有如下基本特征：强制性。社会保险是由国家立法规定的，符合参保条件的人员都必须参加社会保险。互济性。社会成员遭受风险时，所领取的社会保险金是由全社会成员共同负担的，风险由社会共担。预防性。社会保险金是在社会风险发生之前就开始筹集的，当遭遇风险时，投保人可以领取保险金来弥补损失。费用来源的多样性。社会保险费用由国家、劳动者和劳动者所在单位三方共同承担，与商业保险费用由投保人独自承担不同，社会保险具有公益性，是全社会成员的福利。

社会保险包括养老社会保险、医疗社会保险、失业社会保险、工伤社会保险以及生育社会保险。

养老社会保险是由国家立法规定的，对达到法定年龄退出劳动领域的劳动者，为保障其基本生活需要，由社会保障基金提供生活补偿费用。截至2008年年底，我国60岁及以上人口15 989万人，约占全国总人口的12%，“老有所养”就成为社会保险的首要话题。中国社会养老保险体系由基本养老保险、企业补充养老保险和个人储蓄性养老保险三个层次组成。基本养老保险是由政府举办的，采用社会统筹和个人账户相结合的模式，以征税或缴费方式筹集资金。基本养老保险金由单位和个人共同承担，国家负责统筹和统一管理；企业补充养老金是指用人单位根据自身的经济条件为职工建立补充保险，在考虑地区经济发展水平和企业经济效益的条件下，使离退休人员生活水平有所改善；个人储蓄养老保险是由商业保险公司举办，劳动者基于个人经济能力和对生活的需求程度而设立的一种保险方式，是劳动者的个人自愿性行为，投保多少由劳动者自己确定。

医疗社会保险是指社会劳动者因疾病、受伤或生育需要治疗时，由社会提供必要的医疗服务和物质保障的一种制度。医疗社会保险是社会保障体系的重要组成部分，保障着公民的身体健康。医疗保险包括医疗现金补助和健康照顾，前者支付给短期内遭受疾病不能工作的受保人，后者以医疗、住院和提供药物的方式为受保人提供保障。医疗社会保险的覆盖对象范围广，基本上涵盖全体社会公民，涉及面广，对符合条件的被保险人享受医疗的机会和待遇一般实行均等的原则。

失业社会保险是指身体健康的被保险人就业之后失去工作，经济收入中断，由国家或社会保险机构按劳动法规定的期限对失业者发放一定数额的失业救济费的一种社会保险制度。凡国有企业、城镇集体企业、外商投资企业、城镇私营企业以及其他城镇企业及其职工，均强制性纳入失业保险调整的范围。失业保险基金主要来源于城镇企业、事业单位缴纳的失业保险费城镇企业、事业单位职工缴纳的失业保险费，失业保险基金的利息，财政补贴以及依法纳入失业保险基金的其他资金。

工伤社会保险是指劳动者在从事生产劳动或与之相关的工作时，发生意外伤害，包括事故伤残、职业病以及因这两种情况造成死亡时，由政府向劳动者本人或供养直系亲属提供物质帮助的一项社会保障制度。《工伤保险条例》规定“中华人民共和国境内的各类企业，有雇工的个体工商户应当依照条例规定参加工商保险”，将工伤社会保险的覆盖范围涵盖所有企业，最大限度地保障了劳动者的合法权益。工伤保险基金按照所统筹支付的项目费用和发展工伤保险事业必须提取的费用及风险储金的总量，按“以支定收、收支基本平衡”的原则征收和管理。《工伤保险条例》规定，职工个人不缴纳工伤保险费，用人单位应按时缴纳工伤保险费。

生育社会保险是指国家通过立法，对怀孕、分娩女职工及时给予物质帮助的一项社会保险政策，以保障女职工生育期间的生活和基本医疗保健需要，帮助她们恢复劳动能力，重返工作岗位。生育保险的作用是为女职工在妊娠、分娩和恢复过程中提供身体保健、医疗服务以及有薪假期，从而体现国家和社会对妇女在这一特殊时期给予的保障。生育社会保险主要由产假、产假期间的工资待遇、生育期间医疗待遇三部分组成。

3. 社会福利

中国是文明古国，在春秋末年，孔子就把“尊老、敬老、慈幼”和“鳏寡孤独废疾者皆有所养”提到安邦治国的高度。可以看出，社会福利并非当代的产物。社会福利是国家、集体和社会为保障全体公民的基本生活，提高人们的物质文化生活水平而提供资金和服务的一项社会保障制度。我国社会福利主要包括社会补贴、社会收养、残疾人服务、职业福利、社会服务等项目。

社会补贴是指国家在实行某项政策或者制度的时候，为了使广大民众享受经济和社会发展的成果，为了提高社会成员的物质水平采取的一种物质帮助的形式，如国家财政对铁路运输行业的补贴、物价补贴、“菜篮子”工程等。

职业福利是一个行业或企业为了求得自身稳定或发展，对职工普遍提供的保证生活水平和生活质量的服务项目。职业福利通常是为了增强员工的凝聚力，提高行业或企业的经济效力，引进高质量的人才，鼓励员工的创造力。职业福利包括职工津贴、退休补贴、提供住房、修建福利性设施等形式。

社会服务是国家和社会为提高社会成员生活质量和水平，通过社会福利机构、社区组织等提供公益性服务和设施、福利项目。我国社会服务的对象重点是老人、儿童、残疾人、退役军人等，社会服务是为弥补社会保障中不足的部分。

4.3　社会发展与社会保障

推进社会建设，促进社会发展，要以保障和改善民生为着力点，解决好人民最关心、最直接、最现实的利益问题，努力使人们学有所教、劳有所得、病有所医、老有所养、住有所居。

2018 年是我国改革开放 40 周年。40 年来，我国经济持续快速发展，中国已经发展成为世界第二大经济体。2017 年我国 GDP 总量达到 122 503 亿美元，人均 GDP 达到 8 836 美元。社会财富急剧增加的同时，要避免城乡之间、地区之间、不同群体之间的收入差距的扩大，避免经济发展与社会发展出现“一条腿长一条腿短”的矛盾。如今，我国社会的主要矛盾已经转变为人民日益增长的美好生活需要和不平衡不充分的发展之间的矛盾。各种社会矛盾又集中反映在利益关系调整的公平性上，各种社会问题凸显，社会管理的压力和成本急剧攀升，这些矛盾如果不能及时有效化解，将会加剧社会摩擦，甚至产生震荡，从而影响社会经济的长期稳定持续发展。社会保障制度以追求公平公正为基本原则，在调节社会收入分配方面具有其他制度所不可替代的功能。我国目前发展阶段，既要坚持效率优先，更要注重保障公平，因此，应当把加快完善社会保障体系放在经济社会发展全局中更加突出的位置，为国家的可持续发展和长治久安奠定稳固的基础。

现实生活中，社会保障起源于各种社会问题，止于社会问题的解决。这一过程需要运用政治的、经济的、法律的手段，从而满足人的发展需求并促进社会经济协调发展。社会保障在对社会发展起着重要作用的时候，也是社会发展的结果。

社会保障对社会发展的作用表现在社会保障满足社会成员的需求，帮助社会成员抵御社会风险。社会保障还是社会系统的一部分，具有特殊的社会功能，同时，社会保障也是社会发展的结果。工业化以后，生产力快速发展，生产方式和生产关系发生变化，社会保障对象也由传统社会中单纯的贫困者群体扩展为全社会成员，其目标也表现出不仅是抵御生活的风险，还有提高生活质量、促进社会公平等多方面的需求。社会保障制度的逐步完善也表明社会不断地发展，社会文明不断提高。

社会发展需要保持经济社会的全面协调可持续的科学发展，需要实现以人为本，推进物质文明、政治文明、精神文明、生态文明的共同发展。促进社会现代化建设，需要实现社会各个环节、各个方面的协调发展。社会保障能够满足社会成员的基本物质需求，并为社会成员生活质量的提高提供社会服务等福利性项目，对促进社会的全面发展具有重要的作用。

提高效率和促进社会公平是社会发展的重要内容。公平正义是构建社会主义和谐社会的基本要求，而社会保障是实现社会公平正义的重要途径。通过提高效率来增强社会活力、促进经济的发展，又需在经济发展的基础上通过实现社会公平来促进社会和谐。社会发展需以解决人民最关心、最直接、最现实的利益问题为重点，着力发展社会事业，完善收入分配制度，保障和改善民生，走共同富裕道路。社会保障通过对社会成员所缴纳的资源的再分配，帮助基本生活存在困难的社会成员，为社会成员提供一定的提高生活质量和水平、促进社会成员发展方面的社会服务项目；通过国家财政补贴和社区组织、社会福利机构自筹、募集，提供有偿性服务等渠道，筹建社会福利项目，提高社会成员生活水平，促进社会的发展。

社会保障制度是缩小贫富差距、避免两极分化的关键手段，是对国民收入进行再分配的一种重要手段。一方面，社会保障制度的实施依赖于多方面筹集资金，一般是要求高收入者缴纳更多的费用，或主要由高收入者承担责任，低收入者少缴或不承担缴费的义务；另一方面，高收入者或富裕家庭享受的社会保障待遇较少或不能享受，弱势群体及其家庭享受的社会保障待遇较多。社会保障就是通过这种机制，控制与调整“收”“支”，将一部分社会收入集中起来进行再分配，客观上起到缩小贫富差别、缓解弱者困难的作用，使社会成员在社会发展中的结果不公平在一定程度上得以缩小。当今世界上社会保障制度比较完善的国家，也是贫富差距相对比较合理的国家。我国目前贫富差距比较大，由此引发的社会问题比较突出，与我国社会保障制度不健全、不完善有着密切、直接的关系。

社会保障制度对于缓解社会矛盾、促进社会稳定协调发展具有重要意义。从社会阶层的角度看，社会和谐是各阶层之间的和谐相处，特别是贫富阶层之间的和谐相处。社会学家早就指出，利益关系是影响社会关系的决定因素。贫富差距比较合理，富裕阶层热心社会公益和社会保障事业，乐于帮助穷人，贫富阶层之间的关系就会比较和谐。反之，穷人就会产生被剥夺感，特别是当因体制、机制、法制不健全、不完善而致富时，情况更是如此。利益被相对剥夺的群体可能对剥夺他们的群体怀有敌视或仇恨心理。当贫弱群体将自己的不如意境遇归结为获益群体的剥夺时，社会中就潜伏着冲突的危险，甚至他们的敌视和仇视指向也可能扩散，从而导致社会动荡。因此，完善社会保障制度，引导乃至强制富裕阶层投身帮助穷人的事业，是政府的责任，也是富裕阶层的义务。

社会保障制度是缓解“三农”问题，促进城乡协调发展和结构转型的主要手段之一。和谐社会从城乡的角度看，是城乡的协调发展和城乡结构的稳步转型。“农民真苦，农村真穷，农业真危险”的“三农”问题是制约城乡和谐的根本因素。这其中，农村社会保障制度的严重缺失城乡社会保障制度的不衔接对“三农”问题的解决起着重要的影响作用。没有农村社会保障制度的建立、完善，就难以摆脱“农民真苦”的局面。而在当今中国，解决“三农”问题不能仅仅局限于农村内部，而应与城乡结构的转型结合起来——没有农村人口向城市及非农产业的稳步转移，“三农”问题是难以根本解决的。而要实现农村人口向城市及非农产业的稳步转移，也有赖于针对进城农民社会保障制度的建立及其与城市社会保障制度的衔接。

课后思考：

1. 查阅相关资料，就当代中国社会变迁中价值观的变迁写一篇不少于 500 字的学习体会。
2. 结合所学知识，谈谈我国现代化进程如何借鉴 20 世纪西方国家社会改良的经验。
3. 查阅相关资料，就发展中国家现代化的经验教训写一篇不少于 500 字的体会。
4. 简要概述我国社会主义现代化的特点。
5. 随着我国经济和社会的高速发展，许多社会问题随之增加，在此背景下，就“社会工作的发展前景及发展必要性”谈谈你的看法。
6. 查阅相关资料，结合当前我国社会保障中的突出问题，提出一些应对策略。
7. 联系实际，谈谈你对中国城市社区建设的看法。